지식의 장, 학문의 제도화

한국 언론학의 정체성 탐색

지식의 장, 학문의 제도화

한국 언론학의 정체성 탐색

임영호 지음

culture look

지식의 장, 학문의 제도화

한국 언론학의 정체성 탐색

지은이 임영호
펴낸이 이리라

책임 편집 이여진
편집 에디토리얼 렌즈

2019년 2월 25일 1판 1쇄 펴냄

펴낸곳 컬처룩
등록 2010. 2. 26 제2011－000149호
주소 03993 서울시 마포구 동교로 27길 12 씨티빌딩 302호
전화 02.322.7019 | 팩스 070.8257.7019 | culturelook@daum.net
www.culturelook.net

ISBN 979-11-85521-67-1 93300

* 이 도서의 국립중앙도서관 출판예정도서목록(CIP)은 서지정보유통지원시스템 홈페이지(http://seoji.nl.go.kr)와 국가자료공동목록시스템(http://www.nl.go.kr/kolisnet)에서 이용하실 수 있습니다. (CIP제어번호: CIP2019003012)

culturelook

차례

일러두기

- 한글 전용을 원칙으로 하되, 필요한 경우 원어나 한자를 병기하였다.
- 한글 맞춤법은 '한글 맞춤법' 및 '표준어 규정'(1988), '표준어 모음'(1990)을 적용하였다.
- 외국의 인명, 지명 등은 국립국어원의 외래어 표기법을 따랐으며, 관례로 굳어진 경우는 예외를 두었다.
- 사용된 기호는 다음과 같다.
  신문 및 잡지 등 정기 간행물, 논문, 영화, 노래, 웹툰, 방송 프로그램 등 : 〈 〉
  책(단행본): 《 》

머리말

요즘처럼 변화무쌍한 시대에 어떤 한 화두를 붙잡고 오래 씨름하는 것이 학자에게 과연 가능하며 의미 있는 일일까? 이 질문에 대해 사실 나도 좀 회의적이다. 지식을 탐구하는 학자의 작업에서 가장 중요한 부분은 질문을 던지는 일이다. 이 질문은 시대 상황이나 이론적 맥락에 따라 얼마든지 달라질 수 있다. 그래서 연구자로서 내 과거 이력을 돌이켜보면 수많은 새로운 질문과 그 결과물인 습작으로 가득 차 있다. 그 당시에는 나름대로 진지했지만 지금 생각하면 우스꽝스럽기 짝이 없는 것도 적지 않다. 지금 보면 어처구니없는 시행착오 역시 아마 학문을 할 때 어쩔 수 없이 겪어야 하는 필수 항목일 것이다.

하지만 꽤 오랜 시간을 연구자로 자처하며 지내면서, 나름대로 일관되게 관심사로 붙들고 지낸 주제도 있었다. 언론학은 세속적으로는 이른바 잘 나간다고 생각하면서도 학문으로서 늘 약간의 자기 변호가 필요한 미완의 학문 분야로 여겨졌다. 텃세 때문인지 자부심 탓인지 몰라도 전통적 학문 분야들이 새로운 분야의 진입과 성장 과정을 바라보는 시선이 그다지 우호적이지만은 않은 듯하다. 이러한 영역을 평생 직업으로 삼은 탓에, 언론학은 어떤 학문을 추구해야 하는가 하는 의문을 놓고 늘 나름대로 여러 가지 고민을 했다. 그러다 보니 그간 남긴 여러 습작 중에서 그러한 고민의 흔적을 담은 글도 여럿 남았다. 이 책은 바로 그 고민의 흔적을 묶은 것이다.

그동안 비슷한 관심사를 다룬 글을 모아 하나의 책으로 엮기로 결정한 것은 꽤 오래전이다. 어느 순간부터인가 각 논문을 집필할 때에는 언젠가 펴낼지 모르는 책의 얼개를 염두에 두고 구상하기도 했다. 하지만 정작 그간의 결과를 모아 책으로 엮으려 하니 적지 않은 문제점과 한계가 드러났다. 이 책에 실린 글은 우선 집필 시기에서 편차가 엄청나게 크다. 처음 쓴 글과 최근의 글 사이에는 무려 20여 년이라는 시차가 있다. 집필 맥락도 시대별로 차이가 있다. 따라서 책으로 묶는 과정에서 관련 문헌이나 서술을 보완하고 어떤 부분은 아예 새로 쓰다시피 했다. 그렇지만 개별 글에 깔린 문제의식은 집필 당시의 사회적, 이론적 맥락에 근거하기 때문에 현재의 관점에서 수정하지 않고 가능하면 그대로 살렸다.

이 책의 글에서 문제 제기와 질문 던지기는 열심히 했지만 정작 해답을 제시한 부분은 많지 않다. 하지만 고민과 풀지 못한 숙제 역시 연구의 한 부분이라 생각하기에 용기를 내 작업을 마무리하기로 결심했다. 명쾌한 해답은 얻지 못했지만, 이 책에서 제기한 질문이 나만의 엉뚱한 생각이 아니길 빌며 부족한 책을 세상에 내놓는다.

2019년 1월

임영호

1장

한국 언론학, 어떤 학문을 할 것인가

한국 언론학은 학문적 위상이나 세속적 인기도에서 이른바 '잘 나가는' 분야로 통한다. 1990년대 후반 IMF 경제 위기를 겪으면서 다소 퇴색했지만 언론학은 여전히 학문 세계나 대학 내에서 상당한 위상을 누리면서 자기 분야에 대해 강한 자부심을 보여 준다. 언론학은 20세기 중반 이후 등장한 여러 신생 학문 중에서 대표적인 성공 사례로 통한다. 그런데 이러한 통념은 과연 사실일까? 늘 그렇듯이 통념은 대개 진실과 오류가 혼재된 복합적 판단에 가깝다. 강한 자부심과 자신감은 발전의 원동력이 되지만 때로는 자기반성과 성찰을 방해한다. 지금까지 해오던 방식이 앞으로도 통할 것이라는 근거 없는 믿음이 끼어들기 쉽고, 이는 새로운 방향 모색에 대한 관심을 해칠 수도 있다. 지금까지 학문과 분야를 지배하던 관행이 나름대로 성공적이었고, 시대 환경이 바뀐 후에도 이 성공의 공식이 통할 것이라고 자칫 오판할 수도 있기 때문이다.

그렇다면 언론학에서 지금까지 사용해오던 학문하기 방식에는 문제가 없을까? 다소 추상적인 질문이지만 언론학은 어떤 학문을 해왔고 앞으로 어떤 학문을 추구해야 하는가? 이 책의 관심사는 바로 이러한 질문에서 출발한다. 지식은 학문이라는 장에서 통용되는 관행의 산물이다. 다양한 지식 추구 행위와 결과물에 대해 배제와 인정, 권위 부여가 행해지고 이러한 행위에는 제한된 자원의 동원이 필요하다는 점에서, 학문 역시 지식이라는 장에서 이루어지는 사회적 행위에 속한다. 좀 더 구체적인 수준에서 보자면 이론적 발전이나 현실 세계에 대한 기여도 측면에서 언론학의 각 연구 영역에서 이루어진 성과를 어떻게 평가할 것인가? 만일 여기에 문제가 있다면 기존의 학문하기 방식을 앞으로 어떠한 방향으로 재고해야 하는가? 이 책에서는 바로 이러한 문제들을 다루었다. 1부에서는 좀 더 원론적인 차원에서 문제 제기를 했다면, 2부에서는 좀 더 구체적으로 언론학 내에서 세부 연구 영역별로 비슷한 문제를 놓고 숙고했다.

이 책에 실린 글은 긴 시차를 두고 각기 다른 맥락에서 작성한 것이어서 일관된 체계성을 갖추었다고 할 수는 없다. 심지어 처음 작성된 글과 가장 최근의 글 사이에는 20여 년의 시차가 존재할 정도로 서술 맥락도 편차가 있다. 하지만 오랜 시간에 걸쳐 각기 다른 기획 의도와 맥락에서 집필한 다양한 주제의 글 사이에는, 앞서 던진 질문처럼 그 저변을 관통하는 나름대로 일관된 문제의식이 유지되었다고 생각한다.

언론학의 학문적 정체성 찾기

1부 "한국 언론학의 학문적 정체성 찾기"에는 네 편의 글이 실려 있다. 각 장은 다루는 주제나 논의 방향은 다르지만 모두 어떤 공통된 문제의식에서 출발한다. 학술적 지식 추구를 학문의 장에서 벌어지는 제도적 과정이자 현실에 대한 개입으로 파악하고, 현재의 학문 지형은 바로 이러한 제도 공간에서 벌어지는 행위자의 행동 전략의 산물이라는 것이다. 과거 언론학의 제도적 위상이 빈약하던 시절 이러한 관행은 열악한 환경에서 나름대로 효율적인 생존 전략으로 형성되었다고 할 수 있지만, 지금은 오히려 언론학의 발전과 가능성을 제약하는 장애이자 문제점으로 변질했다고 본다.

언론학의 성공적인 성장을 이루어낸 비결은 연구자 간의 결집에 근거한 '영역주의'나 진영화일 수도 있고, 순수하게 논리적 투쟁 수준에서 획득한 이론적 체계화 노력의 결실이라고 할 수도 있다. 원인이야 어떻든 이러한 생존 전략의 결과인 '제도적 성공담'은 어느 순간부터는 학문적 자기 성찰과 혁신을 가로막는 장애로 점차 변해갔다. 2장 "영역주의와 정체성 위기"와 3장 "언론학의 제도적 성공담과 내재적 위기론"은 바로 이러한 문제의식에 근거해 언론학의 현 실태를 비판적으로 고찰했다.

하지만 이와 동시에 한국 언론학의 이론적 방향 설정 전략은 학문 담론 수준에 머물지 않으며, 연구자가 현실과 관계를 맺고 개입하는 방식과도 밀접하게 연계되는 정치적 문제이기도 하다. 이제 언론학은 현실과의 관계 맺기에서 시대 변화에 뒤떨어진 한계를 대거

노출했기에, 발상과 전략의 대전환을 포함하는 자기 혁신이 필요하다. 4장 "수정주의 전통과 비판 언론학"에서는 비판 언론학이 성공담을 일구어 내는 동안 학계 안팎에서 전개된 수많은 변화의 흐름을 '수정주의'라고 칭하고, 이러한 변화에 대응해 이론적 혁신, 개방성과 더불어 정치적 문제의식 역시 시대 변화를 수용하는 개방적 자세로 진화해야 한다고 주장한다. 5장 "언론학에서 비판적 패러다임의 문제 설정"에서는 이러한 인식에서 한 걸음 더 나아가 정치적 문제의식을 '근대'와 '탈근대'의 문제 설정으로 구분해 이들을 어떻게 수용할 것인지 논의하였다.

1부의 "언론학의 영역주의와 정체성 위기"(2장)는 영역주의라는 키워드를 통해 한국 언론학의 정체성 문제를 진단한다. 어떤 학문 분야의 정체성은 지식 세계에서 자신의 권위와 존재 이유를 어떻게 설정하느냐 하는 문제로 정리할 수 있다. 이 과정은 추상적인 이론적 담론을 동원해서 진행되기는 하지만, 관할 구역 설정과 조정이란 측면에서 현실의 권력 과정과 유사하다. 학문 분야의 지식 생산 과정에서 정당한 지식 형태를 정의하는 추상적 과정과 학문적 자원 동원을 수반하는 현실 정치 역학은 언뜻 다른 차원인 것처럼 보이지만, 서로 밀접하게 이어져 있다. 이 글에서 언론학의 영역주의란 이론 탐구와 학문 제도 영역에서 동시에 나타나면서 학문의 정체성에 여러 가지 문제점을 초래하는 병적 징후로 규정된다.

학술적인 지식 영역으로서의 언론학은 마치 민족 국가처럼 뚜렷한 영역주의에 정체성의 기반을 두고 성장해왔다. 이러한 정체성은 일관된 철학적, 지적 원칙보다는 학술 활동의 형식적 절차나 제도적 공통점에 근거한다는 점에 이론적 발전에 저해 요인으로 작용했다. 영역주의는 언론학에서 현실 연관성의 성격도 적지 않게 왜곡시켰다. 가령 비판 언론학에서 영역주의는 소재주의, 즉 새로운 것에 대한 맹목적인 추구와 추상적 이론 중심주의 형태로 나타났다. 그 결과 연구자들은 이론의 배후에 존재하는 더 거시적인 그림과 문제의식을 읽어 내지 못하는 오류에 빠졌다. 또 다른 문제점은 언론학이 생산하는 지식의 이중 구조 때문에 발생한다. 언론학계는 다양한 지식 형태를 영역으로 표방했지만, 자체 생산한 지식 중 상당 부분은 이론적 지식 발전에 기여하지 못하고 일회용으로 소모되는 비공식적 지식 행태로 방치되었다. 역설적이게도 한국 언론학은 이론적 지식 발전과 제도적 위상을 비공식 지식에 크게 의존하면서도 이를 멸시하는 모순된 태도를 취해왔다.

이러한 특징들 때문에 언론학은 그럴듯한 외형적 성장세에도 불구하고 외부에서 기대하는 만큼 현실 분석과 대안 제시 능력을 갖추지 못하는 취약성을 드러냈다. 오늘날 한국 언론학은 제도적 영역으로서나 이론적 영역으로서 호황을 누리고 있는 것처럼 보인다. 하지만 제도적 위상에 비해 한국 언론학의 학문적 역량은 아직 매우 취약하다. 더구나 이러한 호황의 환상 때문에 언론학의 현 실태에 대한 냉정한 진단과 정체성에 대한 성찰과 고민이 보이지 않는 것은 더욱 심각한 문제다.

두 번째 "언론학의 제도적 성공담과 내재적 위기론"(3장)은 언론학계가 외형적인 제도적 성공의 자부심에 갇혀 내부에서 싹트는 위기의 징후를 외면하는 실태를 비판한다. 주지하다시피 한국 언론학은 제도화된 학문 영역으로서는 현재 큰 인기를 누리고 있다. 학회라는 제도의 역사로 기술된 《한국언론학회 50년사》(한국언론학회 50년사 편찬위원회, 2009)를 지배하는 자신감과 낙관론은 이를 잘 보여 주는 징후다. 하지만 언론학은 외연적 성장의 화려함에도 불구하고 지적 빈곤이라는 만성 질환을 앓고 있다. 이는 근본적으로는 언론학계의 제도화된 학문하기 방식과 관련이 있다.

가장 큰 문제는 학술적 형식을 잘 갖춘 미세하고 지엽적인 지식 축적에 주력할 뿐 학문의 장기적 목표인 이론 체계 정립은 아직 정체 상태에서 벗어나지 못하고 있다는 것이다. 가령 언론학의 이론적 틀은 대체로 매스 미디어가 지배하던 시절의 SMCR 모델에 의존하는데, 이는 미디어 환경 변화에 따라 많은 문제점을 드러낸다. 이와 더불어 그간 연구자의 저변 확대와 더불어 연구 영역이 확대되고 이론적 접근 방식은 다양해진 것처럼 보이지만, 여러 이론적 흐름 간의 대화와 소통은 실종되고 세부 영역들은 각자 관심사별로 파편화하고 있다. 이 때문에 학계의 외관적 번영은 여전히 진정한 의미의 다원성 구현과는 거리가 멀다.

또한 학문 발전은 점진적인 지식 축적이 아니라 때로는 단절과 도약을 통해서 이루어지는데, 현재 언론학에 부족한 부분은 바로 기존의 이론적 교착 상태를 탈피할 수 있는 새로운 패러다임의 모색이라는 혁신의 자세다. 연구자들은 익숙한 지식 생산 관행에 안주하지 말고 이론적 상상력을 통한 탐색과 시행착오를 학문하기의 일상적 부분으로 체득해야 한다. 세부 영역이나 학문 영역 간의 경계를 넘나드는 대화와 경쟁을 통해 새로운 학문 체계의 탐색도 필요하다.

세 번째 "수정주의 전통과 비판 언론학"(4장)은 비판 언론학 안팎에서 일어나고 있는 수정주의 흐름에 학계가 어떻게 대응했고, 앞으로 어떻게 대처할 것인지를 살펴보면서 언론학계 전반의 문제점을 진단한다. 특히 1990년대의 비판 언론학을 사례로 삼아, '수정주의'라는 정치적, 이론적 변화의 흐름을 어떻게 수용하고 대처할 것인지, 이 과정에서 고려해야 할 쟁점은 무엇인지를 다루었다. 한국의 비판 언론학은 1980년대 초반 주로 소장학자를 중심으로 주류 언론학계의 '전통적 연구'에 대항해 대안적 학술 운동이자, 비판적 현실 분석과 진단을 통한 실천 운동을 표방하고 탄생했다. 이 '대안적 패러다임'은 초기에는 기존 학계 풍토에서 외면당하면서 주변부로만 존재했지만, 1990년대 이후 점차 주류 학계의 한 흐름으로 자리를 잡았다. 하지만 학계 주류 안착과 더불어 비판 언론학에 내재하던 본질적 문제점도 표면에 드러났다.

비판적 연구는 주류 연구에 비해 이론이나 방법론 측면에서뿐 아니라 현실에 대한 문제의식이나 실천적 함의에서 많은 차이가 있다고 누누이 강조해 왔다. 그러나 1990년대 들어서 학계에서 축적된 이론적, 방법론적 성과를 감안할 때 이러한 차별성에 근거한 종래의 학문 정체성은 고집하기 어렵게 되었다. 주변부 시절 주류 학계와 차별성만 강조하면서 세력 결집과 진영화에 골몰하는 동안, 비판적 연구는 학문 공동체의 언어인 논리적 설득력과 방법론적 엄밀성의 낙후성이라는 문제점을 체질화했다. 본래 비판 언론학의 정체성은 이론이나 방법론의 차별성에 근거한 배타적 진영화보다는 대안적 현실을 상상하는 '해방과학'(Habermas, 1968/1972)의 문제의식에서 유래한다. 특히 지금처럼 변화된 환경에 적응하기 위해서도 비판 언론학은 본연의 정신으로 돌아가야 한다. 비판 이론 본래의 문제의식에 충실할 수 있다면 이론과 방법론에서는 개방적이고 유연한 자세로 전환해 전통적 사회과학의 선진적 분석 기법까지도 적극적으로 수용해 학문적 엄밀성도 개선해야 한다.

이와 더불어 비판적 연구의 본질인 현실에 대한 비판적 문제의식, 즉 이론의 '문제틀problematic'(Althusser, 1977: 253~254)도 새롭게 재구성할 필요가 있다. 특히 20세기 중반 이후 미국과 소련의 대립 관계를 중심으로 형성된 냉전 구도가 소멸하면서 사회주의 패러다임이 현실성을 상실한 상황에서는 냉전 시대의 사고방식을 버리고 마르크스주의의 문제의식을 재정립하는 작업은 필수적이다. 마르크스주의 패러다임이 갖는 한계를 보완하려면 비판적 연구는 자유주의를 비롯해 다양한 수정주의의 문제의식이 갖는 가능성을 진지하게 검토해 자기 혁신을 모색하는 데 참고해야 한다.

네 번째 "언론학에서 비판적 패러다임의 문제 설정"(5장)은 주로 비판 언론학의 이론적 측면보다는 현실을 진단하는 정치적 문제의식의 적합성 문제에 초점을 맞춘다. 특히 현재의 변화된 정치 상황을 감안할 때 비판 언론학에서 진보란 과연 무엇인가 하는 근본적인 질문을 놓고 제기되는 쟁점들을 다루었다. 구체적으로 1980년대 이후 비판적 패러다임이 제기한 문제의식의 변화를 '근대'와 '탈근대'의 문제설정이라는 관점에서 검토하면서 비판 언론학 연구의 진단과 방향 모색을 시도한다.

기본적으로 비판 언론학은 학문 활동을 통해 '진보'의 과제를 추구하지만 시대 상황에 따라 진보의 정치적 문제의식은 유연하게 변해야 한다는 것이다. 이렇게 보면 1980년대와 1990년대의, 또는 근대와 탈근대의 문제 설정은 언뜻 상반되어 보이지만 진보의 관점에서 나름대로 현실을 극복하려는 두 가지 불완전한 시도에 해당한다. 근대의 문제의식은 진보의 관심사인 사회 모순 극복을 비판 언론학의 핵심 쟁점으로 부각시켰다는 점에서 기여했다. 반면에 탈근대의 문제의식은 사회 모순을 좀 더 구체적이고 복합적인 방식으로 이론화하고, 더 나아가 진보적 사회 이론의 출발점인 진보 이념 자체가 지니는 한계를 근본적으로 성찰할 수 있게 해 주었다는 점에서 높이 살 만하다.

하지만 비판 언론학은 진보 이념을 기반으로 한 1980년대의 문제의식을 망각해서는 안 된다. 나아가 이 두 접근 방식의 출발점으로 되돌아가 과연 진보란 무엇인지, 즉 서구의 이론으로 설명할 수 없는 한국 사회에 특유한 '근대성의 과제'는 무엇인지 새롭게 검토해야 한다. 구체적으로는 언론 개혁과 안티조선 운동 사례에서 나타나듯이 전근대와 식민지 근대, 서구적 근대가 독특하게 얽혀 형성된 한국 사회 현상을 제대로 진단하려면 두 접근 방식의 문제의식을 수렴할 필요가 있다. 1980년대의 거시적 문제의식과 1990년대의 미시적 분석 방식의 취지를 수용하면서도 그 한계를 뛰어넘는 창의적인 접근이 필요하다는 것이다.

이론의 영역화를 어떻게 극복할 것인가

2부는 좀 더 구체적인 수준에서 언론학의 세부 연구 영역이 안고 있는 문제점을 나름대로 진단한다. 공통된 키워드로 집약되는 세부 영역, 가령 지역 방송이나 지역성, 저널리즘 연구 분야는 그 핵심 전제에 해당하는 개념의 기반 위에 서 있다. 하지만 이 핵심 개념들은 이론적 검토를 제대로 거치지 않은 상태에서 무비판적으로 사용되는 경향이 있었고, 이 때문에 영역 발전에 수많은 이론적 난관이 생겨났다. 연구 영역별로 연구의 양적 성장은 두드러진 반면 질적 빈곤이 심각하고 엇비슷한 범작 수준의 연구가 관행적으로 재생산되는 악순환이 발생했다. 따라서 2부는 각 영역에서 마치 통념처럼 수용된 핵심 개념의 문제점을 근본적으로 성찰하고 다른 학문 분야의 다양한 이론적 접근 방식을 수용해 기존의 연구 경향을 혁신해야 한다고 주장한다.

"공간 이론을 통해 본 한국 지역 방송 연구"(6장)는 지역 방송 연구에서 당연시되는 전제이자 가장 기본 개념인 '지역' 자체가 갖고 있는 문제점과 대안을 탐구한다. 이 글은 지역 방송 관련 연구에서 공간 차원을 그동안 어떤 이론적 틀로 파악했는지 살펴보고, 나아가 이를 통해 방송학의 연구 경향에 나타난 문제점을 비판한다.

지역 방송 연구에서 공간 현상을 이해하는 틀은 주로 대중적 상식에 가까운 '기술적·지리적 공간'이나 '규범적 공간' 개념에 국한되었고, 사회과학의 문제의식에 따라 공간 문제를 체계적으로 접근하려는 노력은 매우 적었다. 모든 학술적 연구의 출발점인 지역 개념은 정작 상식 수준에서 파악한 채, 비판적 검토 대상에서 배제한 것이다. 사회과학적 공간 이론을 통해 살펴본 결과 방송학에서는 사회과학적 문제의식 부족이나 이론적 빈곤이 심각해 그 결과 현실을 좀 더 입체적으로 조명하는 틀을 제공하는 데 실패했다. 이는 한국 방송학이 현실과 밀착된 수요 지향적 '정책 과학'으로 편향되어 성장하는 바람에 현실과 거리를 두고 이론적으로 성찰하는 자세가 빈약해진 것과 관련이 있다. 이렇게 되면 지역 방송 연구가 생산한 지식은 학문적 지식으로 발전하기 어려울 뿐 아니라 새로운 지식 창출 능력이 제한되어 적극적으로 현실의 의제를 주도할 능력을 갖추기도 어렵게 된다. 이 글은 경제지리학을 비롯해 사회과학의 다양한 공간 이론들이 제기하는 쟁점을 살펴보면서 지역 방송 연구에 주는 시사점을 탐색했다.

"지역 언론학의 학문적 정체성"(7장)에서는 앞서 다룬 쟁점에서 한 걸음 더 나아가 지역 언론 연구 전반의 특징과 문제점을 검토한다. 그동안 지역 언론 연구는 짧은 기간 동안에 빠르게 성장하면서 언론학의 주요 분과로 자리 잡았다. 이 글은 현재 지역 언론학의 현황과 특징, 문제점을 진단하고 이를 토대로 앞으로 이 분야가 학문 분과로서 지향해야 할 정체성과 발전 방향을 제안한다. 이 글은 바로 이러한 문제를 탐구하는 데 필수적인 쟁점을 사회 현상으로서의 지역 언론(연구 주제의 특징), 규범성, 공간성에 대한 접근 방식 등의 이론적 키워드 중심으로 문제를 제기하고 진단하였다.

그동안 지역 언론학은 주로 규범적이고 기술적인 연구에 치중하는 바람에 사회과학의 주류에서 동떨어진 주변 학문의 위상에서 탈피하지 못했다. 지역 언론학이 이론적 답보 상태에서 벗어나 질적 도약을 이룩하기 위해서는 다음과 같은 조치가 필요하다고 제언한다. 첫째, 연구 대상 선정이나 이론적 틀 모색에서 지역이나 지역 매체에 대한 맹목적 집착에서 벗어나 지역이 처한 사회 맥락에 주목해 시각의 폭을 더 넓힐 필요가 있다. 둘째, 유관 사회과학 분야의 새로운 이론적 흐름에 좀 더 개방적이고 전향적인 자세로 전환해, 경제지리학 등 다양한 인접 분야의 학제적, 이론적 실험을 수용해야 한다. 셋째, 이론적 개방성과 거시적 시각 복원을 위해서는 기존의 도식화한 SMCR식 지식 분류 틀에서 벗어나 이론적 주제나 접근 방식 위주의 대안적 분류 체계 도입도 필요하다. 넷째, 현실 이해에서 규범성과 사회과학적 이론을 조화시키는 비판 이론적 시각의 접목도 시도해야 한다.

"저널리즘 연구의 지식사"(8장)는 언론학에서 가장 전통적인 연구 영역인 저널리즘 연구에서 나타난 특징과 한계를 검토한다. 이 글은 저널리즘 연구를 학문 영역으로 이해하는 방식에서 그동안 어떤 잣대가 적용되었으며, 시대별 연구에 어떠한 특징이 나타났는지 살펴본다. 저널리즘 연구가 학문으로서 어떤 성격을 띠어야 하는지에 대한 인식과, 이 지식 영역이 업계 현장의 수요와 어떤 관계를 맺어야 하는지에 대한 고민은 매 시기 저널리즘 연구의 구체적 성격을 규정하는 두 가지 핵심 요인이었다. 이 두 쟁점을 이해하는 방식은 시기별로나 연구자 성향별로 상당한 편차를 보였다. 정도 차이는 있으나 그동안 대다수의 저널리즘 연구자는 이 분야의 '양면적' 성격이 초래하는 딜레마에 대해 나름대로 해답을 제시해 왔다.

우선 학문 연구 영역으로서 저널리즘 연구는 학계의 이론적 유행에 따라 끊임없이 진화해왔다. 저널리즘 연구는 처음에는 주로 신문사 등 관련 업계의 직업 관심사에서 출발했지만, 이내 눈에 띄게 학술적 측면으로 기울었다. 경험주의 커뮤니케이션 연구가 유행하던 시절에는 이에 휩쓸리면서 오히려 저널리즘 현상 자체에 대한 관심이 소홀해지기도 했다. 이후 1980년대에 들어서 비판 이론이 유행하자 새로운 사조를 적극적으로 수용하여 미디어와 사회를 아우르는 거시적 시각으로 전환했다. 이 바람에 저널리즘 연구에서 정작 저널리즘의 실종을 우려할 정도로 미디어가 관심사에서 멀어지는 양상을 보이기도 했다. 현재 저널리즘 연구는 외관적으로는 다양한 학술적 흐름이 공존하는 이론적 다원주의 시대를 맞은 것처럼 보인다. 하지만 오랜 학계 역사에 비해 정작 기본적인 개념 정리나 이론적 체계화 등 기초 작업은 부실해 지식 영역으로서 여전히 많은 한계를 드러내고 있다. 저널리즘 연구에서 그동안 양적 외연 확장은 두드러졌지만, 체계화된 연구 영역으로서의 정체성은 아직 제대로 확립되지 못한 상태로 남아 있다.

학문 영역을 벗어나 업계 현장과의 관계 측면을 보면, 저널리즘 연구는 현장 지향성과 실용성에 대한 관심의 끈을 완전히 놓아 버린 적이 없다. 그럼에도 불구하고 저널리즘 연구는 업계 현장의 실정과 동떨어져 학문을 위한 학문으로 전락했다는 비판에서 늘 자유롭게 못했다. 지금까지 이 문제에 대한 저널리즘 연구자들의 대응 전략은 대개 연구의 현장 지향성과 학문적 위상 모색을 대립, 상충하는 가치로 여기는 이원화의 태도를 취하면서 본질적인 문제를 회피해왔다. 이 때문에 학술적인 저널리즘 연구가 업계 현실과 지나치게 괴리되어 현실에 유용한 시사점이나 대안을 거의 제공하지 못하고 지식을 위한 지식으로 전락했다는 비판도 나왔다. 반면에 지식의 현실 지향성을 중시하는 흐름은 저널리즘 연구의 이 차원을 지나치게 좁게 해석하여 때때로 업계 직업 훈련소 스타일의 학술 활동을 주장하는 단견을 드러냈다. 그 결과 학계 전반의 연구 경향에서도 한편으로는 연구와 교육용 지식을 별도로 분리해서 접근하는 편의주의에 빠지거나, 다른 한편에서는 업계 관행과 틀에 매몰되어 비판적 성찰이나 대안 제공 기능을 상실하는 한계를 보였다. 이 글은 양자를 수렴하는 지식 추구 방식이 저널리즘 연구에서 정착되어야 한다고 주장한다.

"텔레비전 생산 연구의 진단"(9장)은 미디어 작업장 수준의 연구에서 제기되는 쟁점을 살펴본다. 생산 연구는 미디어 생산 과정 내부의 '블랙박스'가 작동하는 원리를 들여다 볼 기회를 제공한다는 점에서 매우 중요하다. 이 글은 기존 텔레비전 생산 연구의 경향과 문제점을 진단하고 가능한 몇 가지 대안을 제안한다. 그간 생산 연구는 대상 매체나 장르, 연구 주제 등에서 연구 편수나 주제의 다양성 측면에서는 크게 성장했지만, 생산 과정에서 다양한 요인들의 교차 방식을 '진하게 묘사'하고 정교하게 개념화하는 수준으로 진전시킨 연구는 드물었다.

이러한 한계는 무엇보다 현장 접근이 제한적이었다는 기술적 난점 탓이긴 하지만, 수집한 자료를 맥락화하고 재해석하는 비판적 자세 부족에서도 기인한다. 따라서 좀 더 창의적인 연구 방법을 다양하게 개발해 활용하고 연구 전략도 다변화해야 한다고 주장한다. 가령 종사자의 진술에 나타나는 모순이나 양가성을 비판적으로 해독하는 방식을 시도한다든지, 현장 접근 기회의 부족을 보완하기 위해 국지적 사례나 생애사 분석 등의 우회 전략도 시도해 봐야 한다. 아울러 참여 관찰이나 심층 인터뷰처럼 전통적으로 흔히 사용된 연구 방법 외에도 내용 분석 등 외부에서 쉽게 얻을 수 있는 계량적 분석 결과를 입체적으로 활용하고, 공동 연구를 활성화할 필요도 있다.

1부

언론학의
학문적
정체성 찾기

2장

언론학의 영역주의와 정체성 위기

● 이 장은 "한국 언론학의 영역주의와 정체성의 위기," 〈한국언론정보학보〉, 11호, 1998, pp.3~31을 수정한 것이다.

1. 무엇이 문제인가

어떤 학문 분야의 정체성은 지식 세계 내에서 자신의 권위와 존재 이유를 어떻게 설정하느냐 하는 문제로 귀결된다. 이러한 추상적인 과정은 권력 자원이 아니라 이론적 담론을 동원해서 진행되기는 하지만, 관할 구역 설정과 조정이라는 측면에서는 권력 과정과 유사하다. 학문 영역의 확정 과정은 대학이나 연구 기관, 학회라는 제도적 틀 안에서 연구 자원 조달, 지식 전수 방식 등을 통해 구체화된다는 점에서 현실적인 권력 과정이기도 하다. 넓게 보면 지식을 정의하는 행위 자체가 다양한 지식 형태를 대상으로 배제와 포섭 전략을 구사한다는 점에서 상징적 권력의 성격을 띤다. 학문 분야의 정체성 설정 문제는 지식 생산의 권력 과정이며, 이 권력 과정에서 지식의 정의라는 추상적 측면과 학문적 자원 동원을 수반하는 현실 정치 역학의 측면은 서로 밀접하게 얽혀 있다. 따라서 언론학 영역의 정체성 문제를 논의하기 위해서는 언론학이 이론적 영역이자 제도적 영역으로서 갖는 성격을 동시에 고려해야 한다.

한국 언론학의 정체성 문제는 언론학이 학문 세계 안에서나 한국 사회 현실에서 과연 어떤 모습을 보여 주었고 어떤 역할을 해왔는가 하는 질문으로 정리된다. 한국 언론학은 학문 분야이자 대학 제도의 일부로서 짧은 기간 내에 빠른 속도로 성장하고 변화해왔다. 이러한 변화는 언론학계 내부의 학문적 관심사와 연구 추세의 부침과 진화를 반영하는 데 그치지 않고, 넓게는 언론학이 현실의 정치적, 사회적 상황 변화에 대응해온 과정을 함께 보여 준다.

이 글은 언론학이 학문 영역으로서 갖는 정체성 문제를 크게 세 가지 측면으로 나누어 검토한다. 첫째, 한국 언론학의 '영역주의'는 어떠한 형태를 띠고 있으며, 그 함의는 무엇인가 하는 점이다. 이 글에서는 한국 언론학이 배타적인 관할 영역이라는 공간적 측면에서 정체성을 설정해 왔다고 보고 이를 영역주의라고 이름 붙였다. 하지만 이론적 실체로서의 영역주의와 제도적 실체로서의 영역주의는 구분해야 한다. 언론학은 전통적으로 현실 지향성이 매우 강해 학문적 담론으로 정당화할 수 없는 이질적인 지식 형태까지도 학문 제도 영역 안에 포섭하기 때문에, 제도적 실체로서의 영역주의는 언론학의 학문 정체성을 이루는 중요한 요소다.

둘째, 언론학 영역의 이질적 구성 때문에 발생하는 문제도 살펴본다. 한국 언론학은 제도적으로 관할하고 관여할 수 있는 범위 안의 다양한 지식을 영역으로 표방했다. 그러나 이러한 선언에 따라 여러 가지 질문이 제기될 수 있다. 이처럼 다양하게 생산된 지식 중에서 학문적 기준에 의해 이론적 지식으로 인정받는 부분은 상대적으로 적다. 이같이 언론학의 제도적 영역과 공인된 지식 영역의 불일치라는 현상은 어떤 함의를 갖는가? 그리고 학문적 지식에 권위를 부여하는 메커니즘, 가령 학문적 지식과 아닌 것을 구분하는 기준은 언론학의 정체성과 어떻게 관련되어 있는가?

셋째, 언론학에서는 이론적 지식이라도 높은 현실 연관성이나 실천성, 가령 정책 과정에 미치는 영향력, 사회 비판과 대안 제시 기능 등을 행사할 수 있다. 언론학의 역사에서 이러한 실천성은 늘 학문 정체성을 규정하는 중요한 요소였다. 따라서 영역주의가 언론학의 실천성에 어떠한 영향을 미칠 수 있는지를 비판 언론학의 사례를 예로 들면서 검토해 본다.

언론학의 정체성 문제에 관한 논의는 이 분야에서 진행되는 연구 경향의 해석을 토대로 한다. 하지만 여러 언론학 전 분야의 방대한 연구를 종합적이고 체계적으로 검토하고 평가하는 것은 이 글의 범위 안에서는 거의 불가능하다. 따라서 언론학 전반의 연구 경향에서 두드러진 이슈를 예시하는 차원에서 비판 언론학 이론이나 몇몇 매체 이론 분야에 국한해 논의하고자 한다.

엄격한 의미에서 연구 동향은 논문이라는 연구 결과로만 판단할 수는 없다. 이는 아직 이론적 경향을 일반화할 수 있을 만큼 양적으로 충분한 연구가 축적되지 않은 것도 원인으로 들 수 있지만, 한국 언론학의 독특한 풍토와도 관련이 있다. 한국 사회에서 특정한 학문 조류나 유행을 읽어 내는 데는 학술성이 다소 떨어지는 채널, 즉 지식 이벤트, 평론, 학회 분과 내의 논의, 대학 사회의 유행 등의 사례가 중요한 단서를 제공해 준다. 한국 언론학에서 이론적 동향은 구체적인 연구 성과의 가시적인 축적으로 나타나기도 하지만, 연구자 집단이 연구에 대해 보여 주는 태도나 성향, 정서적 반응 형태로도 표출된다.[1] 따라서 이 글에서 언론학의 정체성 문제에 대한 진단은 언론학 연구자 공동체 내부의 추이를 읽어 내고 평가하는 사변적인 작업에 기반을 둔다. 이 글은 그동안 나온 연구 논문뿐 아니라 언론학자 집단에 구성원으로서의 경험과 관찰을 토대로 정리했다. 이 글은 어떤 면에서는 연구자 집단 내의 지식 문화, 레이먼드 윌리엄스Raymond Williams(1977)의 용어를 빌자면 연구자 집단의 "감정의 구조structure of feeling"를 정리하고 분석하는 작업의 성격을 띤다.

2. 영역주의와 정체성의 설정

한국 언론학은 다양한 동기에서 생겨난 이질적인 지식 형태를 묶어서 하나의 학문 분야로 정착되었다. 제도적으로는 사회과학의 한 분과로 자리매김하는 과정에서 커뮤니케이션 현상에 관한 학술적 지식뿐 아

1 1990년대 초까지 유행한 전통적 패러다임과 비판 패러다임 간의 논쟁을 예로 들 수 있다(가령 김영석, 1991; 이효성, 1991). 그런데 기존 지식의 분포를 보면 이러한 이분법적 구분은 근거가 다소 희박하다. 실제로 논문 편수로만 보자면 한국 언론학 분야에서 전통적 입장으로 분류할 수 있는 주류의 실증적 연구는 오히려 소수에 불과했다. 비판적 패러다임의 사례를 보더라도 1980년대에는 뜨거운 열기에 비해 정작 이렇다 할 연구 결과물은 그다지 많이 나오지 않았다.

니라, 학부 수준의 실무 교육에 필요한 실용적 지식까지도 언론학이라는 제도 분과 속에 포함되었다. 이와 같이 잡다한 지식 형태를 다른 학문 분야와 구분되는 하나의 영역으로 묶어 준 공통 분모는 대학의 학과라는 제도적 틀이었다. 적어도 초기 언론학의 정체성은 순수한 지식 논리보다는 제도적인 영역화에 대한 자각을 통해서 형성되었다고 할 수 있다. 하지만 이 과정에서 언론학이 제도적인 영역으로서 갖는 정체성과 학문 영역으로서의 정체성 사이에는 상당한 괴리가 생겨났다. 영역 내의 다양한 지식 형태 간의 이질성이야말로 언론학의 독특한 정체성을 구성하는 핵심적 특징인 셈이다.

언론학의 이론적, 철학적 빈곤은 바로 언론학이 학문적 자기 성찰 없이 제도적 위상 확립을 통해 정체성을 찾으려 한 데에서 비롯했다고 존 피터스John Peters(1986: 527~559)는 지적했다. 피터스는 주로 미국 커뮤니케이션 연구의 문제점을 낳은 역사적 근원을 추적했지만, 그의 지적은 한국 언론학의 문제점을 진단하는 데도 시사하는 점이 적지 않다.

언론학 분야의 영역주의적인 인식은 크게 두 가지 유형으로 나타났다. 첫째는 학문적 실체로서의 측면에서다. 이질적이고 다양한 학술 활동은 주로 학회나 학술지 등 학술 활동의 공통적인 형식적 절차를 통해 하나의 학문 영역으로 묶여 제도화된다. 둘째는 대학 내의 제도적인 실체로서의 측면에서다. 특히 학부 수준에서 전수되는 실무적 지식은 비록 학문적인 활동으로 인정받지 못하지만, 언론학이 대학 내에서 제도적으로 존재할 수 있게 해 주는 중요한 기반이 되고 있다. 그 밖에도 한국 사회에서는 언론학자가 관련 분야의 전문가로서 업계 수요에 맞춰 다양한 형태의 지식을 만들어 내는 데 관여한다. 지식은 나름대로 전문성을 지니지만 대개 학술 활동으로 공인받지 못한다. 언론학은 이러한 비학술적인 지식의 생산과 전수를 맡는 기관 역할도 한다. 한국 언론학은 이 두 가지 이질적인 역할을 영역주의 관점에서 포괄한다.

영역주의에 근거해 한국 언론학의 정체성을 체계화하게 된 것은 1970년대에 이르러서였다고 할 수 있다. 가령 1976년에 초판이 나온 차배근의 《커뮤니케이션학 개론》 상하권은 당시 언론학을 독자적인 학문 영역으로 체계화, 집대성하려 한 영역화 노력 중에서 대표적인 역작이다. 그의 책에서 특히 두 가지 주장이 주목할 만하다. 하나는 "커뮤니케이션학"이 고유의 "지적 탐구대상영역"과 연구방법, 그리고 연구 결과를 체계화한 이론을 갖추었다는 점에서 "하나의 독립된 학문" 분야임을 누누이 강조했다는 점이다(차배근, 1991: 15~17). 둘째는 과학적(이론적) 지식뿐 아니라 기술적(실용적) 차원, 정책적 혹은 규범적 차원의 지식까지 아울러 커뮤니케이션학을 체계화했다는 것이다(차배근, 1991: 100~101).

차배근은 언론학을 학문으로 정립하려 하면서도 실용적이고 정책적인 부문까지 포괄해 언론학의 영역을 당시로서는 다소 과도하다고 할 정도로 야심차게 확장했다. 이후의 학자들도 이처럼 확장된 영토 구획을 대개 그대로 따랐고, 1980년대 이후 언론학의 급속한 성장과 팽창으로 이 청사진은 상당 부분 현실화했다. 동시에 이러한 확장형 영역화 전략은 오늘날 한국 언론학이 정체성 문제로 고민하게 된 단초를 제공하였다. 그동안 언론학의 정체성에 대한 인식이 어떻게 변화했는지 이해하려면 편의상 언론학의 제도적 위상과 이론적 영역으로서의 정체성이 어떻게 바뀌었는지 구분해서 살펴봐야 한다.

1) 언론학의 제도적 위상과 정체성

학문 분야의 제도적 정착이 학문 공동체에서 전개되는 일종의 권력 과정의 성격을 띤다고 본다면, 언론학의 정체성 모색은 자신의 존립 근거와 정당성을 확보하려는 상징적 투쟁이자 제도적 투쟁의 성격도 지닌다. 특히 언론학은 다른 분야와 달리 이례적으로 실무 교육 등 비학문적인 활동에 상당 부분 존립의 근거를 둔다는 점에서, 이러한 상징적 투쟁은 언론학이라는 학문의 성격이 형성되고 진화하는 과정을 이해하는 데 핵심적인 부분을 이룬다.

1970년대까지만 해도 언론학은 학문적 지식의 권위 위계나 학문 제도 내에서 상대적으로 위상이 취약했다. 제도적 기반 측면에서는 우선 관련 학과를 개설한 대학이 그다지 많지 않았다. 권위주의 정권하에서 언론의 위상이 위축되어 관련 직종 역시 그다지 인기가 없었던 점도 언론학의 위상을 설정하는 데 적지 않은 역할을 했다. 학술적 연구 부문에서는 이 분야의 저변 연구자층이 얇았고 축적된 지식량이나 권위에서도 상대적으로 빈약해서 학문 영역으로서 독자적인 지위를 확보하는 데 어려움을 겪었다. 차배근의 저서에서 볼 수 있듯이 언론학을 다른 분야와 구별되는 배타적인 '영역'으로 체계화하려고 애쓴 것은 역설적으로 이처럼 취약한 제도적 위상과 관련이 있을 것이다.

하지만 1980년대 이후에는 사정이 바뀌어, 학문의 '제도적' 권력 위계 내에서 언론학의 지위는 눈에 띄게 높아졌다. 언론학의 제도적 위상 신장은 1980년대의 사회적 변화와 관련이 있다. 우선은 "언론 고시"라는 말이 나올 정도로 언론인 직종이 인기를 끌었고, 대학마다 신문방송학과가 인기학과로 부상하기 시작했다. 공익 자금으로 운영되는 많은 언론 관련 기구는 언론학 연구자에게 새로운 자원과 활동 공간을 마련해 주었다. 하지만 이 무렵부터 언론학의 제도적 위상과 정체성에 관한 고민은 오히려 상대적으로 희박해진 것으로 보인다.

특히 1980년대와 1990년대를 비교해 보면, 언론학의 정체성에 관한 인식은 적지 않은 차이를 보인다. 이는 주로 외부 정치 상황과 관련이 있다. 1980년대의 비판 언론학은 당시의 정치적 억압 구조하에서 젊은 연구자가 기존 언론학에 느낀 실망감, 그리고 사회 개혁에 대해 품고 있던 관심과 열정을 토양으로 등장했다. 1990년 전후에 이르러 학회 차원에서 패러다임 간의 대화를 시도하고 거대 이론의 문제의식을 수용하려 하는 등 언론학의 이론적 정체성 문제에도 관심을 기울인 것은 이러한 도전에 위기의식을 느낀 탓으로 보인다. 그러나 1990년대에 들어와 정치적 민주주의가 정착되어가면서 언론학의 풍토 역시 급격히 변해갔다. 이 시기에는 한편으로는 언론학이 학문 정체성 문제에 무관심해졌고 다른 한편으로는 언론학의 위상에 대해서도 집단적인 자신감과 낙관적인 분위기가 지배하기 시작했다.

사회적, 정치적 상황 변화에 따라 어떤 학문 분야의 인기가 어느 정도 부침을 겪는 것은 불가피하다. 하지만 언론학의 제도적 위상은 외부 여건 변화에 특히 민감하게 반응해왔다. 문제는 언론학이 학문

제도 분과로서 높아진 외부 기대치를 충족시킬 만한 자생력을 갖추었냐 하는 것이다. 만일 언론학이 이러한 역량을 갖추지 못할 경우 현재 위상은 장차 외부적인 변화에 따라 손쉽게 붕괴될 수도 있다.

실제로 언론학은 제도적 위상의 기반을 이론적인 지식에만 두고 있지 않다. 실무적 지식 공급이나 현실과의 밀접한 연관성은 언론학 영역의 특성과 분리해 생각할 수 없는 요소다. 특히 이 중에서도 실무적 지식 전수는 언론학이 대학의 제도적 틀 안에서 자리 잡게 된 주요한 기반에 해당한다. 하지만 한국 언론 관련 학과들의 실무 교육은 초창기부터 실용적 기능이 아주 취약했다. 노동 시장 측면에서 보더라도 실무 지식에 대한 업계 수요는 아직 형성되지 않아 이처럼 부실한 교육 여건이 단기간에 개선될 기미도 보이지 않는다. 언론 관련 학과의 인기가 상당 부분 관련 분야 진출에 대한 막연한 희망과 기대치에 근거한 것이라면, 이러한 인기에는 불가사의한 측면이 많다. 그것은 노동 시장에 대한 불확실한 정보에 기반을 둔 것인가, 혹은 시대 상황에 따른 일시적 거품인가?

한국 언론학계는 그동안 공식적으로는 실무적 지식을 언론학의 핵심 영역으로 표방하면서도, 실제로는 직무 유기에 가까운 태도로 대응해 사실상 사각지대로 방치했다. 왜 실무 교육을 해야 하는지에 대한 성찰이나 체계적인 훈련 과정의 구비도 없이 어정쩡한 실무 교육을 유지하는 현 실정은 한국 언론학의 제도적 위상을 잠재적으로 위협할 수도 있는 위험 요인으로 남아 있다.

2) 이론적 영역으로서의 정체성

언론학이 이론적 영역으로서 성장해온 과정은 또 다른 차원에서의 제도화 과정으로 파악할 수 있다. 피터스는 미국 커뮤니케이션 분야의 형성 과정을 "민족 국가nation-states"에 비유해서 설명했다. 피터스가 보기에 커뮤니케이션학은 분야를 정의하는 일관된 이론적, 철학적 지침을 갖추지 못해 학문으로서 매우 취약하다. 심지어는 커뮤니케이션에 대한 정의조차도 모호해서, 어떤 것이 커뮤니케이션 분야에 속하고 어떤 것이 속하지 않는지는 상황에 따라 판단할 수 있을 정도다. 커뮤니케이션이란 용어는 사용자에 따라 아주 폭넓고 다양한 의미로 사용되고 있어, 철학적 일관성을 갖춘 개념으로 볼 수 없다. 이는 마치 민족주의가 철학적 근거에서 정의되는 이념이 아니라 비철학적 충동과 감성적 일체감에 호소하는 것과 유사하다. 또한 커뮤니케이션학은 민족주의에서처럼 고정된 영역에 대해 절대적인 주권을 행사하려 하고, 여차하면 다른 민족 국가(학문 분야)가 점유하는 영토에까지 영유권을 확대하려는 경향이 있다는 점도 유사하다(Peters, 1986: 546~547).

피터스의 지적은 특히 1970년대 한국 언론학의 정체성 형성 과정을 이해하는 데 시사하는 바가 많다. 차배근의 저서에서 볼 수 있듯이, 언론학은 이질적이고 다양한 지식 형태를 하나의 분야로 종합한 것이다. 분야의 명칭도 신문방송학, 신문학, 커뮤니케이션학, 언론학, 언론정보학, 미디어학 등으로 다양하게 나왔고, 채택하는 명칭에 따라 분야의 성격이나 내포적 의미 역시 크게 달라질 가능성이 있다. 언론학이 순수한 학문으로 성립할 수 있는지에 대해서도 이론의 여지가 많았다. 갈등과 내분의 소지가 다분한 이질적 지식을 하나로 봉합할 수 있게 해 준 것은 이론적 논쟁을 통한 수렴이 아니라 제도적 공간, 혹은 분야를 공유한다는 의식이었다. 한국 언론학에서 이러한 영역주의 사고는 이후에도 변형된 형태로 계속 발견된다.

가령 1980년대 언론학에서 이론적 성향이 매우 강한 흐름인 비판 이론의 성장 역시 영역주의를 토대로 이루어졌다. 겉으로 보기에 비판 이론의 열기는 '주류'에 대한 이론적 대안 모색에서 시작되었지만, 실제로는 성향이 다른 연구자와 이론에 대해서 배타적이고 방어적인 영역주의의 양상으로 나타났다(임영호, 1992a; Im, 1993: 108~123). 이 시기 비판 언론학은 체계적인 학문적 성찰보다는 차별성의 제도화를 통해 연구 조류의 정체성을 확립하려는 경향이 있었다. 즉 "비판적 연구는 내부의 다양성과 이질성보다는 여러 차원 혹은 요소, 즉 방법론적, 이론적 특성에서 경험적 연구와의 차이를 강조함으로써 일정한 제도적 공간으로 자리 잡는 데 성공했다"(임영호, 1992a: 53).

여러 이질적인 접근 방식을 '비판적 연구'라는 제도적 울타리 안에 결집하는 데 치중한 영역화 운동은 당시 학문적 소수 세력이던 구성원에게 일종의 생존 전략으로서 정서적 일체감과 귀속감을 주는 상징 역할을 했다. 이 때문에 내부 재편이나 자기 성찰보다는 영토 확장, 체계화, 계보화에 치중하는 풍토를 조성하는 부작용도 생겨났다. 사실 적대적 세력 간의 대결을 암시하는 전통적 진영과 비판적 진영이란 용어 자체도 군사적 비유에 근거한 것이다. 이 두 진영 간의 관계에 대한 묘사는 마치 민족 국가의 틀에서 적대적 세력 간에 벌어지는 내전의 이미지를 연상시킨다.

물론 두 패러다임의 차이를 군사적인 비유로 묘사한 것은 이들의 이론적, 정치적 차별화를 강조하기 위한 수사 전략이라고 볼 수도 있다. 그러나 이 차별화는 철학적, 이론적 일관성을 갖춘 기준에 의해 이루어지기보다는 각 집단이 갖고 있는 정서적 정체성 차이에 근거한다. 문제는 이 정체성이 피터스가 묘사한 민족주의 정서에 아주 가깝다는 것이다. 이러한 정서는 견해가 다른 구성원 사이에 대화를 통한 수렴보다는 갈등과 대립을 부추기기 쉽다. 따라서 시간이 감에 따라 영역주의 정체성은 이론적 범주로서 가치를 잃고 오히려 지적 발전의 장애물로 변질했음을 부인할 수 없다(임영호, 1992a: 54).

한국언론학회가 1991년과 1992년 두 차례 주최한 '쟁점과 토론' 행사는 이처럼 대립적인 두 진영 사이에 대화와 조정의 기회를 마련한 것이다(김영석, 1991; 방정배, 1992; 양승목, 1992b; 이효성, 1991, 1992; 임영호, 1992b). 이 행사들은 비판적 시각을 언론학계의 중요한 패러다임으로 공인하는 분기점의 성격을 띠었다. 이 행사들은 지금까지 학계 비주류이자 아웃사이더이던 비판적 패러다임을 학계 내 대화의 장으로 끌어들이고 제도적 일부로 인정하는 계기가 되었다고 할 수 있다(강상현, 1993).

그러나 엄격한 의미에서 이 사건들은 토론과 대화를 통한 수렴보다는 대화와 조정 형식을 빙자한 갈등 봉합의 성격을 띤다. 두 진영의 갈등은 각 진영 내부의 생산적 변화를 유도하기보다는, 갈등 자체의 소멸을 가져왔다. 특히 1992년 5월의 쟁점과 토론 행사는 비판 언론학의 위기를 진단하고 돌파구를 모색하려는 시도로서, 여기서는 대체로 비판 언론학이 수정주의적인 정치적 문제의식과 더불어 새로운 이론적, 방법론적 흐름을 수용해 변화를 모색해야 한다는 주장이 주류를 이루었다. 하지만 실제로 이러한 변화의 징후는 구체화하지 않았다. 이러한 경향에 주목하면서 강상현은 다음과 같이 썼다.

> "1991년에 접어들어 비로소 학회 차원의 공식적인 논쟁이 가시화하는 듯하였으나 이러한 논쟁의 열기마저도 사회과학 일반의 '포스트' 신드롬과 외국 언론학계에서의 신수정주의 및 신다원주의 조류 속에서 그러한 공식단상의 논쟁은 발화와 동시에 이내 불길이 가라앉는 하나의 촌극처럼 되어버리고 말았다. …… 어떤 면에서 비판적 연구진영은 급변하는 정세 속에서 급진이론이 지니는 현실적 한계나 위기의식을 '포스트'의 그늘 밑에서 다소나마 희석시킬 수 있었고, 전통적 연구진영 역시 '포스트'의 신조류와 함께 그동안의 수세를 만회할 수 있는 명분을 찾는 듯이 보였다"(강상현, 1993: 145~146).

비판 언론학은 이후 외부의 다양한 비판을 수용하여 새롭게 태어나는 데 실패했고, 국내외 정세 변화와 학문적 지형 변화에 따라 정체성의 위기를 맞았다. 과거 비판 언론학 영역에 속하던 연구 주제를 다룬 글도 점차 줄어들었다. 1980년대에만 해도 예언가적인 확신에 찬 주장을 펴던 연구자 중 상당수가 변화된 상황에 맞는 연구 주제를 찾아 나서거나 이전의 주장을 거두어들였다. 비판적 연구를 주도하던 대학원생이나 소장 연구자층이 하나둘씩 학계에 자리 잡으면서 학문 제도권에 진입했고 이들의 연구 관심 역시 기존 연구자와 차별성이 점차 줄어들었다. 기존 학계와 차별성을 표방하며 진보 성향 학자들이 주도해서 세운 한국사회언론연구회가 한국언론정보학회로 제도화된 것도 이러한 추세를 보여 주는 단적인 예다.

이와 더불어 '비판 언론학' 혹은 '비판 커뮤니케이션'이라는 용어 역시 점차 언론학자의 글에서 사라지고, 그 대신에 매체 산업이나 문화연구, 수용자 연구, 커뮤니케이션 철학 등 좀 더 구체적이고 중립적인 용어 사용 빈도가 점차 늘어났다. 학문 분야의 용어 구사에서도 1980년대처럼 감정적이고 격정적인 함축은 점차 줄어들었다. 이제는 이전처럼 학문 분야의 구성 과정에서 민족주의 색채를 띠는 격정적인 구호나 집단 정체성을 동원하던 시대는 끝났다. 비판 언론학이라는 상징이 주던 철학 외적이고 이론 외적인 효용성도 거의 소진되었다.

그렇다면 1980년대의 비판 언론학은 언론학의 정체성 형성에 어떤 기여를 했다고 평가할 수 있는가? 비판 언론학의 등장은 무엇보다도 언론학이 이론적 분과로서 갖는 정체성 문제에 대한 관심을 불러일으켰다는 점을 꼽을 수 있다. 1991년과 1992년 두 차례의 논쟁이 한국언론학회 주도하에 벌어졌다는 것은 이 논쟁이 언론학의 중심적인 관심사로 부상했음을 상징적으로 보여 준다. 성과와 상관없이 적어도 패러다임, 과학철학, 거대 이론 등의 추상적인 담론이 학회의 공식적인 논쟁에서 오갔다는 사실은 언론학이 당시의 제도적 위상에 걸맞은 학문적 권위 확립에 점차 관심을 갖게 되었음을 시사한다.

하지만 1990년대에 들어와서는 집단적인 차원에서 연구 경향에 대한 근본적인 성찰이나, 거대 이론에 대한 관심, 패러다임 간의 논쟁과 대화는 점차 줄어들고, 학술적 작업은 연구자별로 개별화, 분산화하는 경향이 점차 뚜렷해졌다. 언론 관련 학과의 잇따른 증설로 연구자 저변층이 급격히 늘어나면서, 연구 성과가 양적으로나 질적으로 다양해지고 풍부해졌지만, 지식의 체계적인 통합, 학문적 조류 간의 대화, 거대 담론 등에 대한 관심은 줄어들었다. 말하자면 1980년대와 같이 뚜렷한 연구 영역과 조류는 해체되고 다원화했다고 할 수 있다. 비유적으로 말하자면 1990년대 언론학의 영역은 통일된 정체성에 기반을 둔 민족 국가가 아니라 절대적 자치권을 갖는 수많은 영지로 구성된 봉건 체제에 유사하게 변모했다.

이러한 추세는 1990년대 인문·사회과학 전반에서 거대 담론이 쇠퇴하기 시작한 시대상과 무관하지 않다. 동구권 사회주의 체제 붕괴와 한국 사회의 정치 민주화를 목격하면서, 서구의 이성주의 세계관에 입각해 사회의 총체적인 이해와 개혁을 표방하는 거대 담론, 가령 계급, 국가 등에 대한 열기가 눈에 띄게 퇴조했다. 그 대신에 미시적이고 상대주의적인 이론에 대한 관심은 높아졌다. 언론 문제를 비판적으로 접근하는 데에서도 국가와 자본, 계급, 노동 등 거시적 주제에서 일상 생활이나 수용자, 성 정체성 등 다양한 미시적 주제로 관심사가 옮아갔다.

나아가 소비와 일상생활, 미디어 정치, 의미 구성 등 언론학의 주요한 주제는 주류 사회과학에서도 중심적인 연구 주제로 각광받기 시작했다. 정치학이나 사회학 등 1980년대 언론학의 의제 설정에 큰 영향을 미친 여러 학문 분야가 이제는 언론학 고유의 영역에도 관심을 갖기 시작한 것이다. 어떤 의미에서 지금까지 언론학은 기존의 사회과학들이 차지하고 남은 틈새 영역을 모아서 구성된 주변적인 학문 영역이라는 자의식을 가지는 경향이 없지 않았다. 하지만 이제는 언론학이 사회과학 전반에 공통된 의제를 다루는 주요 영역으로 부상했다는 인식은 언론학의 학문적 위상에 대한 자부심을 높이는 효과도 낳았다.

1990년대에 이르러 한국 언론학은 인문 사회과학에서 중심적인 분과로 전성기를 구가했다. 그러나 이러한 번성은 언론학의 실제적인 이론적 성취보다는 외부의 사회적, 학문적 상황에 의해 주어졌다고 보는 것이 더 정확하다. 가령 '정보 사회'나 '가상 공간,' '문화연구' 등 언론학 관련 주제에 대한 관심과 수요는 어디까지나 아직 충분히 실현되지 않은 기대치에 불과하며, 언론학이 채워 줄 것으로 외부에서 기대하는 언론학의 '잠재적'인 영역일 뿐이다. 심지어 해외 언론학에서 그 주제들을 관장하고 활발하게 지식을 생산하고 있다는 사실조차도 국내 학문 세계의 실제적인 권력 과정에서 영유권 주장의 결정적인 근거가 되기 어렵다. 언론학이 학술적으로 정당성을 갖는 지식으로 채워 넣을 때에야 비로소 그 빈 공간은 언론학의 고유 영역으로 확고해진다.

하지만 최근 언론학계에서는 언론학의 위상과 성장 가능성에 대해 지나친 낙관론이 퍼져 있다. 이와 더불어 언론학이 무엇을 해야 하는가 하는 본질적 문제에 대한 무관심의 징후도 읽을 수 있다. 하지만 이 자신감이 언론학의 실제적인 기여도에 근거한다고 보기는 어렵다. 언론학에서 현재 각광받는 몇몇 영역들은 여러 인접 학문 분야가 헤게모니 장악을 위해 싸우는 각축장으로 변했다. 특히

1980년대 한국 사회과학의 화두를 주도해온 사회학은 언론학의 이른바 '고유' 영역으로 적극적인 영역 확장을 시도했고 이미 상당한 전과를 올렸다. 이러한 경향이 지속된다면 장차 언론학이 사회과학에서 설 자리를 잃고 다시 주변적인 변방으로 밀려나지 않으리라고 누가 보장할 수 있겠는가?

언론학의 영역주의는 지금까지 학문적 생존 전략으로서 예상보다 훨씬 더 큰 성과를 거두었다. 하지만 언론학의 전성기는 자신의 학문적 역량보다는 외부 상황에 의해 조성된 경향이 강하다. 그런 의미에서 현재 한국 언론학은 언제 학문적 IMF 시대로 빠져들지 모르는 거품 경기를 누리고 있다. 어떤 면에서 호황은 불황과 함께 온다. 연구자층의 급증과 연구 실적의 양적 팽창에도 불구하고 파급력 있는 연구 성과의 성장이 상대적으로 완만한 것은 혹시 구조적 불황기의 한 조짐은 아닌가? 이러한 제도적 위상의 호황기에는 언론학이 학문 분야이자 제도적 공간으로서 어떤 방향으로 가야 할 것인지 검토하는 자기 성찰적 자세가 오히려 더 절실하다.

3. 공식적 지식과 비공식적 지식의 이중 구조

제도적으로 볼 때 한국 언론학의 영역은 크게 이론적 지식, 실무 교육, 현실 연관성을 세 축으로 삼는다. 이 중에서 상대적으로 비대하게 발달한 부분이 바로 현실 연관성을 갖는 지식이다. 오늘날 언론학계의 낙관적 분위기는 상당 부분 이 지식 분야의 수요 호황에 근거한다. 하지만 여러 언론학 연구자는 소모적이고 이론적 기여도가 낮은 작업에 많은 시간을 소모할 수밖에 없는 상황을 개탄한다. 이러한 현상은 몇몇 개별 연구자 차원에 그치지 않고 정도 차이는 있지만 연구자층 전반에 보편적인 현상으로 인식된다. 과연 이는 언론학 분야의 연구자들에게 불필요한 (혹은 필요한) 세속적인 악에 불과한 것일까, 아니면 한국 언론학의 정체성을 구성하는 핵심적인 특징으로 보아야 하는가?

1990년대에 들어와서 언론학에서는 이론적으로 공인되는 지식을 선별하고 분류하는 데 대한 관심이 높아졌는데, 이는 언론학에서 비학술적인 지식의 호황에 대한 거부감 표출로도 해석할 수 있다. 1993년에 창간된 전문 학술지 〈언론과 사회〉는 엄격한 익명 심사제를 도입하면서 이론적 성향에 관계없이 "학문적 엄격성과 충실성에 의거하는" "순수한 학술적인 논문"(최현철 외, 1993: 3~4) 게재를 표방하고 나섰다. 이는 이 시기 학문적 정화 운동의 움직임을 보여 주는 대표적인 사건이다. 이후 다른 학술지도 잇따라 유사한 심사 제도를 도입하는 등 학술성을 강조하는 추세는 점차 두드러졌다. 특히 당시 한국학술진흥재단의 등재지 제도 도입 이후 학술지가 속속 창간되면서 학술 논문의 발표 창구는 대폭 늘어났다.

하지만 새로운 문제점도 나타났다. 연구 논문이 증가하면서 이론적 경향에 따라 학술지의 전문화가 이루어지기보다는, 논문으로 발표되는 지식의 질적 권위 확립과 권위 차별화를 제도화하려는 노력이 더 강화된 것은 주목할 만한 현상이다. 제도적인 위상이나 연륜으로 보아 성장과 호황기를 맞은 학문 분야에서 학술적 순수주의를 표방하는 움직임이 상당히 신선하게 받아들여진 것은 과연 무엇을 의미하는가?

이러한 역설적 현상이 발생하게 된 요인을 구체적으로 지목하기는 쉽지 않다. 이 변화는 여러 가지 복합적이고 한정적인 상황에 의해 구조화되었다. 순수한 학술적 연구의 강화는 단기적으로는 1990년대 초반 김영삼 정권이 이른바 '교육 개혁'의 일환으로 도입한 대학 평가 정책의 효과라고 볼 수도 있다. 하지만 또한 이 변화는 언론학계가 그동안 학술적이지 못한 지식을 양산하는 데 몰두해 왔다는 내부 비판과 자각을 배경으로 했다. 〈언론과 사회〉가 창간 당시 내세운 노선은 언론학의 이론적 정체성을 어떻게 정립해야 하는지에 대한 새로운 지적 자각보다는 언론학의 학문적 존재 근거에 대한 '도덕적' 위기의식에서 비롯되었다고 보는 것이 더 적절할 것이다.

이론적 지식 축적을 존재 근거로 삼는 학문 담론의 기준에서 볼 때, 학술적 순수주의 표방은 학문 세계의 상식을 다시 한 번 환기시키는 데 불과할지 모른다. 하지만 순수한 이론적 성과 축적을 표방한 것은 역설적으로 언론학에서 이론적으로 형식적인 정당성을 갖추지 못한 지식이 계속 양산되고 있음을 전제한다. 또한 이러한 흐름은 지식 권위의 위계를 설정하는 가치 기준을 제시하기 때문에 언론학의 정체성에 대해서도 한 가지 정의를 함축한다. 즉 학문 세계의 일반적인 절차에 따라 지식을 선별하고 공인하는 제도적 메커니즘을 정착시켜 다른 학문 분야와 유사한 이론적 실체 형식에서 언론학의 정체성을 찾으려는 움직임을 제안하는 셈이다.

이러한 권위 부여 메커니즘은 학술적인 '형식'을 갖춘 지식을 정당성 있는 지식으로 공인하면서, 질적 수준에 미달하는 이론적 지식뿐 아니라 비학술적 형태의 지식을 공인된 지식에서 배제하는 효과를 낳는다. 물론 이러한 기준 자체에 이의를 제기할 생각은 없다. 문제는 이 기준에 비추어 판단할 때, 언론학자의 노동 중에서 적지 않은 비중을 차지하는 비공식적인 지식의 존재를 어떻게 평가하고 자리매김할 것인가 하는 문제가 남는다는 것이다.

이 글에서는 학술적인 형식과 기준에 의해 인정받는 지식과 인정받지 못하는 지식 형태를 편의상 각각 '공식적 지식'과 '비공식적 지식'으로 명명한다. 한국 언론학계에서 비공식적 지식에 속하는 것으로는 몇 가지 유형이 있다. 이 지식은 현실 비판이나 참여 목적으로, 혹은 외부 기관의 수요에 따라 다양한 형태로 생산될 수도 있다. 이른바 시사적 성격의 '잡글'이나 프로젝트 연구 보고서, 행사 발제문 등이 이에 속한다. 특히 언론학 분야에서 한국방송영상산업진흥원이나 정보통신정책연구원, 한국언론진흥재단 등 국책 연구 기관이 주도하는 연구의 비중은 엄청나게 커졌다. 하지만 이러한 지식의 잠재적 발주자가 '제도권'에만 집중되어 있는 것은 아니다. 일부 연구자들은 진보 정치 성향의 기관이나 세력(언론 노동조합, 시민 운동 단체 등)과 연관을 맺기도 했고, 드물기는 하지만 강준만의 잡지 〈인물과 사상〉처럼 독립적인 채널을 통해 현실에 영향을 미치는 새로운 지식 생산 방식의 가능성을 보여 준 사례도 있다.

언론학에서는 이러한 비공식적 지식을 정당성 있는 지식 영역에서 배제해왔다. 지식 생산 활동에서 두 가지 부류의 지식 활동을 비교적 엄격하게 구분하는 데는 대다수의 연구자가 동의하는 것처럼 보인다. 즉 하나는 생산적인 연구 활동으로 보고 다른 비공식적인 지식은 불가피한 작업이거나 소외된 노동으로 간주하는 분류 기준을 유지해왔다. 학계에서는 비공식적인 지식 활동에 지나치게 몰두하는 것을 학자로서의 직업 건전성을 해치는 활동으로 규정하는 도덕적 기준을 적어도 공식적으로는 표방해 왔다.

말하자면 언론학자가 직업 활동으로 생산하는 지식은 공식적 지식과 비공식적 지식의 이중 구조로 되어 있다. 이러한 지식의 이중 구조는 한국 사회에서 언론학이 갖는 학문적 특수성을 엿보는 단서를 제공해 준다. 언론학은 현실과 특히 밀접한 연관을 맺을 수밖에 없지만, 현실과 거리를 어떻게 어떤 형태로 설정하는지는 중요한 문제라는 것이다. 어떤 지식에 대한 정의 방식은 이론적 가치뿐 아니라 권력 효과 측면도 지닌다. 어떤 지식은 지식으로서의 권위 위계 내에서 평가를 받는 동시에 현실적인 권력 위계에서도 걸맞은 위치를 부여받게 된다. 저술 작업은 때로는 여론 조성에 기여해 현실적인 권력 자원 분포에 영향을 미치기도 하고 작업에 필요한 자원을 이용한다는 점에서도 권력 측면과 관련을 맺는 것이다. 물론 이 두 차원을 엄격히 구분할 수는 없다. 현실과 밀접한 연관을 맺으면서 현실 수요에 대응해 생산된 지식이라도 이론적인 지식 위계 안에서 위치를 인정받는 학술적 작업 형식으로 나올 수도 있다.

언론학에서 이 두 가지 측면은 언론학의 정체성을 설정하는 데 핵심적인 문제이면서, 동시에 구체적인 지식의 의의를 평가하는 잣대 구실을 한다. 언론학에서 지식의 이중 구조는 이 두 가지 성격 중 하나만을 극단적으로 갖춘 두 가지 이념형적 지식 유형(즉 공식적 지식과 비공식적 지식)의 분화가 구조화되어 있음을 보여 준다. 특히 비공식적 지식은 현실의 권력 자원(정보, 자원, 영향력)에 근접해 있으면서도 이러한 차원에 관한 이론적인 이해에까지 도달하지 못했거나, 학술적 형식의 지식으로 발전시키지 못한 미완성의 지식 형태라 할 수 있다. 말하자면 오랫동안 한국 언론학에서는 비대해진 비공식적 지식 부문에 비해 공식적 지식 부문의 성장이 상대적으로 위축된 것은, 언론학의 현실 연관성이 극도로 왜곡된 형태로 구조화되었기 때문이다.

한국 언론학에서 비공식적인 지식 양산과 비대화는 개별 언론학자의 도덕적인 자각 문제 차원에서만 파악해서는 안 된다. 이것은 그보다는 한국 언론과 언론학에서 지식 생산의 권력 과정이라는 구조적인 맥락 안에서 이해해야 한다. 언론학자들의 일상적 대화에서는 도덕적 담론을 동원해 비공식적인 지식의 팽창을 저지하고 배재하려는 태도를 흔히 볼 수 있다. 여기에는 이러한 엄격한 도덕적 배제 전략이 이론적 순수성의 영역을 점차 확대시키고 비공식적 지식의 영역을 불가피한 최소한의 정도로 축소시켜 나갈 수 있을 것이라는 희망이 잠재해 있다. 하지만 한국 학계에서 이러한 이원적 구조는 당분간 사라지기 어려울 것이다. 싫든 좋든 언론학 연구는 현실적인 권력 자원과 세력에 관여하지 않을 수 없고, 지식의 권력 차원과 현실 연관성은 언론학의 정체성을 이루는 핵심적인 요소이기 때문이다.

현실적으로 한국 언론학에서 지식의 이중 구조의 저변에는 지식에 대한 공식적인 평가 잣대와 비공식적인 선호 잣대라는 이중 구조가 잠재한다. 즉 공식적으로는 지식 권위의 위계가 단일한 기준으로 통용되고 이론적 지식을 높이 평가하는 것처럼 보이나, 비공식적으로는 지식 권력의 잣대가 지식의 의제 결정과 생산, 배포 구조를 좌우한다. 이러한 이중적 잣대는 한국 사회에서 지식 생산의 권력 지형을 독특한 형태로 고착시켰다. 즉 이론적 지식에 대해서는 '도덕적 중심화'와 권위를 부여하면서, 다른 한편으로는 '권력에서의 주변화'를 진행시켰다. 어떤 의미에서 이러한 이중적인 잣대는 비공식적인 지식 형태로 생산되는 지식을 이론적으로 중요하지 않고, 정당성이 없는 존재로 규정해 지식 세계에서 도덕적 책임을 면해 주는 면죄부 부여 효과를 낳기도 한다. 한국 언론학에서 지식에 대한 정의와 평가는 불가피하게 권력 과정의 성격을 띠게 된다. 이처럼 언론학에서 평가와 선호 잣대의 이중 구조는 구체적인 지식 생산 과정에서 다양한 형태의 권력 분포 구조로 나타난다. 즉 학계의 중심부와 주변부, 기성학자와 소장학자, 서울과 지방 등 다양한 권력 분포의 축에 따라 (서로 상대적 자율성을 갖기는 하지만) 중첩되어 표현되고 있다.

이처럼 독특한 이중 구조의 저변에는, 최종적인 결정력을 행사하지는 않더라도 상당한 영향을 미치는 정치 경제적 구조가 존재한다. 한국 언론학에서 비공식적 지식에 대한 풍부한 수요는 엄격한 의미에서 지식 시장의 수요에 입각한 것이 아니며, 이 지식에 대한 가치 평가 역시 시장(미디어 산업)에서의 경제적 가치에 근거하지 않는다. 그럼에도 불구하고 한국 사회에서 언론 문제에 대한 열기와 비공식적인 형태의 지식에 대한 수요가 매우 높은 현상을 어떻게 설명할 것인가?

우선 미디어 산업에서 조성된 잉여 이윤으로 운영되는, 즉 시장 압력에서 상대적 자율성을 갖는 미디어 관련 공공 기관들의 존재를 들 수 있다. 이 기관들에서는 경제적 효율성과 생산성이 조직의 주된 목표가 아니며, 여기서 지식 생산이란 어떤 측면에서는 기존의 제도적 관행을 재확인하는 '의례ritual'에 불과하다. 언론학의 비공식적 지식에 대한 엄청난 수요는 상당 부분 시장 논리에서 상대적 자율성을 갖는 이 조직들의 내부 필요성에서 유래한다. 물론 관련 공공 기관뿐 아니라 미디어 시장 부문(특히 방송 부문)에서도 이러한 형태의 지식에 대한 수요를 발견할 수 있는데, 여기에도 비슷한 논리를 적용할 수 있다. 특히 지상파 방송 산업은 국가 주도의 독과점적인 시장 구조를 하고 있어 시장 경쟁 압력에서 비교적 자유롭다. 따라서 경제 외적인 정치적 요인들도 조직 환경의 불확실성 관리 차원에서는 중요한 고려 사항이 된다. 경제적 측면에서 유용성이 낮은 비생산적 지식도 정책이나 정치적 측면에서는 우호적인 (혹은 부정적인) 여론을 조성하거나 적어도 반대를 누그러뜨리는 효용성을 발휘할 수도 있다고 보기 때문에, 기업들은 이에 대한 투자를 일정 부분 유지한다.

이렇게 본다면 한국 언론학에서 비공식적인 지식의 수요와 공급 과정은 시장의 비유보다는 정치 과정을 더 많이 닮았다. 어떤 점에서 한국 언론학이 비공식적 지식 생산을 통해 영향력과 권력 자원을 확보했다고 해서 이 분야의 지식이 현실을 실질적으로 좌우할 만큼 역량이 커졌다는 뜻은 아니다. 이러한 영향력은 그보다는 언론을 둘러싼 정치 과정에서 수행하는 '상징적'(실제적인 것이 아니라) 기능에 대한 보상으로 얻은 것이라고 보는 게 더 적합하다. 미디어 산업이나 미디어 관련 공공 기관에서는 종종 언론학자의 현실 분석과 대안 제시 능력에 대해 극도의 냉소적 태도를 드러내는데도 여전히 언론학 지식에 대한 높은 수요가 유지되는 것은 이러한 추정을 뒷받침한다. 또 현실적으로 신문방송학과가 미디어 산업의 인력 공급 기능을 제대로 수행하지 못하는데도 상종가를 구가하는 것도 아마 권력 자원에 대한 언론학의 근접성, 혹은 언론학의 상징적 권력성과 무관하지 않을 것이다. 그것은 마치 우리가 '언론'이라는 단어를 일상적으로 사용할 때 '권력'이라는 함축적 의미를 강하게 연상하는 것과 마찬가지다.

만일 언론학의 비공식적 지식에 대한 수요가 이같이 비시장적인 정치 과정에 근거한다면, 오늘날 전성기를 맞은 언론학의 위상 역시 상당 부분 거품에 불과한 셈이다. 언론학에서 비공식적 지식이 누리는 호황은 현실 분석과 대안 제시 능력에 의해 뒷받침되지 않았다는 점에서, 외부 상황 변화에 따라 쉽게 타격을 받을 수도 있는 취약한 상태에 있다. 더 심각한 문제는 한국 언론학계가 이처럼 허약 체질이란 현실을 심각하게 받아들이지 않는다는 점이다. 언론학의 이론적 순수주의 운동은 정당성을 갖긴 하지만, 주로 연구자 개인 차원에서 학문의 도덕적 정화를 추구한다는 점에서 언론학 전반의 구조적 문제 해결에 미치는 파급 효과는 제한적이라는 한계가 있다.

4. 비공식적 지식의 닮은꼴인 공식적 지식

그렇다면 한국 언론학의 학술 담론에서 배제된 비공식적인 지식은 공식적 지식의 성격을 규정하는 데 어떤 역할을 하는가? 지식의 정의는 서로 유사성과 연관성을 갖는 지식 중에서 일종의 배제 전략을 통해 특정한 지식 형태를 선별해 권위를 부여하는 과정이다. 이 과정에서 포함된 지식과 배제된 지식 사이에는 차별성과 동시에 유사성이 존재한다. 언론학의 공식적 지식은 비공식적 지식의 어떤 점을 닮았는가? 특히 국책 연구 기관이 생산하는 지식을 예로 들면서, 이 지식의 성격과 그것이 언론학의 정체성에 미친 영향을 검토해 본다.

언론 관련 국책 연구 기관들은 각종 연구 보고서와 실태 조사, 행사 자료집 등 다양한 형태로 출간되는 비공식적 지식의 주된 생산자일 뿐 아니라 언론학의 공식적 지식 부문의 정체성 형성에도 적지 않은 영향을 주었다. 이 기관들은 대학 소속의 일반 연구자에 비해 훨씬 방대한 최신 정보를 체계적으로 수집하고 월등한 연구 자원을 확보하고 있어 언론학의 지식 생산 구조에서도 큰 비중을 차지해왔다. 국책 연구 기관들은 자체적으로도 활발하게 지식 생산을 하면서, 외부 자문이나 용역 과제 발주를 통해 외부 연구에 대한 수요도 창출해냈다. 이 기관들이 생산한 정보와 지식은 언론학이 전문적인 지식 분과로 위상을 확립하는 데도 크게 기여했다.

그러나 이 기관들은 월등한 자원 동원을 기반으로 지식 생산의 의제 설정을 주도해, 언론학의 정체성을 특정한 방향으로 유도하고 구조화하는 데도 적지 않게 기여했다. 이러한 제도적 지식 생산 구조의 문제점은 단순히 연구 시각과 결과의 편향성을 낳는 데 그치지 않는다. 특히 정책 수행의 필요에 따라 매체 단위로 분업화된 국책 연구 기관의 지식 생산은 언론학의 지식 분업 구조에도 적지 않은 영향을 미친 것으로 보인다. 특히 1990년대 이후 언론학계에서는 연구자들이 매체 단위(신문, 방송, 뉴 미디어 따위)로 자신의 연구 분야를 설정하는 분업 구조가 정착되었다. 이것은 매체 단위로 연구자에 대한 수요가 형성되고, 연구자 역시 이에 맞추어 자신의 연구 분야를 포지셔닝하기 시작했다는 뜻이다. 국책 기관의 지식 생산 방식은 이러한 풍토 조성에 적지 않게 영향을 미친 것으로 보인다. 물론 매체 중심적인 사고가 아주 새로운 것은 아니지만, 이 경향을 가속화한 것은 국책 기관의 독특한 연구 수행 방식이다. 이 기관들은 특히 특정한 매체에 관해 수집한 방대한 최신 정보를 토대로 연구 결과를 배출해냈다. 개별 언론학자들에 비해, 상대적으로 풍부하고 생생한 정보는 이 연구물에 권위를 부여했고, 이는 곧 연구자 사이에 정보에 대한 집착 효과를 낳았다.

매체 중심적 사고와 연구 경향은 몇 가지 문제점을 드러냈다. 우선 정보와 지식을 혼동하면서, 연구자의 전문 영역인 매체에 관한 지식 정도를 학문적 권위의 근거로 삼으려는 경향이 보이기 시작했다. 매체에 관한 지식과 정보 축적이 이론적 발전과 반드시 비례하지는 않는다. 현실에 대한 이론적, 비판적 인식은 현실과 일정한 거리를 유지하는 성찰적인 자세를 전제로 한다. 현실에 관한 생생한 정보와 경험을 접한다는 것은 자칫 그러한 경험이 현실에 대해 일면적으로 구조화된 인식으로 이어질 수 있음을 망각하게 할 우려가 있다. 매체 중심적 사고는 최신 정보에 대한 집착, 특히 해외의 최신 동향과 외국 사례를 의례적으로 인용하고 거기서 주장의 근거를 찾는 아주 독특한 논거 전개 방식의 유행을 조장했다. 특히 실용적, 정책적 함의를 중시하는 비공식적 지식에서 해외 사례에 대한 의존 풍토는 아주 두드러졌다. 이러한 대외 의존 방식은 정책적 주장에 대한 논리적 근거 제시 책임을 편의에 따라 외부에 전가하는 기능도 했다. 이러한 관행은 실용적, 정책적 지식 부문에 속하는 정책 보고서에서 가장 전형적으로 나타나지만, 학술 연구에서도 형태나 정도 차이는 있지만 비슷한 경향을 발견할 수 있다.

이처럼 언론학에서 상당한 영향력을 행사하는 비공식적 지식 부문의 성격과 의미를 어떻게 평가하고 자리매김할 것인가? 이 문제에 대해서 그동안 대다수의 언론학자들은 상당히 부정적이고 배제적인 자세를 표방했다. 그러나 이들의 인정 여부에 관계없이 비공식적 지식 부문은 이미 한국 언론학의 독특한 정체성을 낳는 지식 구조의 일부를 이룬다. 문제는 어떻게 하면 이 부분을 언론학 발전의 전략적 자원으로 활용할 수 있는가 하는 점이다.

순수하게 이론적 연구 측면에서 보더라도 한국 언론학계에서는 현실의 권력 자원에 부분적으로 의존하거나 관련 세력들과 연관을 맺지 않고는 현실과 괴리되지 않은 연구를 수행하기 어렵다. 비공식적 지식은 현실 연관성이 아주 높고, 정도 차이는 있지만 재원이나 정보 형태로 연구 자원을 제공한다는 점에서 순수한 연구에 비해 큰 잠재력을 갖고 있다. 하지만 이론적 권위와 지식 권력을 통합한 지식은 아직 활발히 나오지 않고, 두 가지는 공식적 지식과 비공식적 지식으로 분리된 형태로만 나타나고 있다.

폴 라자스펠드Paul Lazarsfeld(1941)의 표현을 빌자면, 한국 사회에서는 초창기 미국 커뮤니케이션 연구에서와 같은 "정책 과학policy science"이나 "행정적 연구administrative research"가 정착된 적이 없다. 미국의 커뮤니케이션 연구는 외부 기관의 수요와 자원에 의존해 실용적이고 정책적 성격의 지식을 생산했고, 이 점에서 이후 많은 비판을 받았다. 하지만 적어도 이 지식은 이후 분야의 발전에 토대가 되는 학술적 지식 형태로 정리되었다. 이 지식은 외부 수요에 종속된 위치에서 생산되었으면서도 학술적 완결성 때문에 어느 정도 현실에 영향력을 미쳤다고 할 수 있다.

하지만 한국 언론학에서 정책적 지식은 더 큰 자원을 동원하면서도 단순히 불가피한 노역으로만 간주되고, 작업 결과 역시 학술 작업에 재활용되지 못한 채 곧 폐기되는 악순환을 겪어 왔다. 싫든 좋든 한국 언론학은 현실과 밀접한 관련을 맺는 전략적 위치를 차지하며, 가까운 미래에도 이 특성이 근본적으로 바뀔 가능성은 희박하다. 하지만 비공식적 지식과 공식적 지식 간의 이중 구조, 또 비공식적 지식 부문에서의 왜곡된 수요 공급 구조는 이러한 전략적 위치가 언론학의 현실적 영향력 확대나 학문적 성장에 별다른 기여를 하지 못하게 하는 악순환을 낳았다. 이 문제를 해결하지 못한다면 한국 언론학의 밀접한 현실 연관은 학술 지식 생산에 기여하지 못하고 오히려 학문 정체성에 손상만 입힐 수도 있다. 이는 언론학의 현실 연관성 혹은 현실 참여 기능을 어떻게 인식하느냐 하는 문제와 직결된다.

5. 언론학의 현실 연관성: 비판 언론학의 사례

비판 언론학은 다른 연구 영역에 비해 현실과의 연관성(현실 참여)을 연구의 본질적인 성격으로 더 강조한다. 물론 이러한 현실 연관성은 외부적으로 뚜렷이 드러나기보다는 이론이 지니는 함의 형태로 나타난다. 그동안 한국의 비판 언론학은 현실 참여 수단으로서 실천적 성격을 어떻게 설정해왔고, 이 성격은 영역의 정체성 형성에 어떤 기능을 했는가?

1980년대를 한때 주도한 비판 언론학의 '영역'은 1990년대에 들어와 급속히 해체되는 듯했다. 정치경제학이나 노동, 계급, 국가 등 이전의 딱딱한 주제 대신에 문화와 즐거움, 정체성, 수용자 등 정치적으로 좀 더 연성의 주제가 새로운 화두로 각광받기 시작했다. 1980년대에 왕성하게 논의되던 미완성의 여러 연구 주제는 거의 한꺼번에 폐기되다시피 했다. 이러한 추세는 이론적, 정치적 맥락 변화에 기인하지만, 이에 못지않게 비판 언론학의 특징이던 영역주의의 성격 변화도 보여 준다. 물론 비판 언론학 영역이 점차 해체되면서, 예전처럼 배타적이고 열정적인 정체성을 토대로 한 영역주의는 희석되었다. 그 대신에 훨씬 완화되고 완곡한 '소재 중심주의' 경향이 나타났는데, 여기서도 이전의 영역주의와 공통점이 보인다. 특히 '새로운 것'에 대한 추구와 이론 중심주의의 경향은 주목할 만한 특징이다.

그동안 비판 언론학에서는 이론이 현상에 대한 접근 방식을 제공하는 도구 역할에 머무르지 않고, 새로운 연구 영역으로 둔갑하는 경향이 있었다. 마치 매체 단위의 영역 구분처럼 이론 역시 새로운 영역 구분의 기준 구실을 했다. 단순히 외국의 이론을 읽고 정리해서 소개하는 작업이 권위 있는 지적 작업으로 둔갑하는 경향도 때때로 보였다. 이러한 문제점은 물론 어떤 주제나 이론이 도입되는 초기의 일시적인 현상이라 볼 수도 있지만, 사실은 비판 언론학의 초기에까지 거슬러 올라가는 뿌리 깊은 관행이다. 1980년대의 사례를 보더라도 "비판적 영역에 속하는 많은 연구들이 서구의 (주로 '최신'의) 이론적 논의들을 개념적으로 거론하면서 주제를 확장하는 데 치중"했고, "어떤 이론이 '도입'되고 난 후 후속적인 연구를 통한 비판, 검토가 누적되기보다는 끊임없이 새로운 영역과 주제를 찾아 헤매는 경향"도 드러났다(임영호, 1992a: 56~57).[2]

지식 추구에서 이러한 '새로움'의 독재는 비판 언론학의 이론적 발전에 적지 않은 폐해를 가져왔다. 이론은 속성상 항상 새로운 소재를 찾아 나서고 특히 시대 조류에 민감한 경향이 있다. 이론은 추상적인 성격을 띠기 때문에, 그 자체만으로는 함의나 현실 적합성을

2 임영호(Im, 2017)는 영국의 저명한 문화연구자인 스튜어트 홀의 저술이 국내 연구에 어떻게 수용되고 있는지를 관련 문헌의 내용 분석을 통해 살펴보았다. 이를 위해 홀이 언급된 논문 257편을 분석한 결과, 그중 215편(82.7%)은 홀의 개념을 일회성으로 언급하는 데 그쳤고, 텍스트 분석 등에 분석 도구로 적용한 사례는 24편(9.3%)이었다. 반면에 홀의 이론을 핵심적인 논의 대상으로 삼은 연구는 11편(4.3%)에 불과했다. 특히 홀의 문제의식을 한국 맥락에 수용하는 데 따르는 문제를 검토하고 '토착화'하려는 시도는 극히 드물었다. 국내 학계에서 홀이 누리는 유명세를 감안할 때 이는 다소 의외의 결과였다. 말하자면 서구의 학자들을 수용하는 방식에서, 국내 맥락에 적합한 이론의 모색에 지적 자원으로 삼기보다는 주로 저자의 유명세와 권위를 활용하는 데 주력하는 경향이 있음을 알 수 있다.

판단하기가 매우 어렵다. 더구나 이러한 검토와 재구성 작업은 이론 세계의 논리와 규칙에 따라 이루어져야 하기 때문에 더욱 힘겨운 것이다. 현실의 미묘한 변화를 읽어 내고 이론에 반영하는 작업은 화려하지 못하면서도 고통스러운 작업이다. 1980년대의 많은 이론적 작업은 현실의 사회 모순에 대한 인식과 개혁의 중압 때문에 현실을 지나치게 도식화하고 이론적 정교함을 갖추지 못하는 문제점을 드러냈다. 하지만 1990년대의 비판 언론학에서는 이러한 미완성의 분석틀을 개선하고 정교화하는 작업 대신에 새로운 틀을 찾아나서는 편한 길을 택했다.

새로운 것의 추구는 어떤 면에서는 비판 언론학을 화려한 수입 이론 전시장으로 변질시키는 부작용도 가져왔다. 많은 학자들은 자신의 이론적 근거와 연구 분야의 정체성을 해외의 지적 조류에서 찾고 그러한 조류의 변화에 민감하게 반응하는 경향을 보였다. 강상현의 지적처럼 한국 언론학은 "현실에 조응하는 치열한 이론 투쟁을 통해 학문적 성숙과 계열화를 이루어내지 못하고 국내외의 상황 변화나 외국의 이론동향에 준거하여 스스로의 아이덴티티를 의탁하는 관행"(강상현, 1993: 136)을 드러냈다.

소재 중심주의는 주로 외국의 이론적 유행에 민감한 독특한 형태의 이론 중심주의로도 나타났다. 비록 많은 학자가 '거대 담론'의 시대가 끝났다고 선언했지만, 아직도 우리 학계에서는 추상적인 논의를 좋아하는 지적 풍토가 남아 있다. 이러한 이론 중심주의의 문제점은 무엇보다도 이론에 관한 논의가 곧 현실인 것처럼 가정하는 경향이 있다는 점이다. 로렌스 그로스버그Lawrence Grossberg는 "과

거의 비판적 연구들이 이론적 범주 자체를 마치 현실의 완벽한 재기술인 것처럼 생각해온 경향"이 있었다고 지적했다(Grossberg, 1997: 128). 국내의 문화연구에 국한해서 보더라도 "문화연구자들이 그간 수행해온 작업의 상당 부분이 바로 엄격한 의미에서의 문화연구였다기보다는 문화 이론 그 자체일 뿐"이라는 비판이 나왔다(마동훈, 1997: 181). 추상적 이론의 숲을 헤매는 연구자는 추상적 언어 배후에 있는 좀 더 거시적인 그림과 문제의식을 읽어 내기가 쉽지 않다.

이론주의에 대한 비판은 단지 논의 수준이 추상적이냐 구체적이냐 하는 문제에만 초점을 맞추어서는 안 된다. 그 대신에 특정한 문제의식이 제기되고 다른 문제는 은폐되게 하는 맥락, 즉 '문제틀 problematic'[3] 자체의 적합성을 검토해야 한다. 이 작업을 거쳐 검증된 이론만이 한국 사회에서 적합성을 지닐 수 있다. 하지만 이론 중심의 소재주의에서는 이러한 비판적 작업 대신에 자신의 이론 영역에 대해 과도하게 친화적인 태도를 쉽게 발견할 수 있다. 가령 왜 문화연구자 중에서 문화연구의 문제틀 자체에 대한 비판을 보기 어려운가? 어쩌면 이러한 비판적 자세 결여는 자신의 영역이 갖는 존재 의의나 근거를 부정하는 결과를 가져올지도 모른다는 무의식적인 우려에서 나온

3 알튀세르에 따르면 어떤 단어나 개념은 그것이 사용되는 맥락과 분리해서는 제대로 파악할 수 없다. 이때 맥락을 이루는 이론적, 이데올로기적 틀을 '문제틀'이라 부른다. 문제틀은 단순히 세계관도 아니고, 여러 텍스트를 경험적으로 찬찬히 읽어 일반화할 때 도출되는 정수essence도 아니다. 문제틀을 밝혀내려면 제기되는 문제뿐 아니라 다른 특정한 문제들이 왜 제기되지 않는지absence of problems and concepts도 반드시 검토해야 한다(Althusser, 1977: 253~254).

것은 아닐까? 특히 현실 적합성을 존재 이유로 삼는 비판 언론학에서는 이 문제에 대해 고민하는 자기 성찰적 자세가 필수적이다.

어떤 이론의 문제틀 검토는 이론적 문제이면서도 동시에 그 이론의 실천적 함의나 현실 적합성을 성찰하는 작업이다. 오늘날 이론적 유행처럼 번지는 문화연구 사례를 중심으로 이 문제를 살펴보자. 1980년대 비판 언론학의 문제틀은 아직도 우리 사회에서 해결되지 않은 여러 중요한 사회적 쟁점을 문제삼는다는 점에서 아직 유효하다. 그런데도 비판 언론학은 왜 이러한 미완의 과제들을 남겨둔 채 그렇게 손쉽게 와해되었는가? 어떤 면에서 1980년대의 비판 언론학은 현실의 압박에 대한 강박관념 때문에 이론적 역량에 비해 지나치게 많은 정치적 과제를 떠안았다. 설익은 현실 진단과 대안 제시는 이후 외부의 변화와 도전에 쉽게 허물어질 수 있는 취약성을 애초부터 안고 있었던 것이다. 1990년대에 들어와 비판 언론학이 급격하게 퇴조한 것은 어쩌면 이러한 역량 부족에서 기인하는 필연적 결과라고 할 수 있다.

1990년대에 들어와 활발해진 문화연구는 비판 언론학의 빈 공간을 급속히 메워나갔다. 특히 포스트모더니즘이나 후기 구조주의 이론의 영향으로 비판 언론학에서도 연구 주제가 전반적으로 연성화했다. 이제 이데올로기나 지배성 같은 개념은 마치 시대에 뒤떨어진 유산처럼 간주되고, 성 정체성, 욕망, 즐거움 등 지금까지 이론적으로나 정치적으로 가치를 인정받지 못한 영역이 새로 각광받았다. 많은 문화연구자는 수용자(특히 주변화된 하위 집단)의 문화적 경험, 가령 '즐거움'에서 저항과 체제 도전의 잠재력을 찾아내어 부각하려

했다. 이전의 비판 언론학에 비교해 볼 때, 문화연구의 매력은 어떤 형태로든 정치적 함의는 지니면서도 이론적 세련됨을 동시에 갖추었다는 것이다. 비판 언론학이 해체되면서 생겨난 빈 공간을 문화연구가 비교적 손쉽게 장악할 수 있었던 것은 이처럼 문화연구가 지식인층에게 지니는 독특한 이론적 매력 때문일지도 모른다.

하지만 문화연구로 대표되는 최근의 비판 언론학에서는 이론의 후광에 의존해서 정치적 함의 문제를 지나칠 정도로 안일하게 보는 경향이 있다. 오늘날 문화연구에서는 경제적 토대이든, 텍스트나 이데올로기이든 인과 관계나 결정성 문제를 이론적으로 마치 시대착오적인 것처럼 간주하는 경향이 있다. 좀 더 비결정론적이고 비환원론적인 이론 추구가 유행처럼 번지면서, 거시적 분석틀은 퇴조하고 관찰과 이해를 토대로 하는 '해석학적' 유형의 지식이 득세했다.

하지만 이처럼 특정한 '지식 논리'의 선택은 이론적 문제일 뿐 아니라 강력한 정치적 함의도 수반한다. "지식의 수사학" 이론을 체계화한 스티븐 페퍼Stephen Pepper(1966)나 헤이든 화이트Hayden

표 2-1. 지식의 유형과 정치적 함의

주장 전개 방식	이데올로기적 함의
포미즘Formism	아나키즘Anarchist
메커니즘Mechanism	급진주의Radical
유기체주의Organicism	보수주의Conservative
맥락주의Contextualism	자유주의Liberal

출처: White, 1973: 29.

White(1973)는 이 점에서 많은 함의를 준다. 이들은 표 2-1과 같이 지식의 논리를 유형화하면서 지식 유형 간에는 선험적인 우열성이 존재하지 않으며, 선택된 지식 유형마다 독특한 정치, 이데올로기 모델을 함축한다고 강조했다. 예컨대 여기서 "포미즘formism"은 "연구 대상에 특유한 속성"(White, 1973: 13~14)을 찾아내는 데 지식 추구의 목적을 두는데, 이 지식 논리는 문화연구에서 아주 보편화한 것이다. 반면 "메커니즘mechanism" 지향의 지식 이론은 "어떤 과정의 결과물을 결정하는 인과적 법칙 발견"(White, 1973: 17)에 중점을 두는 것으로, 비판 언론학에서 정치경제학적 이론은 여기에 가깝다. 특히 주목할 만한 것은 이 두 지식 유형이 상당히 다른 정치적, 이데올로기적 함의를 지닌다는 점이다. 1990년대 비판 언론학에서 문화연구의 득세는 이론적 패러다임의 세대 교체에 그치지 않고, 진보 정치 모델이 메커니즘 지식 유형의 급진주의에서 포미즘의 아나키즘 성향으로 점차 전환했다는 뜻이다. 이는 어떤 지식 이론의 선택은 곧 정치적 이념 모델의 선택이기도 하다는 사실을 시사한다.

물론 문화연구의 새로운 이론들이 비판적 연구자에게 권력이나 지배성 문제를 이론적으로 더 정교하고 유연하게 파악할 수 있도록 해 주었다는 점은 부인할 수 없다. 특히 이전의 비판 이론에서 핵심적 비중을 차지하던 권력 문제를 단순히 계급이나 국가와 같은 구조적 틀을 넘어서 일상성이나 사회적 실천 등 미시적 수준과도 연결지어 정교하게 파악하고, 실천적 대안 문제를 새로운 시각에서 조명할 수 있게 해 주었다는 점 역시 높이 살 만하다.

문제는 문화연구가 국내에 정착되면서 원래 문화연구가 지닌 정치적 함의마저도 크게 희석되고 말았다는 점이다. 가령 국내에 많이 수입된 영국 문화연구의 예를 보더라도 국내에서는 원래의 이론을 상당히 일면적으로 해석해서 받아들이는 경향이 두드러졌다. 가령 원용진은 "우리나라에서 문화연구가 소개될 때 문화연구의 거시적인 면과 미시적인 면이 동시에 이루어지지 못했고 오히려 미시적인 면이 먼저 소개됨으로써 '문화연구 = 능동적 수용자론 = 수정주의'라는 희한한 등식이 만들어졌다"(원용진, 1995: 30)라고 개탄했다.

수용자 중심의 문화연구는 사회경제적 구조와 텍스트의 결정성(지배 구조)을 강조하던 데에서 벗어나 점차 수용자의 주관적 경험과 능동적 역할을 높이 평가하는 방향으로 초점을 옮겨 갔다. 지금까지 좌파 문화이론가들이 대체로 수용자의 정치적 잠재력을 회의적으로 보는 경향이 있었던 데 비해, 수용자 연구자는 대중적 취향과 즐거움에서 사회 변혁의 잠재력을 발견하여 수용자의 정치적 중요성을 부각했다. 하지만 수용자 중심의 문화연구는 짐 맥기건Jim McGuigan의 표현을 빌자면 문화연구의 비판적인 성격을 급속히 감퇴시키는 "문화적 포퓰리즘cultural populism"에 흐르는 경향이 있다. 문화연구는 급진적인 수사를 사용하기는 하지만, 수용자의 대중성을 정당화하는 바람에 원래 저항하고자 했던 억압적 문화 권력에 대해 결과적으로 동의를 표하게 되는 결과를 가져왔다. 어떤 의미에서 이들의 주장은 경제적 자유주의의 '소비자 주권론'과 맥을 같이 한다는 것이다(McGuigan, 1992: 245).

물론 문화 이론은 과거 좌파 문화이론가의 고질적인 문제점이던 정치적 패배주의와 엘리트주의를 극복하는 데 크게 기여했다. 하지만 이들은 결과적으로 대중 투쟁의 장을 조직화한 정치 운동 공간에서 시청자의 거실 수준으로 후퇴시켜 비판 이론을 미시화해 버리는 부작용도 초래했다. 문화주의에 큰 영향을 준 그람시주의는 특히 공공 부문의 지배와 저항의 구조를 이해하는 데도 많은 함의를 줄 수 있다. 하지만 문화주의에서는 그람시주의를 주로 텔레비전 수용자의 의미 투쟁이라는 안방 정치, 즉 이엔 앙Ien Ang(1986)의 표현을 빌자면 "거실의 전쟁living room wars" 차원으로 전락시켰다. 김성기의 지적대로, 문화연구에서 저항의 강조는 "실제 정치적 효과를 갖기보다는 현실의 모순에 대한 상상적 차원에서의 해소라는 비판을 면하기 어렵다"(김성기, 1995: 72)라는 신랄한 비판도 나왔다.

군사적 비유를 들자면 문화 이론은 문화 영역의 지배 체제에 대한 수용자 차원의 '게릴라전' 전략을 이론화한 것이다. 이 전략은 아마도 공적인 영역과 문화 생산 영역, 국가 기구가 보수 안정화된 서구 사회의 정치 지형에는 적합할 수도 있다. 이러한 지형을 염두에 둔 듯, 문화연구는 대중문화 수용자가 문화의 생산 과정을 지배할 수는 없지만 그 소비 과정을 통제할 수는 있다는 전제에서 출발한다. 루이 알튀세르Louis Althusser의 표현을 빌자면, 문화연구자들은 소비 영역이 지배 체제에서 "가장 취약한 고리weakest link"(Althusser, 1977: 94)라고 인식한 것이다. 하지만 한국 사회에서는 아직도 생산의 영역, 국가와 시민사회 영역의 헤게모니 체제가 극도로 불안정하여, 정치적 각축의 여지가 많이 남아 있다. 따라서 소비 영역에서의 문화적 게릴라 전략 역시 한국의 문화 지형에 상당한 영향력을 미치기는 하겠지만, 반드시 최선의 전략이라고는 할 수 없다. 또한 군사적으로 보더라도 게릴라전은 동원 자원이 제한된 경우에 불가피하게 사용되는 전략이지 어떤 상황에서나 적용되는 최선의 전략은 아니다.

문화 이론의 이러한 문제점은 외국 이론을 수입하고 소개하는 과정에서 주로 이론적인 측면에만 치중해, 그 이론이 한국 상황에서 어떤 정치적 함의를 갖는지, 그 이론의 정치적 문제틀이 과연 한국 상황에 적합한지에 대한 성찰이 부족했기 때문에 생겨난 것이다. 문화연구는 그 의도와는 상관없이 문화 생산 영역에 대한 관심을 퇴조시키는 데 적지 않은 역할을 했음을 부인할 수 없다. 제도 정치권 민주화와 더불어 국가나 시민 사회 영역의 전략적 중요성과 역할은 이전의 권위주의 정권에 비해 오히려 더 커졌는데도, 한국 문화연구에서는 이 주제들에 그다지 관심을 기울이지 않았다(예외적인 연구로는 강명구·박상훈, 1997을 보라). 어떤 의미에서 한국 문화연구는 사적 영역의 정치성을 강조하면서도 의도와 달리 공적 영역에 대한 관심을 퇴조시키는 데 기여하는 부작용도 낳은 셈이다.

이 글의 목적은 문화연구의 계보와 문제점을 체계적으로 추적하는 데 있지 않다. 그런데도 문화연구의 정치적 함의 문제를 거론한 것은, 이들이 가진 문제점이 영역주의의 징후와 얽혀 있다고 보기 때문이다. 문화연구는 문화와 수용자 문제를 인문사회과학의 중심적인 담론으로 부각해, 언론학에서 새로운 소재 개발 차원을 넘어 언론학의 학문적 위상까지 크게 신장시켰다. 이 점에서 문화연구는 언론학의 영역 확장 시도 중에서 가장 성공적인 사례로 꼽을 만하다. 하지만 실천적 함의를 중시하는 비판 언론학의 입장에서 볼 때, 문화연구의 기여에 대한 평가는 아직 유보적일 수밖에 없다. 정치적 측면에서 문화연구는 역설적으로 비판 언론학의 현실에 대한 정치적 영향력 축소를 가져왔다는 비판의 여지를 조성했다. 이 점에서 어쩌면 문화연구는 '소재 중심주의'의 공과를 동시에 보여 준 사례일지도 모른다.

6. 현실에 근거한 언론학을 위해

엄격한 의미에서 학문 세계에는 경계가 존재할 수 없다. 오늘날 학문 분야 사이에 설정된 경계는 현실적인 편의를 위해 인위적으로 만들어진 제도적 장치에 불과하다. 학문 분과나 세부 분과의 영역주의는 지식 생산과 전수 과정을 좀 더 효율적으로 만들어주는 기능을 한다. 하지만 영역주의는 기본적으로 자유로운 지적 성찰에 기초한 것이라기보다는 제도적인 산물이기 때문에, 때로는 형식주의와 현실적인 편의주의로 흘러 학문 분야의 지적 발전에 장애로 변질할 수도 있다.

언론학에서 영역주의에 근거한 학문적 정체성은 상당히 오래전부터 뿌리내린 것이다. 한국 언론학은 학술 담론이 지배하는 대학 내에서 이론적 지식뿐 아니라 비학술적인 실용적 지식 등 이질적인 지식 영역을 묶어서 생겨났기 때문에, 자연히 제도적인 틀의 차원에서 영역의 정체성을 정립하게 되었다. 언론학이 초기의 변방 시절과는 달리 최근 호황을 누리게 되면서 영역의 정체성 문제에 대한 고민은 점차 사라졌다. 하지만 언론학의 제도적 위상은 실용적 지식에 대한 사회적 수요나 언론학의 지식 공급 능력에 근거한 것이 아니기에 본질적으로 취약성을 안고 있다.

학술적인 지식 영역으로서의 언론학은 마치 민족 국가처럼 뚜렷한 영역주의에 정체성의 기반을 두고 있다. 그러나 이러한 정체성 역시 일관된 철학적, 지적 원칙보다는 학술 활동의 형식적 절차나 제도적 공통점에 근거한 것이다. 영역주의의 경향은 1980년대의 비판 언론학에서도, 오늘날 이론적 소재중심주의에서도 계속 이어지고 있음을 발견할 수 있다.

한국 사회에서 언론학은 다양한 형태로 현실 세계와 연관을 맺는다. 그러나 이렇게 생산된 방대한 지식은 언론학의 이론적 발전에 기여하지 못하고, 소모적인 비공식적 지식 행태로 계속 재생산되었다. 한국 언론학의 현실 연관성은 한쪽으로는 현실의 권력 자원에서 분리된 순수한 이론적 지식 부문이 존재하고, 다른 한쪽으로는 권력 과정에 근접해 있으면서도 이론적 지식으로 발전되지 못한 비공식적 지식이 공존하는 왜곡된 이중 구조 형태로 나타났다. 한국 언론학은 현실 정치 과정에 근접해 있어 이론이 현실에 영향력을 발휘할 수 있는 좋은 전략적 위치를 점하고 있다. 그럼에도 불구하고 왜곡된 형태의 이중 구조 때문에 언론학은 현실 분석과 대안 제시 능력을 갖추지 못하는 취약한 구조로 되어 있다.

영역주의는 언론학에서 현실 연관성의 성격을 적지 않게 왜곡시켰다. 특히 비판 언론학에서 영역주의는 새로운 것에 대한 맹목적인 추구와 이론 중심주의 형태로 나타났다. 연구자들은 외국의 이론적 유행에 민감한 이론적 소재주의에 젖고 새로운 이론의 매력과 추상성에 휩쓸려, 이론의 배후에 존재하는 더 거시적인 그림과 문제의식을 읽어 내지 못하는 오류를 범했다. 그 결과 비판 언론학에서 핵심적인 이론의 정치적 함의나 한국 상황에서 문제틀의 적합성을 검토하는 작업을 게을리하는 풍토가 조성되었다.

오늘날 한국 언론학은 제도적 영역으로서, 또 이론적 영역으로서 호황을 누리고 있다. 언론학은 제도적 영역으로서 급격히 팽창하면서 내부적으로 많은 문제와 거품을 안고 있다. 이론적으로도 오늘날의 새로운 지적, 사회적 지형은 언론학에 좀 더 많은 기여를 요구하고 있고, 언론학이 채워 주어야 할 지적 공간도 크게 늘어났다. 하지만 제도적 위상에 비교해 볼 때, 한국 언론학의 역량은 이론적으로나 제도적 영역으로서나 아직 매우 취약하다. 더구나 이러한 언론학의 현상에 대한 검토나 정체성 문제에 대한 고민이 보이지 않는 것은 더 심각한 문제다. 앞으로 언론학의 제도적 위상에 차 있는 거품이 빠지고 정체성의 위기가 다가오기 전에, 과연 언론학이 이론적 지식 분야로서 어떤 것을 추구해야 하는지, 이론은 현실과 어떤 연관성을 가져야 하는지 등의 문제에 대해 반성해 보는 자기 성찰적 자세가 절실하다.

3장

언론학의
제도적 성공담과
내재적 위기론

● 이 장은 "한국 언론학의 제도적 성공담과 내재적 위기론," 〈커뮤니케이션 이론〉, 9권 1호, 2013, pp.6~38을 수정한 것이다.

1. 언론학은 성공한 학문인가

인문사회과학 영역에서 학문적 지식은 대개 개별적인 (혹은 소수 단위의) 연구자들의 주도하에 생산된다. 하지만 이처럼 산발적인 지식 축적은 나름대로 체계화 과정을 거쳐 하나의 집단적 학문 영역으로 제도화되고 이 과정에서 연구자 공동체 안팎의 제도적 환경이 학문 영역의 특성에도 큰 영향을 미치게 된다. 연구자들은 주로 연구소나 대학이라는 제도화된 공간을 통해 커리어를 쌓아나가며, 이를 위해 학생들에게 체계적으로 지식을 전수하는 동시에 제도적으로 공인된 절차에 따라 지식(학술지 논문 등)을 생산해야 한다. 그래서 지식의 축적과 발전 과정은 학문이라는 사회 제도의 구조적 변화 과정과 떼놓고 생각할 수가 없다. 지식 제도의 측면에서 평가하자면 한국 언론학은 신생 학문으로서는 대표적인 성공 사례로서 학계 창립 이후 지금 최고의 전성기를 누리는 것처럼 보인다.

한국 언론학계는 1959년 불과 10여 명의 학자와 일부 현업 종사자가 모여 초라하게 출범했지만, 현재 회원 수만 1300여 명에 달하는 대규모 학회로 발전했다(한국언론학회 50년사 편찬위원회, 2009). 지식 생산에 권위를 부여하는 절차인 논문 게재 결정 과정만 보면, 〈한국언론학보〉는 인문사회 학문 전 분야를 통틀어 가장 엄격한 심사, 선별 절차를 고수하는 권위 있는 학술지로 인정받았다. 학계 외부적으로도 사회 전반에서 전개되는 커뮤니케이션 혁명 덕분에 언론학의 연구 성과는 단지 학자들의 순수한 지적 관심사에 그치지 않고 미디어 현장에도 많은 시사점을 줄 수 있을 것이라는 기대를 안고 있다. 여러 언론학자들은 국가 단위의 주요 정책 과정에도 참여해 상당한 영향력을 행사하는 등 학계의 대외 위상도 크게 강화되었다. 한국언론학회가 막 출범하던 무렵 버나드 베럴슨Bernard Berelson(1959)이 커뮤니케이션 연구는 "시들어가고 있다"는 암울한 진단을 내놓았는데, 그 후 국내 학자들은 그의 말을 종종 인용하면서 학문 영역으로서의 존립에 안간힘을 썼다. 이 시절을 돌이켜보면 현재 언론학의 위상 변화에 격세지감을 느낀다.

한국 언론학계에서도 달라진 학문적 위상과 전망에 대한 자부심과 낙관론이 여기저기서 감지된다. 2009년 한국언론학회에서 발간한 《한국언론학회 50년사》는 창립 50주년을 맞은 언론학계가 하나의 학문적 제도 영역이자 지식 분과로서 어떻게 자신의 정체성을 이해하는지 잘 보여 준다. 무려 1000쪽이 넘는 방대한 책자에는 지난 50년간의 학회 성장 과정뿐 아니라 언론학 연구의 발전 과정과 계보, 현황이 연구 분과 단위로 정리되어 있다. 윌버 슈람Wilbur

Schramm의 표현을 빌자면 한때 '교차로'나 '오아시스'에 불과하던 언론학이 초기의 푸대접받던 학문적 변방 신세에서 벗어나 1960년대 이후에 '정착지'로 발전했고 지금은 정착지 가운데서도 요지 중 요지인 '압구정동'에 비견하는 번화가로 성장한 데 대한 자부심을 이 책은 과시했다(한국언론학회 50년사 편찬위원회, 2009: 19~20). 이 서술은 일종의 자수성가식 성공담에 가까운 방식으로 언론학의 역사를 이해하면서, 학문 영역이나 지식 산업으로서 언론학의 현재와 미래에 대해 강한 낙관론을 보여 준다.

하지만 과연 언론학은 지금이 전성기에 해당하며 앞으로도 학문적 전망이 밝은가? 앞서 언급한 대로 연구 영역 확대와 성과 축적, 학문 제도권의 권위 인정이라는 측면에서 본다면 그렇다고 할 수 있으며, 적어도 한동안은 전망도 밝아 보인다. 하지만 이처럼 과도한 자신감과 낙관론이 지배하는 바람에, 역설적으로 우리는 지난 수십 년 동안 언론학에 내재해온 근본적인 한계를 직시하고 성찰할 기회를 제대로 마련하지 못했다고 생각한다.

그렇다면 새로운 전성기를 맞이한 지금 언론학에 어떤 본질적인 문제점이 있는가? 가장 두드러진 문제는 눈부신 외양적 성장에도 불구하고 여전히 언론학은 미세한 벽돌 쌓기식 지식 추구에 주력할 뿐, 학문 탐구의 장기적 목표인 이론적 체계를 정립하는 부분에서는 아직 답보 상태에 머물고 있다는 것이다. 커뮤니케이션 연구의 이론적 틀은 과거 매스 미디어가 지배하던 시절의 경험에 근거하는데, SMCR로 요약되는 커뮤니케이션 모델이 대표적인 예다. 언론학자들은 새로운 미디어 환경에서 일어나는 변화에 맞추어 이러한 해묵은 틀에 대해 성찰하는 비판적 자세보다는 익숙한 틀을 고수한 채 주로 자기 완결적이고 파편화한 연구에만 몰두해 왔다.

현실의 미시적인 조각을 그려내는 작업에서는 과도할 정도로 철저한 엄밀성을 추구하면서도, 학문 전체적인 이론 체계는 거의 통념에 의해 구성된 구시대의 허술한 틀에 의존해온 셈이다. 또한 그동안 연구 영역이 크게 확대되고 이론적 접근 방식은 다양해지면서 학문 분야는 마치 급속한 발전을 이룩한 것처럼 보이지만, 이에 따른 문제점 역시 가시화하고 있다. 연구자는 늘어났으나 여러 이론적 흐름 간의 학문적 대화와 소통은 실종되고 연구 성과는 개별 연구자의 관심사별로 파편화하고 있다. 이 점에서 진정한 의미에서 학문적 다원성 확대 역시 여전히 요원한 과제로 남아 있다.

토머스 쿤Thomas Kuhn(1970)의 지적대로, 지식 축적 자체가 곧 학문 발전은 아니며 지식의 양적 축적은 어떤 시점에 도달하면 기존의 이론적 틀을 허물고 대체하는 새로운 '패러다임'을 필요로 한다. 학문 발전은 점진적인 축적이 아니라 때로는 혁명적 단절과 도약을 통해서 이루어진다는 것이다. 현재 언론학의 외연적 성장주의에 결여된 부분은 바로 이러한 새 패러다임의 모색이다. 하지만 지식의 양적 팽창과 외부의 제도적 권위라는 후광에 가려, 언론학이 학문적으로 타당한 이론적 패러다임을 모색하는 노력은 미흡했으며, 이러한 한계는 언론학 연구에서 성장을 저해하는 풍토병처럼 굳어졌다고 평가하고 싶다. 어떤 점에서 언론학의 화려하고 눈부신 제도적 성공담 속에는 이미 내재적인 위기가 싹트고 있으며, 이 글은 바로 이러한 위기에 관한 도발적인 문제 제기이자 탐색 작업이다.

2. 새로운 지식과 낡은 틀: 언론학 연구의 파편화

현재 언론학자들이 이 분야의 미래를 낙관하는 중요한 근거는 인터넷이나 SNS, 모바일 등의 온라인 플랫폼이 거의 모든 삶의 영역에서 점점 더 핵심적인 역할을 한다는 데 있다. SNS 환경에서 커뮤니케이션 양식은 과거 매스 미디어 시절에 비교하면 상상조차 할 수 없을 정도로 변화하였다. 이 때문에 언론학계의 연구 영역 역시 빠르게 확장하고 있다. 무엇보다도 매체 간에, 또 생산자와 이용자 사이에 경계가 사라지고 있다. 특히 온라인 환경에서의 커뮤니케이션 현상은 언론학에서 고전적인 이론이자 매스 미디어 시절의 통념이던 SMCR 모델로는 파악하기 어려울 정도로 입체적이고 역동적으로 변화하고 있다.

지금까지 언론학 연구자들은 송신자source — 메시지message — 채널channel — 수용자receiver 등으로 구성되는 SMCR 모델을 통해 현실을 이해하고, 관련 지식을 분류, 체계화하는 데 익숙해져 있었다. 물론 SMCR의 틀에서 구성 요소들이 명확하게 구분되지 않는 대인 차원의 커뮤니케이션은 별도 유형으로 다루었다. SMCR 모델은 20세기의 사람들이 일상적으로 경험하던 매스 미디어 현상에서 추출한 것이지만, 미디어 환경이 크게 변화한 지금까지도 이 '상식'이 현상을 보는 기본 틀로 통용되고 있다.

물론 여기서 SMCR 모델은 단순히 학부 개론서 첫 장에 등장하는 도형화한 커뮤니케이션 모델만을 지칭하지는 않는다. 그보다는 지금까지 언론학자들이 언론학이라는 학문 체계를 보는 세계관이나 관점의 특징을 지적하기 위해 편의상 붙인 용어일 뿐이다. 그래서 아마 이는 SMCR 모델이라는 협소한 대상을 연상시키는 용어보다는 SMCR 패러다임으로 호칭하는 게 더 나을 것이다. 크게 보면 SMCR 모델은 현상을 보는 틀로서도 기능하지만 관련 지식을 범주화하고 체계화해서 언론학이라는 연구 영역에 소속감과 정체성을 부여하는 기능도 한다.

물론 커뮤니케이션 현상을 개념화하는 틀로서 SMCR 모델은 미디어 환경 변화에 따라 많은 수정, 변화를 겪었다. 큰 틀은 유지되었지만, 과거처럼 송신자 중심의 편향이나 수용자를 수동적인 위치로 보던 경향은 상당히 완화되었다. 하지만 학문적 분류 체계로서의 SMCR 모델은 여전히 통용된다. 현재 국내 언론학자들의 연구 성과는 공통점을 찾기 어려울 정도로 범위나 양에서 크게 확대되었다. 그런데 각 연구자의 성과를 분류해서 자리매김해 주고 이들에게 공통된 학문적 소속감을 부여하는 데에서 SMCR 모델의 기능을 대체할 만한 틀은 아직 등장하지 않았다.

SMCR 패러다임은 현상을 이해할 때 크게 다음과 같은 두 가지 사고 패턴을 보여 준다. 첫째는 커뮤니케이션이라는 사회 현상을 미디어 중심으로 파악한다는 것이다. 그래서 미디어를 통해 매개되는 현상은 자연스레 외부 환경과 분리되며, 나머지 부분은 '맥락'이나 '환경'과 같은 모호한 개념으로 뭉뚱그려 파악하는 경향이 있다. 둘째는 커뮤니케이션 현상을 송신자, 매체, 메시지, 수신자 등의 요소로 분절화하고(Angus & Lannamann, 1988: 67), 각 부문에 관해 (주로 경험적으로 검증 가능한) 단편적 지식을 축적해나가려 하며, 이 정보가 모여 장차 현상의 큰 그림을 보여 줄 수 있을 것이라 믿는다는 점이다.

이러한 틀에서 볼 때 메시지 분석이나 수용자 연구는 그 자체로는 단편적인 연구에 불과하지만 전체 커뮤니케이션 과정을 이해하는 데 필수적인 지식 체계의 한 구성 요소로 여겨졌다. 특히 신문이나 텔레비전 등 매스 미디어의 전성기에는 매체에 관한 지식은 언론학에서 연구자의 관심이 집중되던 영역이었다. 이론화를 추구하는 방식에서 모자이크식의 단편적인 지식 축적과 매체 중심주의는 언론학자들이 연구를 접근하는 전형적인 패턴으로 작용했다.

언론학 분야에서 SMCR 모델에 입각해 지식 분류 체계를 집대성한 대표적인 저작은 1976년에 상하권으로 발간된 차배근(1976a, 1976b)의 《커뮤니케이션학 개론》이다. 언론학의 학문적 성과나 위상이 열악하던 당시에 차배근은 1400여 쪽에 달하는 이 책에서 언론학의 방대한 영역과 지식을 SMCR 모델에 입각해 분류하고 언론학을 학문적으로 체계화하려 시도하였다. 총론에 해당하는 상권에서는 커뮤니케이션학의 개념 규정과 커뮤니케이션 역사를 개괄한 후 커뮤니케이터, 메시지, 매체, 수용자, 효과 등의 분류틀에 따라 서술 체제를 구상하였다. 또한 하권의 각론에서는 다시 인쇄 매체, 전파 매체 등의 매스 커뮤니케이션과 설득 커뮤니케이션 등 커뮤니케이션 유형과 매체 중심으로 세분화한 후 매체별 논의를 다시 SMCR 모델에 따라 체계화하였다. 차배근의 저서는 한국 언론학의 역사 전 기간을 통틀어 가장 야심차고 체계적으로 관련 영역의 지식을 정리했고, 그 후에도 이를 대신할 만한 저술은 아직 나오지 않았다.

물론 오늘날 언론학계에서 차배근식으로 SMCR 모델에 입각해 언론학을 개념적으로 규정하고 체계화하려는 시도는 사실상 거의 사라졌다. 이제 언론학계에서 대다수의 연구는 매우 세분화된 연구 대상과 주제를 정교한 방법론의 절차에 따라 분석하는 식의 상대적으로 미시적 수준의 연구가 주류를 이루고 있어, 1970년대 당시의 논의는 후속 작업에서 그다지 주목받지 못한 채 잊혀져가고 있다. 하지만 차배근의 책이 출판된 지 40년이 가까운 지금도 이 모델은 여전히 다양한 연구 분과와 관심사를 언론학이라는 큰 우산 아래에 자리 배치하고 통합해 주는 일종의 '패러다임'처럼 통용되고 있다.

가령 2009년 발간된 《한국언론학회 50년사》(한국언론학회 50년사 편찬위원회, 2009)에서도 여러 학문 분과 집필자들은 지난 50년간의 연구 성과를 체계화하면서 SMCR 모델을 상당 부분 차용했다. 2부에 해당하는 '언론학 연구 50년'의 서술 체계는 연구 분과라는 제도적 역할 분담 방식과 사실상 일치한다. 여기서 주목할 부분은 지식 분과 간의 전반적인 분업 구조가 한편으로는 방송, 출판, 뉴 미디어, 휴먼 커뮤니케이션 등 매체 단위 구분과 함께 저널리즘, 비판 커뮤니케이션, 젠더, 미디어 연구사 등 주제 중심의 구분이 혼재된 형태로 구성되었다는 점이다. 이는 매체 단위가 언론학의 지식 체계에서 여전히 중요한 기준으로 통용된다는 뜻이다.

각 분과에서 관련 연구 성과를 검토하는 과정에서도 SMCR 모델은 정도 차이는 있지만 광범위하게 차용되었다. 예를 들면, 최양수(2009)는 "방송학 연구 50년"이라는 글에서 관련 연구 '주제'별로 연구 편수의 추이를 집계하였는데, 여기서도 뉴 미디어, 라디오, 케이블 등 매체 분류와 함께 내용·콘텐츠, 수용자, 효과 등 SMCR의 요소를 주로 활용하였다. 서술 당시 언론학 분야는 이미 50년이란 긴 시간을 경과하면서 양적, 질적으로 엄청난 성장을 달성했는데도 기본적으로 언론학 초창기의 지식 분류 체계를 답습한 셈이다. 이 주제 분류는 이론적 근거에 입각한 구분이라기보다는 일상적 경험과 통념에 따른 편의적 분류 체계에 가깝다. 따라서 분과 구분이나 대외적으로 통용되는 명칭과 같은 제도적 장치로서는 유용할지도 모르나, 언론학이라는 학문 분과의 지식을 체계화하는 엄밀한 개념적 틀로서는 취약점을 안고 있다.

SMCR 모델을 구성하는 요소들이 지니는 개념적 모호성과 비엄밀성의 문제는 장기적으로 언론학 이론의 발전에 저해 요인으로 작용할 수도 있다. 기본적으로 SMCR 모델은 다소 느슨하게 규정된 개념 다발로 이루어진다. 가령 조슈아 메이로위츠Joshua Meyrowitz(1994)는 커뮤니케이션 연구에서 가장 기본적인 어휘인 '미디어'라는 용어의 모호함을 지적하면서 내용 대 형태, 내용 대 구조 등의 이분법적 개념 구분을 연구자마다 자의적으로 사용하는 바람에 학문적 소통에 혼란을 초래했다고 비판했다. 이러한 상황에서는 다양한 연구 진영의 연구 결과를 서로 연결지어 체계적인 미디어 이론을 구축하기가 쉽지 않을 것이라고 그는 진단했다.

이러한 SMCR식 지식 틀은 과거 주로 매스 미디어가 우리 생활에서 중심적인 매체 역할을 할 때의 경험에 근거해 도출된 것으로, 오랫동안 언론학의 다양한 연구 결과를 분류하고 자리매김하는 유용한 도구 구실을 했다. 물론 SMCR 모델이 언론학의 주류 패러다임 구실을 한다는 주장에 이의를 제기할 수는 있겠지만, 사실 이를 대체해 언론학의 다양한 연구 영역과 분과를 체계적으로 분류하거나 이론화한 대안적 틀이 아직 제대로 마련되지 않은 것도 사실이다. 지금까지 개별 연구자들은 메시지 분석이나 매체, 송신자, 효과 등 커뮤니케이션 현상의 세부 측면에 주력하는 미시적 연구 축적에서는 상당한 성과를 거두었다. 하지만 이 단편적 지식을 아울러 체계화하는 작업, 지식에 관한 지식(메타지식)을 구축하는 일은 언론학이 학문 공동체 구성원으로 도약하는 데 필수적인데도 여전히 미해결 과제로 남아 있다.

3. 왜 SMCR 패러다임이 문제인가

SMCR 모델은 학자들이 미디어 현상을 이해하고 관련 지식을 정리하는 거시적 틀로 유용하게 활용되었다. 하지만 언론학의 연구 성과가 축적되고 학문적 위상이 높아지면서 '패러다임'으로서는 점차 여러 가지 한계를 드러내기 시작했다. 이는 우선 변화해 가는 현실을 설명하는 준거틀로서 유용성이 점차 줄어들었다는 점과 언론학 관련 지식에 관한 '메타지식'의 틀로서 부적합하다는 점으로 요약할 수 있다.

1) 새로운 미디어 현상을 설명하는 데 적합하지 않다

우선 미디어 환경에서 크고 작은 변화가 진행되면서 SMCR 모델로 설명하기 어려운 현상이 속속 나타나고 있다. 최근 관심사로 부상한 미디어 컨버전스나 SNS 등의 새로운 현상은 올드 미디어 시대의 경험에 근거한 SMCR식 이론틀의 수정을 요구하고 있다(Chaffee & Metzger, 2001). 과거 경험하지 못했고 이전의 틀로 설명할 수 없는 '예외적'인 현상의 잇따른 등장에 커뮤니케이션 연구자들은 당혹해하고 있다. 하지만 달리 보자면 이는 언론학 연구자들이 지금까지 커뮤니케이션 현상을 매스 미디어 중심으로, 또 그 현상을 구성하는 요소들의 틀을 통해 기계적으로 이해하는 데 익숙해졌기 때문이다. 매체 융복합과 온라인 환경에서는 매체 중심적 패러다임의 한계 역시 뚜렷이 드러났다. 일찍이 이언 앵거스Ian Angus와 존 래너만John Lannamann(1988: 63)은 이러한 시각에 대해 "(새로) 부상하는 커뮤니케이션 행동을 전통적인 대상 영역으로 환원하는" 존재론적 관점의 한계를 드러냈다고 비판했다. 이미 오래전에 폐기하거나 수정해야 할 틀을 지나치게 오래 고수해온 탓에, 언론학이 생소한 환경에 적응하는 데 어려움을 겪는다는 것이다.

인터넷이나 모바일 등의 온라인 '매체'는 이전에 우리가 경험하던 매스 미디어와 여러 면에서 성격을 달리한다. 이는 단지 이전에 비해 훨씬 더 편리하게 활용할 수 있는 새로운 도구적 매체라는 수준에 그치지 않고, 그 자체가 인간 커뮤니케이션 행동과 동일시될 수 있을 정도로 커뮤니케이션 양식을 바꾸어 놓은 혁명적인 현상이다. 온라인 공간은 대화와 교제의 창구이자, 정보 교환의 장이며, 놀이 공간이기도 하다. 뉴스를 퍼 나르고 채팅을 하며, 흥미로운 동영상을 다운로드해서 보거나 올리기도 하는 등 과거 매스 미디어의 정보 전달, 오락 기능과 대인 커뮤니케이션의 친교성 말걸기phatic 기능 등이 융합하면서 새로운 공동체와 소통 양식이 형성되는 장이기도 하다. 이제는 과거와 달리 매체의 기술적 속성과 직업적 분업 구조에 따라 정보 매체와 오락 매체, 사적 채널 등을 구분하는 일은 무의미해졌다. '생비자prosumer'라는 신조어에서 드러나듯이 SMCR 모델의 양대 축인 생산자와 수용자의 구분도 흐려졌으며, 정보 생산과 확산, 동조와 참여, 수용 등 과거 뉴스 유통 과정에서는 뚜렷이 구분되던 다양한 행위가 서로 뒤섞이고 있다(김은미·이동후·임영호·정일권, 2011).

그럼에도 불구하고 일부 커뮤니케이션 연구자들은 여전히 과거의 매체관에 사로잡혀, 인터넷 등의 온라인 채널을 새로운 개념틀을 통해 이해하기보다는 신문, 방송, 잡지 등과 비슷한 반열에 있는 또 하나의 '매체'로 이해하려는 경향이 있다(가령 Greenberg, Hofschire & Lachlan, 2002; Kanihan & Gale, 2003). 이는 과거 SMCR 모델이 여전히 연구자들의 사고방식에서 무의식적으로 살아남아 현실을 이해하는 틀로서 작용하고 있음을 시사해 준다

또한 SMCR식 모델은 인간 커뮤니케이션의 다양한 측면 중에서 정보 전달의 인지적 효율성에 중점을 두고 만들어진 경향이 있다. 그런데 SNS상의 커뮤니케이션에서는 이러한 인지적 차원의 행동보다는 정서 표출과 감정 교류, 관계 재확인 등이 오히려 더 중시되는 경향이 있다. SNS에서 페이스북 친구나 트위터리안 간의 메시지 유통은 언뜻 보기에 정보 교환의 외양을 띠지만 사실은 관계 형성과 재확인이 더 중요한 기능을 하는 사례가 많다. 때로는 참여자 간에 교환한 메시지가 아니라 글을 남겼다는 행위 자체가 더 의미가 있고, 메시지 내용에서도 정보라는 인지적 차원보다는 그 속에

담긴 정서적 색채가 화자 간의 소통 방식의 기조를 정해 주는 더 핵심적인 단서가 되기도 한다. 카카오톡에서는 문자와 의성어, 링크, 이모티콘이 자유자재로 혼용되는데, 이는 정보와 정서 교감, 관계맺기가 결합된 새로운 소통 방식의 출현을 보여 주는 전형적인 예다.

이처럼 새로운 형태의 소통 행위는 커뮤니케이션의 외양을 갖춘 채 진행되지만 과거 SMCR 모델의 관점에서 보면 때르는 아무런 커뮤니케이션이 발생하지 않았다고 할 수도 있다. 그렇다면 과연 SMCR 모델이라는 틀이 이 현상을 개념화하는 데 어떤 유용성이 있는지 반문해 볼 필요가 있다. 오래전 미국의 문화 연구자 제임스 케리James Carey(1975)는 전통적인 커뮤니케이션 개념을 비판하면서 새로운 정보 '전달transmission'보다는 우리에게 이미 친숙한 상식의 확인, '공유sharing,' '참여participation,' '어울림association' 등의 측면이 사회적 커뮤니케이션에서 더 크고 중요한 부분을 차지한다고 보았다. 그는 문화 인류학의 관점에서 커뮤니케이션을 '의례ritual'로 개념화했는데, 이는 커뮤니케이션에서 가시적인 인지적 전달 행위보다는 오히려 눈에 잘 띄지 않는 문화적, 상징적 측면을 더 강조한 것이다. 현재 SNS 환경에서 벌어지는 현상을 보면 SMCR식 커뮤니케이션 개념보다는 케리의 대안적 개념이 더 그럴듯하게 설명해 주는 부분이 많지 않은가? 이처럼 SMCR의 틀로는 도저히 파악하기 어려운 문제의식이 언론학 연구에서 갈수록 부각된다면 이러한 편향을 초래하는 과거의 패러다임을 폐기하고 새로운 대안적 이론 틀을 모색하는 것이 합리적 선택일 것이다.

2) 메타 이론 구축에 유용하지 않다

SMCR식 지식틀을 고수하는 지적 분위기에서 발생하는 또 한 가지 문제점은 단편적이고 미시적인 연구에 매몰되어 장기적으로 이론 구축에서 성과를 내기 어렵다는 점이다. SMCR 과정의 각 부분에 관한 미시적 연구가 나름대로 의미를 지니는 것은, 이것들이 모여 궁극적으로 하나의 모자이크처럼 큰 이론적 그림을 구축하는 데 기여할 수 있을 것이라 기대하기 때문이다. 하지만 지난 수십 년간 단편적 연구 성과는 엄청나게 늘어났으나, 이것들을 연계, 종합해서 거시적 이론을 도출하는 작업은 그다지 만족스럽지 못했다는 지적이 다양한 형태로 제기되었다. 메시지 분석과 수용자 행위 등 연구 분야 간의 연계가 미흡했다는 지적에서 시작해(Shoemaker & Reese, 1990), 커뮤니케이션 연구가 초기의 활력을 잃고 새로운 이정표적 이론을 만들어 내지 못하는 정체기에 빠졌다고 개탄하거나(DeFleur, 1998), 언론학의 외연적 확대는 지적 빈곤과 공존한다는 근본적인 비판도 나왔다(임영호, 1998a; Peters, 1986).

이 점에서 김용학·김영진·김영석(2008)의 연구 결과는 언론학의 현재 문제점을 진단하는 데 시사점을 주는 흥미로운 사례로 살펴볼 만하다. 이들은 1996년부터 2005년까지 10년 동안 〈한국언론학보〉에 수록된 논문의 인용 패턴을 네트워크 분석으로 밝혀냈다. 그 결과 TV, 미디어, 보도 등 특정 분석 대상을 지칭하는 단어가 가장 빈번하게 사용되었으며, 특히 2000년 이후 인터넷이나 이동전화 등 이른바 뉴 미디어 관련 핵심 어군이 전체 인용 네트워크에서 중심적인 위치를 차지하고 있음을 발견하였다. 이는 한편으로는 언론학이 순수한 이론화를 지향하는 작업보다는 현재 새로 부상하는 현상과 시의적인 주제를 쫓아다니는 등 연구 관심사가 단기성과 근시성에 치중되어 있는 추세를 실증적으로 보여 준 것이다.

하지만 다른 관점에서 보면, 자료 분석 과정을 설계하는 방식에서 이 결과는 이미 예정된 것이다. 즉 커뮤니케이션 현상에서 이론적 쟁점이나 접근 방식이라는 측면에서 분석 항목을 설정하기보다는 TV, 인터넷, 이동전화 등 특정 매체를 분석 단위이자 주요 키워드로 삼았기 때문이다. 인터넷이나 이동전화는 데이터 수집 대상과 관련된 것이지 연구 문제의 핵심 키워드라고 할 수는 없다. 수도권 거주자를 대상으로 정치 뉴스의 프레임 수용 문제를 다룬다면, 여기서 프레임을 키워드로 삼아야하는가, 아니면 수도권이 핵심 개념이라고 보아야 할까? 똑같이 인터넷을 연구 대상으로 삼더라도 프레임, 관여도, 문화자본 등의 다양한 개념 중에서 어떤 이론적 배경과 명제를 선택하는지에 따라 연구의 의미는 달라진다. 인터넷이라는 매체를 중심에 배치하면 바로 이러한 이론적 관심사의 차이가 분석 결과에서 잘 드러나지 않게 된다. 여기서 김용학·김영진·김영석(2008)의 분석 방식이 갖는 맹점을 비판적으로 살펴본 이유는 이 연구가 이처럼 매체 분류라는 틀 속에서 커뮤니케이션 현상을 이해하는 습관이 언론학 연구에서 보편화해 있음을 전형적으로 보여 주는 사례이기 때문이다.

SMCR 모델은 그 자체로는 구체적 현상을 분석하거나 관련 지식을 분류하는 체계로서 매우 유용한 틀이다. 하지만 동시에 이처럼 현상을 보는 우리의 시각을 정형화하는 도식으로서 부정적인 영향을 미치고 있다는 점에서 언론학의 이론적 발전에 장애로 작용하기도 한다. 말하자면 이제는 SMCR식 패러다임 대신에 현재의 방대한 연구 성과를 담아서 이론적 발전에 건설적으로 활용할 수 있게 해 주는 새로운 틀이 필요하다. 만일 지금보다 더 새롭고 창의적인 패러다임을 통해 기존의 축적된 연구 성과를 재평가하고 새롭게 의미 부여를 한다면, 지금까지 잊혀져가던 수많은 단편적 지식은 새 패러다임의 내용을 충부하게 채워 주고 보완해 주는 지적 자산으로 새로운 생명을 얻게 될지도 모른다. 지식의 지식인 메타지식은 바로 이처럼 화석화해가는 과거의 지식을 새로운 관점에서 조명해 인간과 사회에 대한 이해를 한 단계 더 도약시키는 지식 틀의 출현에 기여할 수도 있기 때문에, 학문 발전에 필수적이다. 시대 변화에 맞추어 이러한 패러다임을 만들어 내지 못하는 학문 영역은 '학'이 아니라 유사한 주제를 탐구하는 직업 연구자들의 집단 거주지나 행정 구역과 별반 다를 바 없는 신세로 전락할 것이다.

4. 지식 파편화의 역사적, 구조적 맥락

그렇다면 SMCR 패러다임이 치명적인 결함을 갖고 있는데도 우리는 왜 대안을 만들어 내지 못하고 파편화한 연구에만 매몰되었는가? 현재의 학계 연구 풍토란 단순히 개인 수준의 사고방식 차이나 선택 문제에 그치지 않으며, 이러한 풍토를 조성하는 지식 생산 구조의 역사적, 사회적 맥락에서도 영향을 받는다. 예컨대 커뮤니케이션 연구 초창기의 환경에서 형성된 관행이 현재까지 영향을 행사한다는 것이다. 지식 생산이 학문 분야의 존립, 재생산 방식과 무관하지 않다는 제도적 관점에서 접근한다면, 이는 곧 커뮤니케이션 분야 형성기의 특수한 상황이 일종의 "경로 의존성path dependency"으로 작용하면서 현재를 규정하는 요인이 되고 있음을 말한다(North, 1990/1996).

만일 지금까지 언론학의 문제점으로 지적한 파편화와 단기화 경향이 초기의 연구 성향에 의해 형성되었다고 본다면, 폴 라자스펠드(Lazarsfeld, 1941)의 지적이 논의에 유용한 출발점 구실을 할 수 있다. 오래전 라자스펠드는 미국 커뮤니케이션 연구가 '행정적' 성격으로 출발했기 때문에 학문으로서 성장하는 데 한계가 있다고 비판했다(또한 Smythe & Dinh, 1983). 이러한 특성은 미국의 초창기 커뮤니케이션 연구가 산업적, 정치적 동기라는 실용성에서 시작된 것과 무관하지 않다. 위르겐 하버마스Jürgen Habermas(1972)가 지적한 것처럼 지식 탐구 동기, 즉 "인지 관심cognitive interest"의 차이에 따라 지식의 의미는 달라진다고 할 수 있다. 물론 현재의 환경에서도 이러한 연구 관심사의 외부 지향성은 크게 바뀌지 않은 채 커뮤니케이션 연구의 성격에 영향을 미친다고 보는 견해도 있다. 가령 1980년대 이후 커뮤니케이션 학계에서는 매스 커뮤니케이션 과정과 효과에 관해 의미 있는 독창적 연구가 별로 나오지 않는 이론적 침체기가 지속되었는데, 이는 응용 연구의 풍부한 자금이 기초 연구에서 인력을 유출시켰고 기초 연구 지원도 부족했다는 등의 상황에서 유래한다는 것이다(DeFleur, 1998).

그렇지만 이러한 연구 외적 환경은 언론학뿐 아니라 정도 차이는 있지만 거의 모든 사회과학 분야에 적용된다는 점을 감안하면, 환경 요인만으로는 현재 커뮤니케이션 연구의 단기 지향성과 단편성이라는 고질적 특성을 설명하기 어렵다. 오히려 그보다는 언론학에서 연구자 집단에 구조적으로 내면화된 사고 습성, 즉 피에르 부르디외Pierre Bourdieu(1993)가 말한 "아비투스habitus" 개념으로 접근해 볼 수 있을 것이다. 아비투스란 구조적 환경의 영향으로 행위자에게 내면화한 습관이나 사고방식을 말하는데, 이는 구조의 산물strutured structures이지만 다시 행위자의 사고나 행동 방식에도 영향을 미치는 구조적 힘structuring structures으로 작용한다.

이를 초창기 언론학 연구의 맥락에 적용해 보면 상당한 시사점을 준다. 라자스펠드의 비판과 달리 지난 수십 년간 커뮤니케이션 연구는 외부 수요에 맞춘 지식 생산 일변도에서 점차 벗어나 이론 체계 내부의 필요에 따라 독자적인 연구 주제를 탐구하는 등 초기의 행정적 성격에서 점차 탈피해온 것처럼 보인다. 하지만 초창기 커뮤니케이션 연구의 상황에서 체득한 학계 관행이나 사고방식 중 상당 부분은 언론학자의 직업적 아비투스로 내면화해 이후의 연구 성격에도 영향을 미쳤다고 볼 수 있다. 라자스펠드의 비판은 커뮤니케이션 연구가 지식 탐구에서 실용성이나 현실 응용의 목적이 강하고, 이론 자체를 위한 연구, 다른 외부 목적과 무관하게 순수하게 수행되는 탐구의 성격이 약했다는 것인데, 적어도 이 부분은 현재에 와서 점점 퇴색했다고 인정해야 한다. 하지만 다른 한편으로 보자면 이러한 외부 의존성이 약화하고 난 뒤에도 커뮤니케이션 연구에서는 초창기의 단기적이고 단편적 지식 위주의 연구 마인드가 남아 있는데, 이는 초기에 형성된 직업 아비투스의 잔존물이라고 볼 수도 있다. 즉 현재의 단편적 지식 추구라는 습성은 행정적 연구 마인드가 변형된 버전 2.0의 아비투스라 할 수 있다. 만일 그렇다면 이 점에서 라자스펠드의 비판은 여전히 유효하다. 라자스펠드가 비판한 행정적 연구의 마인드 중 상당 부분은 수십 년이 지난 지금도 변형된 형태로 연구자 공동체의 저변을 흐르는 직업 문화이자 사고 습관처럼 남아있는 셈이다.

언론학 연구의 이러한 직업 아비투스가 비판 대상이 되는 이유는 개별적으로는 논리적, 방법론적 완결성을 갖춘 단편적 지식의 축적이 곧 이론적 체계화와 도약으로 이어지지는 않는다는 점 때문이다. 이론은 단편적 지식의 점진적인 누적이 아니라 지식 자체에 대한 비판적 성찰을 통해 걸러내는 과정을 거쳐 생산된다. 말하자면 이론은 지식에 관한 지식, 즉 일종의 메타지식에 가깝다. 정책 연구든 아니든 모든 연구는 경험과 근거에 입각해서 귀납적으로 결론을 이끌어낸다. 하지만 단기적이고 현실적인 수요에 부응하는 연구에서 생산된 지식은 비록 방법론적 엄밀성과 논리성을 갖추었다고 하더라도 큰 맥락과 유리된 채 자기 완결적self-contained이고 내부적 성찰을 결여한 지식으로 흐르기 쉽다. 또한 단기적이고 단편적인 연구는 재원 지원 등 외부적 관심사에 영향을 받기 마련이므로, 장기적으로 보면 지식의 축적 방향 역시 외부 수요의 영향에서 완전히 자유로울 수는 없다. 학문적 이론의 발전과 체계화는 외부의 동기와 무관하게 순수하게 지식 체계 자체의 내부적 동인에 의해, 즉 지식을 위한 지식을 자유롭게 탐구할 때 제대로 이루어질 수 있다.

그리고 언론학처럼 연구의 단편화가 일반화한 환경에서는 연구 영역 간의 경계 고착화와 영역 내향성 형성이라는 또 다른 부정적인 경향이 나타나기 쉽다. 이는 SMCR 요소 간의 경계 구획(메시지/텍스트, 수용자, 생산자 연구 등)으로 나타나거나 아니면 매체별 구분에 따라 방송과 신문, 뉴 미디어 등으로 연구 주제를 세분화하는 방식으로 이어진다. 물론 그렇다고 해서 이 연구 영역 간의 경계를 넘나드는 연구가 불가능한 것은 아니지만, 주로 경계 내부에서 현상을 관찰하고 대상화하려는 경향이 굳어지면서 연구의 단편화가 더 강화될 우려가 있다.

이 연구 영역 구분 자체는 장기적으로 통합 이론 구축과 개념화를 지향하는 잠정적 방안이자 편의적 수단으로 시작된 데 불과하다. 그럼에도 불구하고 경계 자체에 대한 검토와 연구는 제대로 이루어지지 않아 연구 성과가 축적되어 갈수록 오히려 전체를 보기 어려워지는 문제점이 발생했다는 것이다(Angus & Lannamann, 1988: 65). 이처럼 영역 간의 엄격한 경계 구분은 비록 학문적 분업 구조의 일환으로 시작되고 또 그러한 외양을 띤다 하더라도, 일단 제도화되면 돌이키기 어려운 추세로 굳어진다. 결국 연구 성과 생산 전략에서의 효율성(주제나 방법론이 유사한 연구가 출판되기 쉽다는 점)이나 연구 활동 공간(학회 분과 활동의 편의성 등) 등의 학문 제도 측면에서 볼 때 이 구분은 행위자에게 매우 합리적인 선택으로 기능하기 때문에, 연구자들이 여기서 완전히 자유롭기 쉽지 않다.

한국 언론학계에서 이러한 학문적 사고 습관과 행동 양식이 강화, 고착화하는 데 기여한 또 한 가지 요인이 있다. 1990년대 이후 각 대학에서 언론 관련 학과를 잇달아 신설, 확대하여 저변 연구자층이 크게 늘어났다. 각 대학에서는 이 무렵 정부의 정책 흐름에 맞추어 연구 실적, 특히 논문 업적 위주의 평가를 대폭 강화하였다. 이러한 제도적 환경의 압력 때문에 학계 연구 풍토나 연구에 대한 인식 자체도 급격하게 바뀌었다. 시간이 많이 걸리고 폭넓은 종합적 사고를 필요로 하는 책 저술이 줄어들고 엄격한 방법론과 개념적 틀에 얽매인 협소한 경험적 연구 논문이 급격히 증가한 것이 한 가지 징후다. 즉 완성도는 높지 않지만, 장기적으로 학문적 발전 방향을 모색하고 새로운 패러다임 발견으로 이어질 가능성이 높은 탐색적 연구보다는 이론적 중요성은 약하지만 논리적, 방법론적 결함을 지적하기 어려운 미시적이고 단편적 연구에만 연구자들이 몰두하는 경향이 강화되었다. 이러한 풍토는 사회 현상을 보는 종합적, 탐색적 사고를 억압하고, 단편화된 경험적 근거 위주의 방어적 글쓰기를 조장했다.

상대적으로 신생 분야인 언론학은 이러한 제도적 환경에서 뛰어난 경쟁력을 보여 주면서 학문적 권위와 위상을 강화했다. 이러한 성공의 경험은 역설적으로 언론학에서 고질적인 문제를 오히려 강화하는 역효과를 낳았다. 즉 연구 공동체의 강화된 규칙은 언론학 특유의 단기적, 단편적 연구 관행에 도덕적 알리바이와 더불어 자부심의 근거를 부여하는 기능을 했다. 언론학계가 새로운 환경에서 높은 위상과 권위를 누리는 전성기를 맞았다는 인식 자체가 오히려 학문 발전에는 부정적인 영향을 미칠 수도 있다는 것이다. 현재의 환경에서는 커뮤니케이션 연구 초창기에 형성된 직업 아비투스인 파편화된 단기

연구 위주의 SMCR식 연구 마인드가 더 고착화할 우려가 크다.

학문 분야에서 지식 생산의 성격은 이 활동이 전개되는 제도적 환경과 밀접한 관련을 맺으며 형성되기 때문에 구조적 환경의 영향에서 자유롭기 어렵다. 논문 심사 과정의 엄정성 등 절차적 합리성은 언론학계에서 자부심의 기반이자 직업 아비투스로 굳어져갔다. 하지만 이러한 제도적 관행이 지식 영역 자체의 정당성까지 보장해주지는 못한다. 이 절차는 어디까지나 더 고차원적 지식인 진리에 도달하기 위한 잠정적인 과정이자 수단에 불과할 뿐이지 그 자체가 목표가 될 수는 없다. 다소 역설적이게도 학문 장에서의 제도적 성공담 때문에 현재 언론학 내부에서 지식 생산 패러다임의 정당성을 위협하는 새로운 내재적 위기가 조금씩 심화하고 있다.

5. 패러다임 대화의 실종과 이론적 다원주의의 허상

언론학계에서 SMCR식 멘털리티와 연관되면서도 이와 좀 다른 또 하나의 한계는 이론적 패러다임 간의 단절과 폐쇄성을 들 수 있다. 물론 지난 수십 년간 언론학계에서는 새로운 이론적 흐름들이 등장해, 언뜻 다양성과 다원주의가 현재 학계 지형에서 추세로 굳어진 것처럼 보인다. 이처럼 커뮤니케이션 연구에서 다양성이 가장 가시적인 키워드로 부각된 것은 아마 1983년 〈저널 오브 커뮤니케이션*Journal of Communication*〉에서 "분야의 대격변Ferment in the Field"이라는 특집호로 토론의 장을 마련하면서부터일 것이다("Ferment," 1983). 국내에서는 1991년 한국언론학회가 '한국 언론학의 쟁점과 진로'라는 제목으로 마련한 토론회(김영석, 1991; 이효성, 1991; 한국언론학회, 1991)나 1992년 '쟁점과 토론' 행사(방정배, 1992; 양승목, 1992a; 이효성, 1992; 임영호, 1992a)가 대표적인 예다. 이 토론이 실제로 학계의 연구 경향에 미친 효과를 입증하기는 어렵겠지만, 적어도 언론학계 차원에서 새로 등장한 이론적 흐름 간의 차이를 인정하고 대화를 통해 공존을 모색하는 계기를 마련하였다는 점은 분명하다.

하지만 격렬한 토론과 논쟁의 열기가 가라앉고, 비판적 연구나 문화연구처럼 새로운 '대안들'이 기존 학계 질서의 일부로 자리 잡은 지 한참 지난 지금 학계 일부의 평가는 그리 우호적이지 않다. 1990년대 초반 '대격변' 논쟁이 지배적인 주제로 미국 커뮤니케이션 학계를 한바탕 휩쓸고 지나간 뒤에는 기대와 달리 '파편화fragmentation'의 시대가 도래했을 뿐이라고 린다 퍼트넘Linda Putnam(2001)은 2000년 ICA 회장 기조 강연에서 개탄했다. 퍼트넘에 따르면, 이제 커뮤니케이션 분야의 여러 연구 영역들은 서로 고립되고 파편화해 대화와 융합의 희망은 사라졌다. 특히 학문 분야로서 언론학의 공통된 이론적 토대를 구성해야 할 수많은 개념과 이론은 해체되어 각 세부 연구의 울타리에 갇힌 폐쇄적인 소군락으로 조각 나버렸다. 1980년대 초반의 대격변 논쟁은 다양한 학파와 연구 전통 간의 대결과 협력을 통해 여러 물줄기가 모여 강을 이루는 식의 건설적이고 상생적인 발전을 가져올 것으로 기대했다. 하지만 오늘날 커뮤니케이션 학계는 다양한 '얼치기 패러다임quasi-paradigms' 신봉자들이 서로 불편한 접촉을 피하고 끼리끼리 담을 쌓고 지내는 수많은 '개구리 웅덩이' 구역으로 변질해 버렸다고 칼 로젠그렌Karl Rosengren(1994)은 비유했다.

《한국언론학회 50년사》(한국언론학회 50년사 편찬위원회, 2009)의 자신감 넘치는 자기 서술에서 간파할 수 있듯이, 국내 언론학계는 짧은 기간 동안 연구의 엄청난 양적 증가나 영역의 외적 확대라는 가시적인 성과를 거두었다. 그렇지만 과연 겉으로 드러나는 위상에 걸맞을 정도로 보편적 학문 세계에 기여할 만한 이론적 성장을 내부적으로 이루었는지에 대해 자신 있게 해답하긴 어렵다. 앞서 서구 학자들의 진단이 한국 학계에 어떤 시사점을 주는지 논의하는 데 출발점이 될 만한 두 가지 연구 사례를 살펴보자. 이 연구 결과는 한국 언론학계 역시 이론적 패러다임 간에, 또 연구 논문 간에 서로 참고하거나 인용하지 않고 대화가 단절된 폐쇄적이고 고립된 패턴을 띠는 징후를 잘 보여 준다.

앞서 언급한 김용학·김영준·김영석(2008)의 연구를 다시 인용하자면, 여기서 몇 가지 의미심장한 양상을 발견할 수 있다. 즉 우선 학계의 핵심 저널인 〈한국언론학보〉는 게재 논문의 평균 피인용 빈도가 1.11회에 불과했고, 소수의 논문들이 피인용 숫자의 대다수를 차지하는 극심한 독점적 구조를 보여 주었다. 이와 더불어 뉴 미디어 관련 경험적 논문에서는 그나마 국내 연구의 피인용 빈도가 점차 증가하는 추세이기는 하나, 이론 논문 중에서는 여전히 외국 문헌이 더 중요하게 다루어졌다. 참고 문헌으로 인용되는 기간을 연구 성과의 수명을 판단하는 지표로 볼 때, 외국 문헌은 1980년대의 것도 여전히 자주 인용되는 반면 국내 연구는 주로 2000년대 이후의 것이 주류를 이루고 있어 수명이 상대적으로 짧은 것으로 나타났다. 즉 논문은 많이 생산하되 서로 인용하지 않고, 이질적인 연구 분야들이 외딴 섬처럼 고립, 분절되어 학계 내 다른 분야의 연구 성과를 서로 참고하지도 않으며 외국 이론에 대한 의존도가 높다는 점을 이 연구는 실증적으로 입증했다.

김영준과 김채환(2007)의 연구 역시 국내 언론학 관련 6개 학술지 논문에서 자주 인용되는 저자 69명을 추출하고 저자 동시 인용 패턴을 분석했는데, 여기서도 몇 가지 주목할 만한 결과를 발견하였다. 이들은 연구 주제와 연구 방법을 두 축으로 삼아 저자들을 자리 배치하여 주요 세부 영역 6가지를 추출하였다. 이 세부 영역들은 2차원으로 구성된 분포도에서 주변부에 분포되어 있는데, 이는 각 세부 영역이 서로 미치는 이론적 영향력이 상당히 제한적인 수준에 그치고 있음을 시사한다. 특히 전반적으로 볼 때 여러 세부 영역에 고루 인용되면서 세부 영역 간의 가교 역할을 하는 중심 학자군이 발견되지 않은 점은 상당히 의미심장하게 받아들일 만한 특징이다. 이 연구 결과는 아직 한국 언론학에서 중심적인 지식 영역이 실체화하지 못한 채 연구자 집단 간의 파편화가 진행되고 있다는 또 다른 징후로 해석할 여지가 있다.[4]

4 안민호(2006)는 언론학 관련 학술지 논문 인용 패턴에서 나타나는 이론 간의 연결망을 분석해 보았는데, 그 결과 이론적 분절화가 생각보다는 심각하지 않다는 상반된 결론을 내렸다. 하지만 여기서도 〈한국언론학보〉 논문이 JOC(Journal of Communication)와 HCR(Human Communication Research)에 게재된 논문에 비해 상대적으로 이론 간의 연결 정도가 낮은 것으로 나타났다.

위에서 소개한 두 국내 연구 사례에서 학문 영역으로서 언론학의 발전 가능성과 관련해 특히 주목할 특징은 인용 패턴에서 연구 분야 간에 드러나는 고립성과 폐쇄성이다. 서구의 커뮤니케이션 학자들이 진단한 고질적인 파편화와 소통 부재의 징후가 한국 학계에서도 중요한 현안으로 다루어져야 한다는 뜻이다. 언론학이 단순히 단편적인 지식 축적과 이질적 학파간의 공존 단계를 넘어서 통합된 이론 공동체를 구축해나가려면 이 문제를 양지로 끌어내 공론화할 필요가 있다.

그렇다면 학문적 다양성과 함께 학파나 패러다임 간의 대화라는 것은 무슨 의미로 해석해야 할까? 다양성과 대화, 전문성과 융합은 과연 양립 불가능한 가치인가? 브렌다 더빈Brenda Dervin(1994)은 학문적 차이와 다원주의 문제와 관련해 흥미로운 개념 구분을 제시하면서 커뮤니케이션 학계 풍토를 비판했다. 우리 분야의 다양한 연구자들 사이에서 차이difference, 대립dissent, 관용tolerance 등의 용어가 서로 혼동되어 잘못 인식되면서 다양성은 커녕 오히려 학문적 난맥상이 초래되었다는 것이다. 학문적 입장이 다르다는 점에 대해, 우리는 한편으로는 이론적 다원주의라는 이름으로 그 차이를 편안하게 수용하는 관용적 자세를 취한다. 하지만 다른 한편으로는 이 차이를 놓고 실질적인 토론을 통해 서로 장단점을 밝혀나가면서 진리 추구를 지향하는 대신 서로 다른 입장 간에 이데올로기적, 방법론적 대립에만 몰두한다. 그는 이 현상을 "마치 관용인 것처럼 신화화된 대립dissent mythologized as tolerance"으로 부르면서, 이 차이를 근본적으로 차별화된 방식으로 다루지 못한다면, 결국 우리는 서로 아무런 실질적 차이가 없는 처지로 전락해 버릴 것이라고 비판했다(Dervin, 1994: 53~54). 진정한 대화를 통한 차별화가 따르지 않으면, 결국 공존이 아니라 학문적 공멸이 있을 뿐이라는 뜻이다.

우리는 언론학에서 연구의 파편화를 다원성 확대와 혼동해서는 안 된다. 어떤 지식 영역의 다원화와 파편화는 외관만 보면 그 차이를 식별하기 쉽지 않다. 지식 발전은 한편으로는 수많은 견해와 관점이 경쟁, 공존하면서 학문 영역의 외연을 확대하고 풍부하게 만들어나가는 과정으로서, 이는 말하자면 원심력에 의한 발전이라 할 수 있다. 이 점에서 보면 지금까지 비판해온 파편화 역시 언론학 발전 과정에서 발생하는 성장통 정도로 간주할 수 있다. 하지만 이 발전 과정은 동시에 다양한 관점 간의 상호 비판과 자기 수정을 통해 공통된 지식을 추구해 나가는, 말하자면 구심력에 의해 발전의 계기가 마련되는 이중적이고 복합적인 과정이다. 최근 언론학계의 논문 인용 패턴에서 나타나는 분야 간의 '게토화' 현상은 바로 이처럼 구심력에 의한 발전에 밑거름이 되는 상호 이해와 대화, 비판의 실종을 드러내는 한 징후다.

이러한 관점에서 보면 지금까지 언론학계의 근본적인 문제점은 이 차이와 다원주의가 잘못된 방식으로 이해되고 있다는 데 있다. 언론학자들의 기존 논의에서 흔히 발견되는 오류는 다음 두 가지 형태로 정리할 수 있는데, 이 오류의 시사점을 살펴보면 더빈(Dervin, 1994)이 말하는 진정한 차이와 학문적 다원주의의 의미를 파악할 수 있다.

첫째는 다양한 이론적 흐름이나 패러다임 간에는 우열의 차이가 존재한다고 보는 입장인데, 이는 "일원론적monistic" 혹은 "제국주의적imperialistic"(Angus & Lannamann, 1988; Ford & Klumpp, 1985) 태도라 할 수 있다. 차이에 대한 이러한 태도를 잘 보여 주는 사례로 마리안티 조주디Marianthi Georgoudi와 랠프 로스노Ralph Rosnow(1985)의 주장을 들 수 있다. 이들은 대격변 논쟁에서 부각된 다양한 경쟁적 패러다임에 동등한 가치를 부여하기보다는 이들을 "사회과학의 혁명적 발전이라는 역사적 틀" 속에서 우열 관계로 파악한다. 이들은 특정한 이론적 접근의 시각에서 볼 때, 더 진전된 패러다임과 상대적으로 낙후되고 극복 대상인 패러다임으로 구분할 수 있다며 다양한 이론들을 서열화해 평가하는 경향이 있다.

국내에서는 앞서 소개한 차배근의 이정표적 저작에서도 비슷한 경향이 드러났다(차배근, 1976a, 1976b). 그는 커뮤니케이션학에는 과학적(이론적) 지식 외에도 기술적(실용적) 지식과 규범적 수준의 지식이 모두 포함된다고 보면서 언론학계 내부의 다양성을 체계적으로 자리매김하려고 시도했다. 하지만 용어 사용에서 실증적 연구에만 과학이나 이론이라는 긍정적 용어로 명명한 반면, 다른 흐름에는 규범적, 실용적이라는 다소 부정적으로 들리는 단어를 사용했다. 이는 후자의 연구가 실증적 지식에 비해 학문적 지식으로서 덜 진화한 수준에 있거나 아예 진화 자체가 어려운 지식 형태임을 시사한다.

이론적 차이를 보는 두 번째의 편향된 관점으로는 극단적인 상대주의나 냉소주의, "냉전적 다원주의cold war pluralism"(Putnam, 2001: 41)의 태도를 들 수 있다. 현상을 보는 시각은 다양하기 마련인데, 이 중 어느 것도 절대적인 진리에 접근할 수 없다거나, 각 관점의 옳고 그름을 판단할 수 없다거나, 다양한 관점 간의 우열을 판단하기 어렵다는 불가지론적 태도를 이 관점은 보여 준다. "데이터를 보는 유일하게 옳은 관점은 없으며 모든 관점이 모두 현실성이 있다"(Foss, 1983: 286; Ford & Klumpp, 1985: 411 재인용)는 주장이 이 관점의 한 전형을 보여 준다. 이러한 상대주의적 시각은 여러 다양한 패러다임이 상호 폐쇄적이고 서로 무관심한 태도를 보이거나 불편한 평화적 공존 전략을 취하는 형태로 나타난다(Putnam, 2001: 41). 이와 같은 태도는 한편으로는 절대적인 진리관을 취하는 주류 패러다임의 독주와 투쟁을 위해 자신의 패거리를 결집하는 데 효과적인 무기 구실을 하면서, 다른 한편으로는 학문적 관용이라는 명분으로 외부의 비판을 피해가고 자신들 관점의 절대적 가치에 대한 믿음을 강화하는 역할을 한다(Ford & Klumpp, 1985: 411). 이 두 가지 기능은 어느 것도 학문 발전에 긍정적인 효과를 미치지 못한다.

실제로 2000년대 이후 한국 언론학계는 학문적 다양성의 외양을 띠고 있지만 그 속에는 이러한 상대주의 태도가 점차 지배적인 정서로 부상하는 조짐을 엿볼 수 있다. 앞서 언론학계의 인용 패턴 분석(김영준·김채환, 2007; 김용학·김영진·김영석, 2008)에서도 부분적인 징후를 읽을 수 있듯이, 학계의 다양한 연구 영역과 분과 사이에는 대화나 논쟁이 사실상 사라졌다. 여러 연구 분과가 내부적으로 동질적인 사고와 취향을 지닌 연구자 중심으로 운영되면서, 세부 연구 영역 내향적으로만 학문적 교류가 이루어진다는 지적이 많다. 이는 언뜻 보기에 학문적 다양성의 겉모습을 취한 듯 하지만, 실제로는 학문간 대화와 상호 비판의 기회를 원천 봉쇄하는 효과를 초래할 수도 있는 위험한 경향이다.

그렇다면 진정한 의미에서 학문적 다원주의란 무엇인가? 학문적 흐름 간의 차이는 연구의 문제의식이나 대상 선정, 인식론적 관점, 방법론 등 다양한 측면에서 나타난다. 철학자 페퍼(Pepper, 1966)는 포미즘, 메커니즘, 맥락주의, 유기체주의 등의 유형을 제시하면서, 지식 추구에는 여러 갈래의 길이 있다고 주장했다. 물론 자신과 다른 입장을 존중하는 데에서 다원주의는 출발하지만, 이 차이가 곧 대화의 불가능성을 말하지는 않는다. 진리에 도달하는 길은 다수가 존재하지만, 극단적인 상대주의자들이 암시하듯이 모든 길이 옳다고는 할 수 없다. 모든 이론적, 방법론적 접근 방식이 학문적 정당성을 갖는다고 볼 수는 없으며, 진입 초기의 탐색 단계를 넘어선 후에는 학문 공동체 내에서 끊임없이 내부적, 외부적 비판과 검토를 통해 자신의 존재 이유와 정당성을 검증받으며 진화해나가야 한다.

요즘 각광받는 '적극적인' 수용자에 관한 연구를 예로 들어보자면 전통적인 실증적 접근에서는 '이용과 충족uses and gratifications' 이론, 문화연구에서는 수용자 연구, 또 다른 주관주의적 관점에서는 Q방법론을 활용한 수용자 연구 등 다양한 이론적, 인식론적, 방법론적 배경에서 출발해 같은 현상을 탐구해 볼 수 있다. 물론 각 접근 방식은 공통된 지식 추구에 기여하는 데 나름대로 장단점이 있다. 이처럼 다양한 연구 과정과 결과에 대한 상호 비판과 수용, 자기 수정 과정을 통해 현상 이해의 폭과 연구 수행의 효율성을 넓힐 수 있고, 각 연구 흐름의 질적 수준을 한 단계 높이는 계기로 삼을 수도 있을 것이다. 현재 한국 언론학계에서는 1990년대 초까지 그나마 존재하던 패러다임 간의 대화 시도는 거의 사라졌고, 학문 분야 내부에서나 분야 간에 대화보다는 독백이 지배한다. 대화와 토론, 상호 비판의 단절은 장기적으로는 언론학이라는 학문의 존립 근거를 심각하게 위협하는 병적 현상으로 번질 수도 있다.

6. 인문학적 상상력과 새로운 패러다임의 탐색

언론학은 외연적 규모와 화려함에도 불구하고 지적 빈곤이라는 심각한 만성 질환을 앓고 있다. 이는 근본적으로는 언론학계의 제도화된 학문하기 방식, 즉 연구자 집단에게 내면화한 직업 아비투스의 문제점과 관련이 있다. 이 같은 고질적 문제에서 벗어나는 실마리를 찾으려면 연구자가 직업으로서의 학문을 수행하는 방식을 성찰해 볼 필요가 있다. 학문 분야의 지식 생산은 제도적 과정을 통해서 이루어진다는 점에서, 물론 이러한 제도적 생존 양식과 투쟁이 학문 발전의 중요한 부분임을 부인할 수는 없다. 현재 한국 언론학은 불과 수십 년이란 짧은 시간 동안에 이 과정에서 자랑할 만한 성공담을 이루어 냈다는 점에서 자부심을 가질 만하다. 하지만 우리는 이 화려한 성공담 배후에 가려 잘 드러나지 않는 내재적 위기의 징후를 읽어 내야 한다. 그 위기에 대한 해답은 이제 내부 성찰을 통해 실마리를 찾아내고 우리 스스로 풀어가야 한다. 그렇다면 과연 무엇을 해야 하는가?

우선 언론학자들은 오류와 불확실성에 대한 두려움에서 벗어나 상상력을 통한 탐색과 시행착오를 학문하기의 일상적 부분으로 수용해야 한다. 학문은 한편으로는 정교함과 엄밀성을 갖춘 지식 축적을 통해 발전하지만, 다른 한편으로는 탐색과 시행착오를 거쳐 한 단계 더 도약하기도 한다. 쿤(Kuhn, 1970)이 주장한 것처럼, 지식 발전은 단편적인 지식의 맹목적인 축적에 의해 보장되지 않으며, 어느 순간에는 기존 지식의 틀을 허물고 새로운 세계관에 근거하는 혁명적 발상 전환, 즉 패러다임 혁명을 통해서 전개된다. 이 도약 과정은 많은 시행착오를 통해서만 가능하다. 현재 한국 언론학에 필요한 부분은 현재의 작은 성공에 도취해 안주되기보다는 탐색을 일상화하고 실패를 연구의 일부분으로 당연시하는 실험 정신이다.

한국의 언론학 연구는 겉으로는 언뜻 경이로운 발전이라는 탄탄대로를 달리는 듯 하지만, 안으로는 방법론의 엄밀성과 자기 완결적인 논리 체계만 중시하는 방어적인 글쓰기 습관에 갇힌 자폐증의 징후를 보여 준다. 이는 언론학이 이론적 발전을 도모하고 학문 공동체 전체에 기여하는 데 잠재적으로 큰 장애가 되고 있다. 예컨대 우리는 과거 언론학 선구자들이 만든 SMCR식 패러다임에 오랫동안 안주해왔다. 이는 한동안 언론학에서 일종의 메타 이론으로 아주 유용한 역할을 했음을 부인할 수는 없지만, 지금은 변화된 사회적, 학문적 환경에 맞지 않는 '네안데르탈적' 세계관으로 퇴색해가고 있다. 지금 우리에겐 과거의 지식을 종합하고 새로운 틀 속에서 재조명해 줄 수 있는 획기적인 패러다임이 필요하다. 이는 바로 과거 경험으로 검증된 친숙하고 안전한 방식이 아니라 과감한 인문학적 상상력과 시행착오를 통해서만 얻을 수 있을 것이다.

언론학의 학문하기 방식에 새로운 실험정신이 필요한 또 하나의 이유는 연구 대상의 특성에도 있다. 속도와 변화는 오늘날 사회 현상을 특징짓는 키워드이며, 이는 특히 커뮤니케이션 현상에서 가장 두드러진다. '속도'를 키워드로 현대 사회를 설명하는 폴 비릴리오 Paul Virilio의 논의를 연상해 보면 아마 이 추세가 쉽게 이해될 것이다(Virilio, 1977/2004). 특히 언론학의 연구 대상인 커뮤니케이션 현상은 빠른 속도로 변화하면서 확장되고 있어, 기존의 개념과 방법론, 접근 방식만 답습해서는 따라잡기 어려울 때가 많다. 어떤 면에서 이는 학자에게는 학문 지식의 본질과 모순되는 매우 역설적인 현상이다. "미네르바의 올빼미는 해가 떨어지고 나서야 날아오른다"라고 일찍이 게오르크 헤겔Georg Hegel은 말했다. 미네르바란 곧 그리스 신화에서 지혜의 화신이며, 지식의 최종 목표인 지혜란 늘 과거부터 축적된 경험에 대한 성찰을 통해 얻어지는 사후적인 가치일 수밖에 없다는 본질적 한계를 이 구절은 지적한다. 만일 지식 생산이 따라잡기에 힘겨울 정도로 사회 변화의 속도가 빠르다면, 현재 지식 축적의 패러다임은 지나간 과거의 경험에 근거하고 있어 때로는 현재를 설명해 주지 못하는 시대에 뒤떨어진 존재일 가능성이 크다. 다른 어떤 사회과학보다도 빠른 변화와 끊임없이 씨름해야 하는 언론학은 이 점에서 늘 치명적인 약점을 안고 갈 수밖에 없다.

이러한 딜레마에서 탈피하려면 때로는 일상적 학문 관행에서 탈피해 다소 파격적인 시도가 필요하다. 단순히 미시적 관찰 결과를 정리하는 분석력을 넘어서 단편적 사실을 관통하는 큰 흐름을 꿰뚫어 보는 풍부한 이론적 상상력이 필요하다. 앞서 언급한 인문학적 상상력이란 인문학적, 질적 연구자에게만 필요한 자질은 아니다. 비유를 들자면 상상력이란 단순한 사실의 조각을 새로운 틀에 따라 재구성하여 새로운 그림을 그려낼 수 있는 창의적 사고를 말한다. 이는 말하자면 친숙한 경험에 근거한 기존의 세계관을 허물고 새로운 패러다임을 구상해내는 데 필요한 창조적 사고 능력이라 할 수 있다.

두 번째로 언론학은 세부 영역 간의, 또 언론학과 다른 학문 영역 간의 경계를 넘나드는 대화와 경쟁을 시대정신으로 수용해야 한다. 현재 빠른 속도로 전개되는 사회 환경 변화는 커뮤니케이션을 사회 현상의 일부가 아니라 핵심으로 부각하고 있다. 이제는 텔레비전뿐 아니라 인터넷과 모바일로 매개되지 않는 삶의 순간을 상상조차 할 수 없다. 하지만 이 때문에 전통적인 인문사회과학의 주류 사상가나 이론가도 인간과 사회 문제에서 커뮤니케이션의 중요성에 주목하고 거기서 해답을 모색하고 있다. 하버마스, 장 보드리야르Jean Baudrillard(1972/1992, 1981/2006), 비릴리오(Virilio, 1977/2004), 마누엘 카스텔Manuel Castells(1996, 2009/2014) 등 커뮤니케이션 문제와 연관된 이론가는 철학, 문학 이론, 사회학, 정치학 등 거의 모든 학문 분야를 망라한다. 심지어 경제학조차도 이제는 정보 기반의 행위를 설명하는 이론으로 진화하고 있다. 과거의 경제 이론은 불확실한 정보 위에서 경제 행위자의 선택을 설명하려 했다. 하지만 빅 데이터 분석과 방대한 개인 정보에 근거한 시장 분석은 기업 경제 행위의 성격 자체를 바꿔놓고 있다.

앞으로 커뮤니케이션 연구자는 자신들끼리 벌이는 집안 내부 경쟁을 넘어서 인문 사회과학 분야 전반의 학문적 명사들과 무한 경쟁을 벌여야 한다. 과연 어느 정도 이들과 차별화된 지식과 해답을 제공할 수 있을까? 단순히 언론학 분야에서만 통용되는 지식 생산에서 남보다 얼마나 더 앞설 수 있는지, 아니면 비판에 어떻게 방어적으로 잘 대응할 수 있는지가 아니라 넓게는 인간과 사회를 이해하는 데 언론학이 어느 정도 기여할 수 있는지에 언론학의 미래가 달려있다. 만일 이러한 시대 과제에 기여할 수 없다면 언론학은 지금까지 잠시 누린 제도적 번영은 물론이고 점차 학문 공동체에서 설 자리조차 잃게 될 것이다. 언론학에 기회와 위기는 함께 다가오고 있다.

4장

수정주의 전통과 비판 언론학

● 이 장은 "수정주의 전통과 한국의 비판커뮤니케이션 연구," 〈한국사회와 언론〉 제1집, 1992, pp.46~74를 수정한 것이다.

1. 수정주의를 다시 본다

한국의 비판 언론학은 1980년대 초반 이후 주로 소장학자를 중심으로 일어난 학술 운동의 산물이다. 이는 기존 언론학계의 주류를 이루던 '전통적 연구'에 대항하여 이론적 시각이나 연구 경향을 다양화하려는 취지의 학술적 움직임이었다. 진보적 사회 운동이 활발하던 시대 흐름을 타고 사회 현실의 비판적 분석, 진단을 통한 실천 운동의 일환을 표방했다는 점도 또 하나의 특징이다. 이 '대안적 패러다임'은 여러 학자에게 더러는 부정적이고 더러는 긍정적인 엇갈린 평가를 동시에 받으며, 기존 학계 풍토와 평행선을 이루며 성장해왔다. 주류에서는 비판 언론학을 학문으로 인정하는 데 거부 반응을 보이기도 했고, 비판적 연구 측에서도 외부의 비판을 학문적 미성숙에 대한 질책으로 겸허하게 수용하기보다는 비판적 연구의 학문 공동체 진입에 대한 정치적 압력으로 해석하는 편협한 '학문적 냉전 구조'식 사고방식을 드러냈다. 하지만 적어도 학계의 제도적 공간이라는 측면에서 볼 때, 비판 언론학이 이제는 학계의 한 흐름으로 자리를 잡은 것은 분명하다.

비판적 연구는 기존의 연구와 비교해 이론이나 방법론 측면에서뿐 아니라 현실에 대한 문제의식이나 실천적 함의에서 큰 차이가 있다고 강조해 왔다. 그러나 1990년대 초반에 비판적 연구 진영 안팎에서는 많은 변화가 일어났다. 이론적으로는 비판적 연구뿐 아니라 전통적 연구에서도 이전의 단점을 보완하는 연구 성과가 대거 배출되어 비판적 연구의 이론적 위상을 종래와 같이 규정하는 데는 다소 무리가 있었다. 특히 이 시점의 한국 비판 언론학은 여러 가지 과제에 직면했다. 한편으로는 비판적 연구가 왕성한 의욕에 비해 학문 공동체의 경기 규칙이나 언어라 할 수 있는 논리적 설득력과 방법론의 엄밀성에서 크게 뒤떨어졌다는 지적을 받았는데, 이러한 문제점의 해결이 큰 과제로 남았다.

또한 동구권의 사회주의 체제 붕괴와 같은 급격한 현실 변화로, 비판 언론학의 문제의식과 정치적, 전략적 함의 역시 근본적인 검토가 필요해졌다. 실제로 한국 사회과학 전반에서도 포스트마르크스주의나 포스트모더니즘 등 이른바 '포스트'징후군이라 불리는 다양한 목소리가 나와 마르크스주의 사회 이론의 위기를 외쳤으며, 비판 언론학 내에서도 이러한 변화가 엄연한 현실로 다가왔다. 이러한 '포스트'주의 이론의 도전을 맞아 한국 비판 언론학은 어떤 형태로든 내부 혁신이나 위상 재점검이 필요하며, 앞으로 나아갈 방향에 대해서도 본격적인 논의가 필요하다. 이 글은 이상의 문제들을 검토하는 데 '수정주의revisionist' 접근 방식이 어떠한 함의를 가지는지를 검토해 보고자 한다. 이 글의 요지는 대략 다음과 같이 요약할 수 있다.

첫째로는 급변해가는 현재의 학문 상황에서 한국 비판 언론학은 이론적, 방법론적인 폐쇄성에 근거한 정체성을 버리고 위상을 새로 정립할 필요가 있다. 비판 언론학은 내부적으로는 연구자 구성이나 접근 방식에서 매우 이질적인 집단으로 이루어져 있다. 오로지 전통적인 연구와 차별성이 있다는 점에서, 또 방법론이나 언어 구사에서 외부와 의사소통이 힘들다는 점에서 공통점을 가지는 방만한 '영역'으로 안주할 수는 없다. 오히려 대안적 현실을 상상하는 "해방과학"(Habermas, 1968/1972) 본래의 속성에 충실하려면 이론과 방법론에서 개방적인 자세로 전통적 사회과학의 선진적 기법도 적극적으로 받아들이고 학문적 엄밀성을 계발해 설득력과 학문적 영향력을 갖춘 이론으로 다시 태어나야 한다.

둘째, 비판적 연구의 궁극적인 특성은 현실에 대한 문제의식과 변혁 전략을 상정하며, 이는 이론의 '문제틀'로 나타난다. 그렇다면 사회주의 체제 실패라는 엄연한 현실에 직면해서 비판 언론학이 추구해야 할 문제의식은 무엇인가? 종래에는 진보적 사회 이론이 대체로 그러했듯이 비판 언론학 역시 크게는 사회주의의 가치와 문제의식을 지향했다. 하지만 냉전구도 재편과 더불어 기존의 사회주의 커뮤니케이션 제도가 현실적인 대안으로서 가능성을 상실한 상황에서, 비판적 연구는 어떠한 성격의 '해방'을 지향할 것인지가 미완의 숙제로 남았다. 특히 비판 언론학의 문제의식이 자본주의 체제하에서 자유주의 언론자유 이론의 허구성을 비판하는 강력한 이론적 도구 역할을 해온 것은 사실이나, 대안적 가치를 제공하는 데는 미흡했다. 이 같은 '공백'을 메우는 작업에서 마르크스주의 정신에 자유주의의 문제틀을 수용한 포스트마르크스주의가 던져 주는 함의를 살펴본다.

2. 수정주의의 현대적 의미

비판 언론학은 학문공동체의 '주류mainstream'에 의문을 던지는 대안적 학술 운동을 포방하며 등장했다. 이 때문에 무엇보다도 그 운동이 주류와 구분되고 차별화되는 이론적, 방법론적, 혹은 이론 외적인 특성에 근거하여 자신의 정체성을 형성했다. 학문적인 연구 조류 역시 크게는 시대 맥락의 영향을 받는다는 점을 감안하면, 오늘날 양자를 구분짓는 학문 안팎의 특성은 1970년대나 1980년대 초반과는 상당히 달라졌다. 따라서 1990년대 이후의 변화된 상황에서 비판 언론학의 특성을 규정할 때 주류와의 차이를 강조하는 '차별화' 전략은 점차 설득력을 잃었다.

제임스 커런James Curran은 1990년에 출간된 논문에서, 서구 언론학에서 일어난 연구 경향의 변화를 "신수정주의New Revisionist" 운동으로 규정했다(Curran, 1990). 1980년대까지 전통적 연구와 비판적 연구 간에 일반적으로 인정되던 두드러진 차이가 차츰 소멸하는 바람에, 종전 같은 이분법적 구분이 점차 성립하기 어려워졌을 뿐 아니라 지적으로도 지극히 비생산적이라고 지적한 것이다. 이와 같이 두 진영 간의 관계를 규정할 때 사용되는 수사 전략rhetorical strategy이 차별화에서 수렴, 통합을 강조하는 방식으로 옮아간 것은 비판적 연구에서도 많은 변화와 수정이 가해졌다는 뜻이다. 비판적 연구에 일어난 전반적인 위상 변화를 수정주의라고 칭한다면, 수정주의가 구체적으로 어떠한 연구 추세를 반영하며, 앞으로 비판적 연구에 어떠한 전망을 안겨 주는지 살펴보고자 한다. 이러한 진단은 지식사회학적인 힘겨운 작업을 요하는 것이지만, 이 글은 단지 그러한 연구 방향을 모색하는 데 만족하려 한다.

'수정주의'라는 용어는 긍정적이든 부정적이든 간에, 어떤 '정통적' 조류에서 탈피하려는 시도를 함축한다. 그렇다면 우선 비판 언론학에서 정통파란 과연 존재하는 것인지, 있다면 어떤 양상을 띠는 것인지 살펴보아야 할 것이다. 비판 언론학은 일정한 문제의식이나 정치적 실천, 이론적 쟁점을 둘러싸고 등장한 것이 아니라 다양한 맥락에서 생성된 여러 이질적인 조류로 이루어진데다가 '비판'적 연구의 범위나 구체적인 지칭 대상도 천차만별이다. 따라서 핵심적인 요소를 갖춘 정통이 존재한다고 단정하기도 어렵다. 수정주의라고 했을 때 어떤 핵심적인 요소에서의 이탈, 수정을 지칭하는 것인지도 논란의 대상이 된다.

커런은 비판적 연구를 다원주의적 조류 간의 수렴이라는 측면에서 논의하는 것으로 보아 수정주의가 다분히 정치적 문제의식 차원에 있다고 보는 듯하다. 그러나 커런은 이와 동시에 양자 간의 이론적, 방법론적 차이의 차원 — 가령 '미시적,' '계량적,' '체제 순기능적' 연구와 '거시적,' '질적,' '갈등 지향적' 연구 간의 차이 — 에서도 수렴이 일어났다고 주장한다. 이렇게 보면 커런의 수정주의는 정치적 노선 수정일 뿐 아니라 이론 차원에서도 정통적인 비판 언론학에서의 탈피를 의미하는 듯하다. 이렇게 보면 비판적 연구의 관용적인 의미는 크게 두 가지 차원으로 구성된다. 하나는 전통적인 경험적 연구와 비교해서 연구 방법과 이론의 다양성을 의미하고, 다른 하나는 다원주의 입장에 비해 상당히 급진적인 정치적 함의나 문제의식을 내포하는 연구를 뜻한다. 커뮤니케이션 연구에서 두 차원은 꼭 일치하지 않기 때문에, 여기서는 수정주의를 크게 이론적 측면에서의 변화와 실천적 함의에서의 변화라는 두 차원으로 구분해서 검토하고자 한다.

비판이라는 용어는 다분히 정치적인 내포connotation를 지닌 용어다. 하지만 언론학에서 비판이라는 용어는 이보다는 훨씬 더 광범위한 뜻에서 사용된다. 실제로 언론학에서는 진보적 정치 노선과 무관해 보이는 다양한 방법론적, 이론적 입장을 취하는 여러 흐름이 정치적 색채를 강하게 띠는 비판적 연구라는 명칭 하에 포괄되고 있어, 비판이라는 개념의 화용론적 의미pragmatic meaning는 폭이 상당히 넓다. 비판이라는 용어는 개념적 정의 수준과 무관하게 실제로는 다양한 의미로 통용되고 있다는 뜻이다.

가령 양승목은 경험주의 연구에 대비되는 다양한 연구를 묶어서 "비판주의"로 정의했는데(양승목, 1989), 이 정의는 마르크스주의에서 일반적으로 통용되는 의미와는 엄청난 거리가 있다. 이 정의에 따르면 비판적 연구의 의미는 주로 증거, 경험, 논리적 타당성 등 이론이나 방법론 차원에서의 차이를 지칭한다. 비판적 접근의 의미를 이렇게 파악할 때, 수정주의는 이론이나 방법론 측면에서 사회과학 방법을 수용하거나 종래와는 다른 접근 방식을 시도하는 등 개방적이고 신축적인 자세를 말한다.

또한 종래 마르크스주의 이론에서 사용되던 비판이라는 개념은 현실 인식에 깔려있는 정치적, 실천적 노선의 차원을 포함한다. 비판적 연구를 이와 같이 파악할 때, 수정주의는 실천적 노선의 수정, 변화를 의미하게 된다. 그러나 이 경우 수정주의라는 어휘는 변화, 수정이라는 현상을 지칭하는 수준을 넘어 정치적 노선 논쟁에 자주 사용되면서 다분히 가치 판단이나 감정적 평가 차원을 포함하게 된다.

이러한 측면은 수정주의라는 용어가 마르크스주의에서 차지하는 관용적인 의미를 살펴보면 잘 드러난다. 1914년 이전까지 수정주의는 "마르크스주의적 전제에서 출발하기는 하지만 마르크스주의 원리의 다양한 요소, 특히 마르크스가 애착을 가졌던 자본주의의 발전 과정이나 사회주의 혁명의 필연성과 같은 원리에 대해 정도 차이는 있을지라도 의문을 제기하는 저술가나 정치가"(Bottomore et al., 1983: 423)를 의미했다. 이 시대의 마르크스주의자들은 대체로 자기 견해를 직접 주장하기보다는 신성시된 마르크스의 저작과 직접 연관되어 있음을 보여 주는 방식으로 자신의 견해가 정당함을 입증하려는 경향이 있었다. 이러한 방식이 마르크스주의 논쟁에서 보편화한 관행이었음을 감안할 때, 수정주의란 말은 마르크스주의 담론에서는 곧 '오류'를 뜻하는 경멸적이고 부정적인 의미로 쓰였다.

그러나 똑같은 용어가 1945년 이후에는 기득권 체제화한 공산당이 자신의 정책, 강령, 이론에 이의를 제기하는 다른 정치 세력을 비난하는 용어로 주로 사용되는 바람에, 보수주의나 기득권 옹호적인 냄새를 풍기게 되었다. 따라서 수정주의의 지칭 대상은 기존 질서에 대한 도전을 의미하기 때문에 이전과 달리 입장에 따라서는 꼭 부정적인 의미라고 할 수는 없다.

후자의 의미에서 쓰일 때, 수정주의 노선은 상당히 개혁적인 색채를 지니게 되는데, 수정주의가 원래 의미하던 바를 살펴보면 긍정적인 뉘앙스는 더욱 커지게 된다. 넓은 철학적 의미에서 보면, 마르크스주의의 철학적 기반인 변증법은 현상을 끊임없는 변화 과정에 있는 것으로 파악하기 때문에 역설적으로 변증법은 이론적으로는 수정주의의 요소를 포함한다고 할 수도 있다. 즉 끊임없이 변모해가는 역사적 현실을 반영하고 주도해야 할 마르크스주의 이론과 정치적 실천을 수정의 여지가 없는 "불변의 공리timeless axiom"로 동결시키는 것은 가장 비변증법적일 수도 있다는 말이다(Bottomore et al., 1983: 423).

이런 점에서 본다면, 마르크스주의 내부의 노선 논쟁에서 흔히 사용되던 수정주의라는 용어를 1990년대의 시점에서 커런이 부활시킨 것은 정치적으로 상당히 의미심장하다. 비판 언론학에서 학문적으로나 정치적으로 개혁과 변화의 수용이 필요하고 실제로 그러한 방향으로 진행되는 변화를 수정주의로 부른다면 그것은 다분히 수정주의에 대해 어느 정도 긍정적인 평가를 포함하는 셈이다. 이렇게 보면 사회주의가 현실적 대안 모델로서 설득력을 잃어가는 현재 국면에서는 한국 비판 언론학자들도 수정주의의 조류가 시사하는 가능성을 진지하게 검토해 새로운 활로를 모색할 필요가 있다.

3. 영역주의와 방법론적 순수주의 비판: 이론적 차원의 수정주의

과거 비판적 연구의 의미를 놓고 벌어진 논의에서는 주로 전통적, 행정적, 경험적 연구와 뚜렷이 대비되는 이론적, 방법론적 특성이 부각되었다. 가령 분석 수준은 "거시적," "문화 중심적"이고, "질적"인 기술과 "역사, 문학, 미학, 해석" 등의 연구 방법을 사용하는 것이 비판적 연구의 특징이라고 규정되었다(Real, 1989: 47). 이와 같은 정의 방식의 결과, 비판적 연구는 여러 면에서 전통적 연구와 구별되는 연구 영역으로 인식이 굳어졌다. 비판적 연구자의 입장에서 보더라도 이와 같은 차별화의 수사 전략은 신생 연구 분야인 비판적 연구의 학문 제도적 정체성을 유지하는 데 상당히 효율적이었음에는 틀림없지만 시간이 경과함에 따라 차츰 문제점을 드러냈다. 실제로 1990년대 이후 한국의 비판적 연구는 이러한 차별화 전략으로 제도적으로는 안정된 공간을 확보했으나 설득력과 대화 단절르 학문 공동체에서 점차 주변적인 부문으로 밀려나 영향력을 상실해갔다.

그렇다면 이론적 차원의 수정주의가 가지는 의미가 무엇이며 수정은 어떤 방향으로 나아간다는 뜻인가? 그 해답은 이론적, 방법론적 차별성이 반드시 비판적 연구의 본질이 아니라는 데 있다. 비판적 연구의 본질적인 요소인 '인간 해방'의 정신을 살리면서도, 연구 방법에서는 개방적이고 신축적인 자세를 취해 학문적 영향력을 확대해 나가는 것이 앞으로 남은 과제라는 것이다.

1) 비판적 '연구,' 무엇이 문제인가?

종래 비판적 학파와 전통적 학파 간의 구분은 엄밀한 인식론적 기준보다는 제도적 측면에 근거했다는 인상을 준다. 지금까지 언론학에서 마치 상식처럼 통용된 이분법적 인식이 초래한 가장 큰 문제는, 비판적 연구뿐 아니라 경험적 연구 내부에서 그동안 진행되어온 분화, 발전을 설명하기가 점점 어렵게 되었다는 사실이다. 그동안 많은 비판적 연구자는 경험적, 실증적 연구의 한계점을 지적하고 문제를 제기했다. 그렇지만 그간 과학철학 내의 급속한 변화, 발전은 이러한 비판을 수렴한 대안을 제시하기 시작했고 이에 따라 종래의 비판은 상당 부분 근거를 잃었다(양승목, 1989; 김영석, 1991).

김영석은 최근 커뮤니케이션 연구방법론에서 나타난 새로운 경향으로, "과학과 인문학의 접목," 대화 분석, 수사적 모델과 같은 "해석학적 방법론"의 대두, "자연적 연구natural research의 선호," "단기적 연구에서 장기적 연구로의 전이," "이론의존적인 연구에 대한 선호"(김영석, 1991: 390~392) 등을 들었다. 과거 전통적 학파와 비판적 학파를 나누던 근거이던 방법론의 차이는 더 이상 유효하지 않다는 뜻이다. 따라서 전통적 언론학 연구가 "기능 이론적 시각에 입각한 효과 위주의 미시적 커뮤니케이션" 연구라는 비판은 적어도 1970년대 중반 이후에는 근거를 상실해 더 이상 적용될 수 없는 주장이라고 반박했다(김영석, 1991: 382).

김영석의 해석을 인정한다면, 과거 비판적 연구의 특징이라고 주장하던 주관적, 질적, 거시적 차원의 중요성은 이제는 비판적 연구의 전유물이라고 보기는 어렵게 되었다. 비판적 진영 내부에서도 과거처럼 사변적, 직관적 방법에 근거한 거시적 접근 방식만을 고수하지도 않는다. 오늘날에는 양자가 연구 방식에서 명확히 구분된다고 주장하는 순수파도 이전에 비해 많지 않다. 하지만 1940년대 초 라자스펠드가 주장한 것처럼 "행정적" 연구와 "비판적critical" 연구 간의 구분(Lazarsfeld, 1941)과 같은 이분법식 사고는 여전히 깊이 뿌리 박혀 있다. 가령 이처럼 단순화된 이분법의 경향은 1991년 발간된 비판 언론학 교과서에서 단적으로 나타난다. 김지운·방정배·이효성·김원용(1991)의 책은 라자스펠드와 비슷하게 '행정적 패러다임'과 대치되는 개념으로 '비판적 패러다임'을 규정했다. 교과서는 기존의 연구 성과를 집대성할 뿐 아니라 교육 과정을 통해 후속 연구자에게도 큰 영향을 미친다. 어떤 면에서 교과서의 기술 방식은 당시 학자들의 사고방식과 연구 경향을 잘 보여 주는 단서가 된다. 이처럼 지나친 단순화가 초래할 위험을 무릅쓰면서도 '차별화'를 통해 비판적 연구의 정체성을 유지하려는 전략이 끈질지게 남아 있는 이유는 무엇일까?

제도화를 통해 연구 조류의 정체성을 찾으려는 경향은 단지 비판적 연구자에게 국한된 문제가 아니라 커뮤니케이션 연구 전반의 풍토에서 유래한다. 커뮤니케이션 연구에서 지적 빈곤의 뿌리를 추적한 존 피터스의 지적은 비판 언론학에도 잘 적용된다(Peters, 1986). 피터스는 커뮤니케이션 연구가 분야 초창기부터 이론이나 방법론의 축보다는 분야의 확립, 확장과 같은 제도적 정체성 확립에 치중했기 때문에 이론적 성장 지체라는 경향이 초래되었다고 보았다.

비판 언론학이 형성되는 과정에서도 이와 유사한 제도화의 경향을 발견할 수 있다. 가령 비판적 연구는 내부의 다양성과 이질성보다는 방법론이나 이론 차원에서 경험적 연구와 차이를 강조하는 전략을 구사해 일정한 제도적 공간을 확보하는 데 성공했다. 물론 비판적 연구 '내부'의 연구 성과가 축적되어감에 따라 방법론적, 이론적 재검토를 통해 비판적 연구의 성격과 위상을 재검토하려는 노력도 이어졌다. 하지만 다른 한편으로는 이질적인 접근 방식들을 '비판적 연구'라는 제도적 울타리 속에 흡수하는 데 치중하는 영역화 운동도 활발히 진행되었다(대표적인 글로는 Real, 1986을 들 수 있다). 예컨대 비판 커뮤니케이션 연구 '진영' 따위의 비유적 표현에서 잘 드러나듯이 영역화는 구성원에게 정서적 일체감과 귀속감을 주는 상징 동원에 주력하기 때문에 내부의 재편성, 내부적 자아비판보다는 영토 확장, 체계화, 계보화를 강화하는 기능을 한다.

비판적 연구의 영역화가 지닌 비이론적 성격은 '비판적'이라는 용어에도 잘 드러난다. 여러 인접 사회과학 분야에서는 인문주의 방식으로 연구되어 경험적으로 검증되지는 않았으나 경험적 연구와 마르크스주의 입장 양측에 많은 통찰력을 던져 주는 풍부한 이론적 유산이 남아 있는데, 이를 '비판적' 연구로 통칭하지는 않는다. 그런데도 유독 커뮤니케이션 연구에서는 이러한 인문주의 지적 전통과 연관을 맺고 주관주의적, 급진적, 질적 접근 등을 구사하는 이질적인 소수의 학자군을 뭉뚱그려 '비판적'이라는 애매한 명칭으로 분류해 버리는 경향이 있었다. 어떻게 보면 커뮤니케이션 연구에서 비판적 연구라는 개념은 이론적, 학문적 논의의 산물이라기보다는 관습과 관례적인 사용에 의해 의미가 굳어졌다. 영역화 전략은 비판적 연구가 싹트기 시작한 초창기에는 그 존재 의의를 널리 알리는 데 효과적으로 기여했고, 교육 측면에서도 유용한 도구 역할을 했다. 그러나 시간이 지나감에 따라 이 차별화 전략은 이론적 범주로서는 가치를 잃고 오히려 지적 발전의 장애물로 변했다.

과거에는 라자스펠드식의 이분법적인 분류도 나름대로 유용성과 타당성을 지녔다. '비판적'이라는 명칭의 깃발은 기존 커뮤니케이션 연구의 단편성과 비이론성에 식상해 하던 다양한 성향의 일부 연구자를 결집해 새로운 학문적 돌파구를 모색하는 운동의 깃발 구실을 톡톡히 했다. 그러나 시간이 흘러 이 '대안적' 연구는 학계 일부로 자리 잡고 또한 이들의 비판에 대응하여 또는 자체적인 이론적 발전으로 주류 내에서도 연구 경향은 다양해졌다. 이에 따라 이전에 비판적 연구자들이 제기한 문제점을 전통적 연구에서도 상당 부분 수렴하여 양 진영 사이에 외관상의 차이는 점차 줄어들었다. 이러한 변화에 따라 비판적 연구라는 깃발도 상징으로서의 참신성이 점차 퇴색했다. 따라서 비판적 입장이라는 용어도 이제는 단순히 주류에 대한 대칭, 대립적 입장이라는 상징 투쟁적 의미에서가 아니라 좀 더 엄밀한 이론적, 개념적 범주로 다시 태어나야 한다. 이론적 차원에서의 수정주의 운동이 던져 주는 함의는 무엇보다 '비판적' 연구가 학술 운동의 상징 차원에 안주하던 데에서 벗어나 방법론이나 이론에서 새로운 위상을 모색하는 데 좀 더 주력해야 한다는 것이다.

2) '비판적' 연구란 무엇인가

비판적 연구를 재구성하려면 무엇보다 지금까지 방만하게 사용된 '비판'이라는 용어를 엄밀하게 검토해서 새롭게 정의할 필요가 있다. 비판적 연구를 '비판적'인 것으로 만드는 기본적인 특성은 실증적 연구나 주관주의적 연구와 뚜렷이 구분되는 독특한 주제나 연구 방법에서가 아니라, 하버마스의 주장처럼 지식을 대하는 '인지 관심'의 차이에서 찾아야 한다. 분석적, 경험적 과학에는 현상의 예측 통제를 탐구 목적으로 하는 '도구적/합목적적,' '기술적technical' 관심이 내재하고, 인문주의적 학문에는 인간 생활의 '이해'를 목적으로 삼는 '실천적practical' 관심이 깔려 있다. 반면에 비판적 과학은 현실의 초월과 변혁을 목표로 하는 '해방적 인지 관심emancipatory cognitive interest'에 의해 수행되는 것이 특징이다(Habermas, 1968/1972: 308~311).

해방이나 비판이라는 어휘가 풍기는 윤리적, 도덕적, 가치 지향적 색깔 때문에 비판이라는 구호는 전통적 연구자의 손쉬운 표적이 되었다. 하지만 이러한 인식은 상당 부분 오해에서 비롯한다. 카를 마르크스Karl Marx의 《헤겔법철학비판》에 나오는 다음 구절은 비판의 의미에 대해 시사하는 점이 많다.

> 급진적radical이란 것은 사물을 그 뿌리에서 파악하는 것이다. 그러나 인간에게 그 뿌리는 인간 자신이다(Marx, 1967: 257).

급진적 분석은 자본주의 사회 모순의 극복을 지향하지만, 그 작업은 규범적, 도덕적, 윤리적인 비난이 아니라, 모순을 낳게 하는 구조적 메커니즘의 '과학적' 분석을 통해 수행된다는 뜻이다. 바로 이 때문에 마르크스주의에서는 비판과 과학이 밀접한 관계를 맺고 있다. 마르크스주의에서 인간주의라는 해방적 관심은 이론의 전면에 드러나기보다는, 연구 설계나 분석 과정에 내재한 함의나 문제의식에 가깝다. 이 점에서 정도 차이는 있지만 모든 과학이 가치 지향적이라 할 수 있다. 비판적 연구는 현실의 모순에 대한 '도덕적' 문제의식에서 출발하지만, 비판적 연구 역시 번잡한 방법론적, 논리적 정당화의 부담에서 벗어날 수는 없다. 일부 비판적 연구자, 가령 세스 하멜링크Cees Hamelink가 주장하듯이, 과학적 이론의 언어를 던져 버리고 자유로운 해방의 '예술art'에서 출구를 찾는 데는 학자로서는 용기 있는 윤리적 결단이 필요하다(Hamelink, 1983). 그러나 비판적 연구가 이처럼 극단적인 윤리주의의 시각을 취한다면, 아마 대화가 불가능한 고립된 언어와 사고방식을 고수하고, 사회적 학문적 영향력이 극히 제한된 특수 집단으로 인식되어 학문 영역에서 게토ghetto화, 주변화되는 운명을 맞게 될 것이다.

비판적 연구가 경험적 과학이나 인문학과 구분되는 독특한 방법론적, 이론적 접근 방식이 아니라 현실적 문제 극복을 지향하는 '해방적 관심'을 본질적 특징으로 한다면, 비판 언론학 역시 종래의 이론적, 방법론적 위상에 대해 다시 생각해 보아야 할 것이다. 만일 해방과학의 문제의식이 변화해가는 역사적 현실에 의해 주어진다면, 이론적, 방법론적인 요소들은 이 문제의식에 의해 선택되는 도구에 불과하다. 급변하는 시대 상황을 효과적으로 진단하고 분석하는 데 도움이 된다면, 전통적 연구의 선진적 방법론도 적극적으로 수용하는 개방성이야말로 비판적 연구 본연의 목적에 더 적합한 태도다. 해방과학의 이론과 방법론을 일정한 범위 내로 가두어두는 것은 이론적 발전에 커다란 장애 요인으로 작용할 수도 있다. 과학적 연구와 인문주의적 연구에는 고유의 이론적, 방법론적 '영토'가 있을지 몰라도, 해방적 연구에는 안주할 자기만의 땅이 없다. 전통적 연구자들이 지적하는 방법론적, 이론적 문제점을 개선하여 설득력을 키워가지 않는 한, 비판적 연구의 영향력이 미치는 영역은 계속 줄어들 수밖에 없을 것이다.

3) 비판적 문제의식과 방법론적 개방성

앞으로 비판적 연구가 해방적 관심에 근거한 문제의식과 방법론적으로는 개방적인 자세를 유지해야 한다면, 지금까지의 폐쇄성이 초래한 문제점이 무엇이며, 앞으로 어떤 방향으로 연구 방법을 개선해야 할 것인지 성찰해 보아야 할 것이다.

그동안 영역주의의 폐쇄성이 초래한 문제점은 여러 곳에서 발견되고 있다. 무엇보다도 비판적 영역에 속하는 많은 연구는 서구의 (주로 '최신'의) 이론적 논의를 개념적으로 거론하면서 주제를 확장하는 데 치중하는 바람에 이론을 뒷받침하고 한국의 토양에 맞게 소화하는 데 필요한 분석적인 논의나 구체적 사례 분석은 아직 충분히 축적하지 못했다. 이 과정에서 이론적 실험의 정당성을 위협하는 심각한 병폐도 나타났다. 어떤 이론이 '도입'되고 난 후에는 후속 연구를 통해 철저하게 비판, 검토하는 작업이 누적되기보다는 끊임없이 새로운 영역과 주제를 찾아 헤매는 식의 소재주의가 유행처럼 번졌다. 이 때문에 방만할 정도로 많은 논의가 나왔는데도 업적 축적은 의외로 빈약한 기이한 현상이 발생했다.

연구 주제의 편향성 역시 심각한 문제점이다. 비판적 시각을 표방하는 연구는 주로 철학, 정치 커뮤니케이션, 미디어 산업, 국제 커뮤니케이션, 대중문화 등의 일부 영역에만 집중되어 있어 연구 주제의 폭도 상당히 제한적이다. 비판 언론학 문헌에서 자주 언급되는 '이데올로기'의 구체적인 사례인 언론 윤리 법제 부문에는 비판적 연구가 아직 나오지 않았으며, 사회관계의 미시적 토대라고 할 수 있는 대인 커뮤니케이션interpersonal communication 부문에서도 비판적 시각을 표방하는 연구자는 없다. 기존 학계의 폐쇄적 교육, 학습 풍토는 다양한 분야에서의 연구 업적을 낳는 데 필요한 이론적, 방법론적 훈련의 구비에 장애 요인으로 작용했다.

많은 비판적 연구에서 분석적 엄밀성의 결여는 커다란 문제점으로 지적되는데, 경험적 연구에서 발전시킨 이론과 방법론은 비판적 연구에도 큰 가능성을 갖고 있다. 1970년대 후반에 등장한 분석적 마르크스주의Analytical Marxism는 이러한 측면에서 좋은 예가 된다(가령 Roemer, 1986). 이들은 분석적, 경험적 연구의 장점을 수렴해 마르크스주의에 가해진 비판을 극복하고 마르크스주의 이론에 새로운 생명력을 불어넣었다. 과거의 마르크스주의자와 달리 분석 철학, 게임 이론, 수리경제학 등 '부르주아 사회과학'에서 발전된 연구 방법을 적극적으로 수용했다. 마르크스주의와 비마르크스주의의 차이는 "유물론적 변증법"과 같은 생소한 "방법론"이 아니라, 사회 현상의 원인과 과정에 관한 "핵심적인 주장과 내용"에 있다고 보았기 때문이다(신광영, 1991a: 19).

예를 들자면 미디어 정치경제학은 그동안 구체적인 역사적 시기의 분석을 강조해왔지만, 이러한 구체성을 입증하고 이론화한 연구 성과는 의외로 빈약했다. 지금까지는 주로 '정의definition'로 정의를 검증하는 식의 동어 반복적tautological인 논리에 의한 이론 전개에 치중하거나, 일차적인 수치 나열을 통한 예시 형식으로 현상을 평면적으로 해석하는 데 그치는 경우가 많았다. 분석 철학의 입장에서 보면 가치, 잉여, 생산 양식 등 미디어 정치경제학에서 즐겨 사용하는 일부 이론적 개념들은 명제의 진위 여부를 거론하기 전에, 아예 검증이 불가능해 명제 자체로 성립할 수도 없다. 분석적 마르크스주의는 논란이 많은 이 용어들 대신에 좀 더 분석적이고 검증 가능한 개념으로 대체하여 논리를 설득력 있게 재구성하려 시도했다.

방법론 측면에서도 경험적 연구의 발전된 기법을 응용해서 장기간에 걸쳐 대량의 변인(통계 자료)을 계량적으로 분석하는 작업은 '자본주의 경제의 동학 분석'이나 '국면 분석'을 진전시키는 데도 큰 도움을 줄 수 있다. 실제로 분석적 마르크스주의자인 존 뢰머John Roemer(1986)는 논란의 여지가 많은 노동가치론 대신에 재산 관계 분석에 기초하여 착취론을 재구성하려 시도했다. 국내외의 언론 산업에 관한 정치경제학 연구가 주로 '소유 구조' 자료의 평면적 기술에만 치중해 왔음을 감안할 때, 뢰머의 접근 방식은 이 자료들을 입체적으로 연계해 분석하는 작업에 참고할만한 선례가 될 것이다. 물론 독특한 인식론에 근거한 정치경제학을 경험주의의 계량적 방법으로 대체할 수 없다는 주장도 일리는 있다. 하지만 인식론적인 출발점에 관계없이 구체적인 현실 분석에서 설득력을 갖추지 못한다면 마르크스주의의 틀은 현실에 적용되지 못하고 퇴출될 수밖에 없다. 마르크스주의의 생산적 계승을 위해서는 경험적 수준의 자료 처리, 예증 등에서 논지 전개의 논리성이 필수적이다.

오늘날의 비판적 연구는 안팎으로 온갖 도전에 직면하고 있다. 밖으로는 전통적 사회과학에서 이론적, 방법론적 성과가 축적되면서 제기되는 도전에 대응해 설득력 있는 이론적, 방법론적 대안을 만들어 내야 한다. 또한 안으로는 내부적 분화, 이질화에 따른 정체성 위기, 즉 비판적 연구는 과연 무엇인가 하는 질문에 대답해야 하는 이중적 과제에 직면해 있다. 이제는 비판적 연구도 이전처럼 전통적 연구와 여러 면에서 뚜렷이 구별되는 실체로서의 정체성을 고집하기는 어렵게 되었다. 따라서 비판적 연구는 분야 안팎의 변화를 적극적으로 수용하고 급변하는 현상을 설명할 수 있는 패러다임으로 변신해 학문적 영향력을 더 확대해 나갈 필요가 있다. 비판 언론학에서 지난 1970~1980년대는 전통적 연구의 패권에 도전하여 학계 내부에 '진지'를 구축하는 시기였다. 이제는 그 구덩이 속에 안주하지 않고 변화해가는 지형 속에서 학문적 영향력을 확대해 나가는 노력을 기울여야만 미래에도 학문으로 존속할 수 있을 것이다.

4. 수정주의의 실천적 함의: 사회주의에서 급진적 다원주의로

비판적 연구는 다양한 이론적, 방법론적 흐름을 도구로서 유연하게 포괄할 수 있는 폭넓은 개념이다. 하지만 현실과의 관계에서는 주어진 현실의 변화를 지향하는 해방적 관심에서 출발한다는 점은 비판적 연구에서 변하지 않는 본질적 특징이다. 그렇다면 비판적 연구의 저변에 깔려있는 해방적 관심의 내용, 혹은 비판적 연구가 지향하는 현실 극복 방향은 어떠한 것인가? 과거의 비판적 연구가 추구한 해방은 어떠한 문제점을 안고 있으며, 수정주의 전통의 문제의식은 어떠한 대안을 제시하는가?

1) 해방의 방향으로서의 '문제틀'

어떤 형태로든 인간 해방에 대한 관심이 비판적 사회 연구의 저변에 흐른다고 한다면, 커뮤니케이션 영역에서 '해방'의 현대적 의미와 내용은 무엇인가? 또한 마르크스주의, 혹은 넓은 의미에서 비판적 연구가 추구하는 문제의식과 '실천' 방향은 어떠한 것인가? 비판적 연구의 성격은 이론적인 맥락에서뿐 아니라 특히 문제의식의 결정에서 동시대의 역사적 상황에서 크게 영향을 받는다. 전통적 마르크스주의자에게 해방은 자본주의 체제 극복과 사회주의 가치 실현을 의미했다. 그러나 오늘날의 비판 사회과학은 한국 사회의 정세 변화, 서구 자본주의 사회의 노동 계급 보수화, 동구권 사회주의 체제 실패 등의 현실에 대한 처방을 이론에 반영하려고 노력하고 있다. 그렇다면 한국 비판 언론학이 지니는 실천적 함의, 혹은 이들이 극복하고자 하는 체제 모순, 표방하는 '대안적' 가치는 어떠한 모습을 띠는지 검토하는 것은 비판적 연구의 현황 진단에 필수적이고 유익한 작업일 것이다.

초창기의 비판 언론학은 학계의 제도적 지식 생산 방식뿐 아니라 한국 사회의 구조적 문제점에 대해 비판적 문제의식을 품은 학문 후속 세대를 중심으로 시작되었다. 하지만 이들이 공유하는 비판적 시각 내에서도 다양한 정치적 노선 분화가 이루어져, 비판적 연구가 취하는 노선을 한마디로 규정하기는 어렵다. 가령 비교적 정통적orthodox 마르크스주의 노선에 가깝다고 분류할 수 있는 접근 방식으로는 '유물론적 접근'(김승수, 1990), '정치경제학적 접근'(가령 김왕석 외, 1990; 문종대, 1990; 성동규, 1990; 이용준, 1990; 정연우, 1990), '레닌주의적 언론 이론'(정용준, 1989) 등을 들 수 있다. 또 다른 극단에는 "공개장public sphere"과 같은 열린 언로言路 복원이라는 자유주의의 문제의식을 추구하는 온건한 비판 이론도 존재한다(방정배, 1988). 그러나 이 두 극단의 중간에는 자본주의 지배 체제 내에서 상부 구조 영역의 상대적 자율성을 강조하는 알튀세르, 안토니오 그람시Antonio Gramsci 등 서구 마르크스주의 이론, 문화나 정치 영역에서의 해방을 계급 해방에서 단절시켜 절대적인 자율성을 부여하는 포스트모더니즘이나 포스트마르크스주의 등이 다양한 형태로 널려 있다(이 조류의 요약으로는 박명진, 1989).

한국의 비판 언론학 내부에서 일어난 접근 방식의 분화에도 불구하고, 각 이론이 추구하는 실천적 문제의식이 어떠한 성격을 띠는지, 상이한 접근 방식이 추구하는 대안이 과연 현실에 적합한지는 충분히 논의되지 않았다. 과거 역사를 돌이켜 보면 전통 마르크스주의 진영에서도 새로운 이론이 등장할 때는 실천적 함의나 문제의식도 함께 바뀌었다. 비판적 연구에서 접근 방식의 '선택'은 그 접근 방식의 실천적 차원, 즉 정치 전략과 뗄 수 없는 관계를 맺고 있다. 연구의 중점을 토대에서 상부 구조로 옮기거나 연구 대상, 가령 상부 구조의 상대적 비중을 바꾸는 것은 그 연구의 실천적인 함의, 즉 알튀세르의 용어로는 '문제틀'의 변화를 의미한다. 비판 이론의 적합성이란 어떤 면에서는 문제틀의 현실적 적합성을 말한다. 따라서 비판적 이론의 근저에 흐르는 문제틀이 한국 상황에 적합한지를 검토하는 작업은 이론의 토착화를 위해 필수적인 과정이다. 단순화의 위험을 무릅쓰자면, 지금까지 비판적 연구에서는 다양한 접근 방식이 쏟아져 나왔지만 이 접근 방식의 문제틀이 시사하는 실천적 함의에 관한 논의는 제대로 이루어지지 않았다.

여러 사회 모순, 억압적 관계의 극복을 지향하는 '해방적 관심'이 비판적 연구의 가장 본질적인 특징이라 할 때, 문제틀은 해방이 지향하는 방향과 실현 전략으로 표현된다. 한국 비판 언론학의 문제틀이 과연 적합한지 검토하는 작업은 곧 비판적 연구가 지향하는 해방 방향과 실천 전략이 한국 상황에 적실성이 있는지 검토하는 작업을 포함한다. 비판 언론학자들은 '자본주의' 커뮤니케이션 양식의 비판적 분석을 시도한다는 점에서는 어느 정도 일치하지만, 현실 개혁 전략과 대안적 방향 제시에서는 모호하거나 많은 편차를 보인다. 과연 지금까지 비판적 연구의 문제틀에는 어떤 문제점이 있었으며, 포스트마르크스주의와 같은 '수정주의' 이론의 문제의식이 던져주는 실천적 함의는 무엇인가? 이 접근 방식들이 주는 실천적 함의라는 차원에서 기존의 비판적 연구를 검토해 볼 필요가 있다.

2) 마르크스주의의 한계와 수정주의 전통

기존의 비판적 연구에 가장 큰 이론적 기반을 제공해 준 것은 마르크스주의 이론이다. 한국 비판 언론학에서 '유물론적' 접근(김승수, 1990)과 '정치경제학'(김왕석 외, 1990)은 가장 전통적이고 급진적인 마르크스주의 노선으로 분류할 수 있다. 이 접근 방식들은 자본주의 체제의 모순을 기본적으로는 생산 양식이라는 경제적 계기와 이에 근거한 계급 범주에서 찾는다는 점에서 전통적 마르크스주의의 노선을 따른다. 실천적으로는 언론을 당파성과 계급성을 띠는, 계급투쟁 수단으로 본다는 점에서 레닌주의의 함의를 갖고 있다.

커뮤니케이션이라는 사회 현상의 모순을 분석하는 방식은 커뮤니케이션 제도의 모순이 사회 구조 전반의 모순을 부분적으로 혹은 주변적으로 반영한다고 보는지, 아니면 커뮤니케이션 영역에서의 해방이 나름대로 독자성을 지니는 영역이라고 보는지에 따라 크게 달라진다. 이처럼 진부해 보이는 질문은 상당히 중요한 함의를 지닌다. 만일 정치경제학에서와 같이 전자의 입장을 취할 경우, 커뮤니케이션 영역에서 지배 체제의 모순은 기본적인 사회 구조가 자본주의 상품 생산 원리에 의해 움직이는 모순된 구조이기 때문에 생겨난 필연적인 산물이다. 따라서 진정한 해방은 자본주의 체제 극복, 즉 김승수의 주장처럼 "궁극적으로는 언론 생산수단의 사회화"(김승수, 1990: 426)에 의해서만 달성될 수 있다. 또한 대안 언론의 역할은 "운동 세력의 통제 아래"에서 "사회변혁운동과 운명을 같이 하며 계급운동의 연장"(김승수, 1990: 425) 선상에 있게 된다. 이 시각에서 보면 언론은 나름대로 독자적인 가치를 지니는 해방의 영역이라기보다 사회 구조의 근본적인 변혁에 기여하는 보조적이고 도구적인 수단으로서만 가치가 있다.

하지만 경제적 관계가 다른 모든 영역의 관계를 결정한다고 보는 경제주의 시각은 언론과 같은 상부 구조 영역을 연구하는 데 곧 한계를 드러낸다. 경제주의 접근의 문제점은 크게 두 가지로 정리할 수 있다. 첫째, 커뮤니케이션과 같은 상부 구조 부문에서 일어나는 현상을 경제적 토대의 그림자로 설명하는 데는 상당한 무리가 따른다. 상부 구조는 토대와 마찬가지로 가시적이고 영향력을 행사한다는 점에서 '물질적'인 것이다. 둘째, 커뮤니케이션 영역에서의 '해방'이 경제적 예속 관계의 해방과 밀접한 관계를 맺긴 하지만, 양자가 추구하는 이상理想에는 상당한 차이가 있다.

경제적 정의와 달리 커뮤니케이션 영역에서의 해방은 성취된 목적 못지않게 성취 과정의 중요성도 크다. "혁명의 형태가 혁명 후 사회의 형태를 규정한다"는 그람시의 말은, 커뮤니케이션 영역에도 적용될 수 있다. 역사적으로 동구권 언론이 관료적 권위주의의 경로를 밟은 것은, 바로 권위주의적인 '진리 독점' 방식을 통해 자본주의에서 '해방'되었기 때문인지도 모른다. 물론 커뮤니케이션 영역의 독점

자본화에 대한 비판적 분석은, 경제(노동) 영역이 생활 세계의 자율성을 침범해가는 과정을 명쾌하게 밝혀 준다. 하지만 경제 영역에서의 모순(독과점화) 극복이 곧 자유롭고 해방된 언론 활동(가령 언론 자유의 확보)을 보장하지는 않는다.[5] 정치나 이데올로기 영역에서의 해방은 경제 영역에서의 해방과는 관계없이 별도로 성취되어야 할 과제다. 양자 간에는 논리적 인과관계가 성립하지 않는다는 사실은 현실 사회주의 체제의 어두운 역사적 경험이 잘 보여 준다.

정치경제학적 접근의 한계는 마르크스주의가 기본적으로 노동과 생산의 문제틀로 사회 현실의 '총체적' 파악과 극복을 시도한다는 데에서 기인한다. 많은 비판 언론학자가 이러한 한계를 인식했기 때문에 마르크스주의 전통을 계승하면서도 마르크스주의 문제틀의 한계를 수정, 보완하려고 노력하는 과정에서 수정주의 전통은 시작되었다. 이렇게 보면 비판 언론학에서 수정주의 전통은 상당히 뿌리가 깊다고 할 수 있다. 하지만 수정주의 마르크스주의 연구 안에서도 텍스트의 이데올로기성을 강조하는지, 혹은 수용자 집단의 자발적인 의미 구성에 치중하는지에 따라 연구가 지향하는 정치 전략이나 이념적 가치에서 상당한 편차가 발생하게 된다.

가령 그람시와 알튀세르의 문제의식에 영향을 받아 이데올로기 분석이나 의미 영역에서의 투쟁과 같은 상부 구조 차원에 치중하는

5 이러한 문제점은 다름 아니라 마르크스의 이론의 노동/생산 중심적인 경향에서 연유한다는 하버마스의 비판은 많은 시사점을 준다(Habermas, 1971/1974: 168~169).

연구(가령 Hall, 1983, 1985 등 영국의 문화연구)는 전통 마르크스주의 정치 노선과 비교해 볼 때 상당히 수정주의적인 함의를 담고 있다. 우선 가장 흔히 언급되는 알튀세르의 이데올로기론의 문제의식을 받아들일 경우, 대중은 영구히 벗어날 수 없는 이데올로기 담론의 굴레 안에서 맴돌게 되고 필연적으로 이 노동자 계급의 '객관적인 이해'를 대변하는 전위 지식인의 역할이 부각된다. 이는 당의 전위 역할을 강조하는 레닌주의 정치 노선과 흡사하다. 그러나 이러한 레닌주의 경향에도 불구하고, 구조적 마르크스주의는 이데올로기와 정치 영역의 자율성을 강조하기 때문에 무정부주의 노선의 가능성을 동시에 열어 주었다. 그람시는 자본주의 사회가 수많은 위기를 넘어 유지될 수 있는 것은 '시민 사회civil society'와 같은 동의consent 생성 메커니즘을 통해 위기와 도전을 흡수, 소화할 수 있기 때문이라고 보았다. 이 점을 감안하면 그람시는 비록 레닌주의 정치 노선을 표방했지만 그의 이론은 다분히 수정주의적 함의를 갖고 있다(그람시를 시민사회론적 입장에서 해석하는 견해로는 김성국, 1991a를 보라).

만일 알튀세르나 그람시의 개념을 이론에 도입하면 이론의 전체 틀 자체가 바뀌게 된다. 새로운 요소의 도입은 단순히 정치경제학적 시각의 이론적 한계점을 '보완'해서 자본주의 지배 체제의 좀 더 '종합'적인 그림을 보여 주는 정도의 변화에 그치지 않는다. 이질적인 개념들의 도입은 동시에 전통적 시각의 문제틀을 해체, 수정하는 방향으로 이른다. 말하자면 정통 마르크스주의 시각의 보완은 역설적으로 마르크스주의의 요소를 해체하는 '수정주의'의 문제의식이 들어오는 문을 열어 준다. 가령 알튀세르는, 생산 수단의 소유 구조(경제적 차원)에 근거한 계급의 객관적 대립 관계가 이데올로기나 담론 영역에서의 관계와 반드시 일치하지 않을 뿐 아니라 이데올로기 영역의 투쟁 양식은 경제적 실천과는 이질적인 논리에 따라 진행될 수 있다고 인정했다. 이때 알튀세르는 사회적 실천에서 여전히 계급 범주의 우위를 고수하려 하지만 이미 마르크스주의의 본질적 범주이던 '계급'이라는 요소는 빛바랠 운명에 처해진다.

알튀세르의 이론을 응용하면, 자본주의 체제하 미디어 산업에서 벌어지는 '계급 투쟁'은 객관적 대립 관계에 의해서뿐 아니라 직업 이데올로기와 같은 담론적 요소에 의해 크게 변형될 수도 있게 된다. 계급 관계의 근간을 구성하는 노동 과정을 단순히 정치경제학의 틀로서만 설명하는 것도 어렵게 된다. 알튀세르는 마르크스주의자로서 경제적 계기가 최후의 심급에서 결정한다determinant in the last instance고 단서를 붙이는 방식으로, 계급의 경제적 결정과 이데올로기적 결정 사이에 마지막 끈을 이어놓았다(Althusser, 1977). 그러나 이와 동시에 알튀세르는 자신의 이론 체계 내에 이미 이러한 고리가 해체될 운명도 마련해 두고 있었다.

이처럼 마르크스주의의 틀을 점진적으로 수정, 보완함에 따라 결국 경제, 정치, 이데올로기, 법률 영역에서의 실천이나 계급 투쟁은 각기 고유의 독자적 논리와 메커니즘에 의해 진행되는 것으로 바뀌게 된다. 문화연구cultural studies 전통에 속하는 수많은 연구는 이 과정을 관찰하여 생생히 기록했다. 더구나 연구 대상이 되는 어떤 사회와 문화는 순수한 자본주의 메커니즘의 구현이라기보다는 수많은 인간의 삶의 축적인 '전통'이나 생활방식과 얽혀있다. 한국의 미디어 양식은 단순한 자본 논리의 구현일 뿐 아니라, 언론을 공적인 활동으로 이해하는 전통 유교 문화 담론의 잔재,[6] 권위주의 작업 관행 등 수많은 요소가 얽혀 이루어진 총체적 산물이다. 이러한 삶의 총체로서의 문화를 연구하는 데 마르크스주의 패러다임은 하나의 참고는 될지언정 일관된 지침이 될 것이라고 기대하기는 어렵다.

실제로 서구 사회의 문화연구들은 마르크스주의 이론의 계급 범주보다는 인종이나 가부장적 성차별 제도, 관습과 같은 요소의 중요성을 강조해, 사회 변혁에서 아나키즘, 페미니즘과 같은 비계급적인 진보적 운동의 잠재력을 부각했다(Centre for Contemporary Cultural Studies, 1982; Women's Studies Group, Centre for Contemporary Cultural Studies, 1978 등의 선구적인 저작이 좋은 예다). 비판적 전통에 서 있는 많은 연구는 이미 마르크스주의에서처럼 '역사적 진실' 파악과 총체적 대안 제시를 담당하는 '큰 이야기meta-discourse'보다는 부분적인 대안을 제공하는 수많은 작은 담론minor discourses의 중요성을 강조했다. 따라서 마르크스주의처럼 거시적 청사진에 따라 현실 개혁을 꾀하는 모더니즘적, 합리주의적 이론의 문제틀이 갖는 한계성을 감안하면, 그 문제틀의 완전한 해체를 주장하는 포스트모더니즘 이론과 실천이 등장할 길은 이미 예비된 셈이다.

이처럼 비판적 연구의 성격을 규명하는 데 이론의 문제틀을 검토하는 작업의 중요성에 대한 인식은 아직 부족하기만 한다. 그 결

6 조선 시대 언론 3사(홍문관, 사헌부, 사간원)의 활동 양상은 현대 한국 언론에서 이상화하는 직업상과 높은 친화성을 보여 준다(이상희, 1993).

과 일부 연구자들은 각 개념이 가지는 문제틀을 검토하지 않은 채 이질적 개념을 무분별하게 섞어 썼다. 예컨대 한국의 비판 언론학 일각에서는 이데올로기나 헤게모니 이론을 설명하는 개념을 도입하면서도, 그 이론의 수정주의 문제의식은 심각히 받아들이지 않는 사례도 보인다(김왕석, 1989). 그 대신 단순히 이 분석이 자본주의라는 거대한 지배 체제의 한 부분에 대한 분담 연구에 불과하다고 간주하는 경향이 있다. 따라서 이론적으로 정통적 노선을 표방하는 정치경제학의 문제틀에서도 이러한 부분에 관한 연구를 별다른 거부감없이 수용하기도 한다.

전통적 입장에서 볼 때 새로운 시도는 자칫 고전 마르크스주의의 문제틀을 흔들어놓고 수정주의의 정치 노선을 수용할 위험성을 안고 있다. 새로운 요소의 접목은 정치 전략이나 운동 주체의 변화까지도 함축하기 때문이다. 그런데도 전통주의자들은 이에 대해 새로운 문제틀로 전통적인 마르크스주의 노선에 분열과 논쟁을 가져다주는 시도라기보다는 오히려 마르크스주의 시각의 '과학성'과 타당함을 입증하고 비판적 연구의 풍부함을 입증하는 또 하나의 사례라며 환영하는 웃지 못할 상황도 발생한다. 가령 비판 언론학자인 김왕석은 다음과 같이 적었다.

> 비판적 연구방법 가운데서도 특정한 한 연구 학파의 경향을 따를 경우 인식론적 측면에서 지나치게 〈상부구조 이탈〉 혹은 〈토대의 강조〉 등을 따를 수 있으나 전체적으로 구조주의, 문화주의, 정치경제학, 종속이론 등의 총체적인 연구체계를 변증법적으로 고찰하면 〈결정〉이라

는 말은 경제구조와 모든 복잡한 인간관계의 문화적 행위에 의한 〈압력과 제한〉이 동시에 작용한 결과로 파악할 수 있게 된다(김왕석, 1989: 32).

여기서 김왕석은 다양한 노선에 속하는 개념과 접근 방식을 하나의 큰 이론틀 속에 포용하는 개방적인 입장을 취하는데, 어떤 점에서 이 입장은 마르크스주의를 빙자한 다원주의 이론에 가깝다. 이와 같은 절충주의 견해는 취지와 달리 이론을 원래의 문제틀과 정치적 맥락에서 유리시키는 탈맥락화 효과를 초래한다. 한국의 비판 언론학이 서구의 급진적 이론을 도입하면서, 극도로 정치적이고 급진적인 것 같으면서도 동시에 정치적 맥락에서 유리된 탈정치화라는 부작용을 낳은 원인은 이러한 무분별한 절충주의에도 있다.

이상에서 살펴본 것처럼 마르크스주의 커뮤니케이션 연구의 역사는 수정주의의 역사라 할 만큼 다양한 수정, 보완 작업으로 점철되어 있다. 이는 많은 연구자가 커뮤니케이션 연구에서 마르크스주의 문제틀의 적합성이나 유용성의 한계를 이미 오래전부터 인식했음을 말해 준다. 포스트마르크스주의가 제기하는 문제의식도 넓게 보면 이러한 수정주의 흐름의 연장선상에 서 있다. 어떤 의미에서 포스트마르크스주의는 완전히 새로운 문제를 제기했다기보다는 비판 언론학이 오랫동안 안고 고민해온 낯설지 않은 문제점을 다시 성찰해 보는 계기를 제공한 데 불과하다. 물론 어떤 경우에든 서구의 이러한 사상 조류들의 문제의식을 한국 사회의 현실에 그대로 적용할 수는 없을 것이다. 그렇다고 해서 이 신사조들이 제기하는 문제의식을 거부하고 종래부터 사용해오던 익숙한 개념과 주장을 주문처럼 반복하는 것 역시 시대착오적이고 비생산적인 자세다. 오히려 마르크스주의 비판 연구자들은 포스트 이론이 제기하는 극단적이고 파괴적으로 보이는 도전까지도 세심하게 검토, 수용하여 기존의 연구를 새로운 모습으로 혁신해나가는 계기로 활용할 수 있어야 한다.

3) 포스트마르크스주의의 함의

'포스트마르크스주의'라는 개념에서 '포스트post-'라는 접두사는 '단절'을 뜻하는 '탈'이라는 의미와 '계승'이라는 뜻의 '후기'라는 용어로 동시에 번역할 수 있다. 마르크스주의 원전 인용에서 더 이상 윤리적, 정치적 정당성을 찾을 수 없다는 의미이기도 하고, 마르크스주의의 진정한 계승은 마르크스주의 이론 체계의 창조적 해체를 거쳐야 한다는 뜻으로 받아들일 수도 있다. 만일 전통적 마르크스주의와 단절하는 동시에 계승한다는 의미에서 포스트마르크스주의를 이해한다면, 이는 서구 마르크스주의Western Marxism 전체를 포괄하는 방대한 범위에 이른다. 그러나 일반적으로는 에르네스토 라클라우Ernesto Laclau, 샹탈 무페Chantal Mouffe, 폴 허스트Paul Hirst, 배리 힌데스Barry Hindess 등 제한된 범위의 학자를 지칭하는 용어로 통용된다(신정완, 1992: 173). 그중에서도 가장 자주 언급되는 라클라우와 무페의 주장을 살펴보자.

우선 이들은 마르크스주의에서 중심적인 개념이던, 통일성을 갖춘 체계로서의 '총체성totality' 추구를 거부한다는 점에서 두드러진다. 그 대신에 '사회성the social'이라는 개념을 통해 이들은 사회가 더 유동적이고, 여러 요소(가령 정치와 경제) 간의 필연적 인과 관계를 상정할 수 없는 열린 공간이라고 본다. 전통적으로 마르크스주의는 자본 운동 법칙과 그에 따른 자본주의 체제의 필연적 위기론을 강조하는 등 기본적으로 필연성의 논리the logic of necessity로 복잡한 사회 현상을 파악하려 하였다. 또한 이론과 들어맞지 않는 부분은 상황이라는 우연적 요인으로 돌리는 우연성의 논리the logic of contingency를 동시에 사용하는 이중적 자세를 취하는 식으로 이론적 정당성을 고수해왔다고 한다. 그러나 라클라우와 무페는 각 사회가 처한 상황의 복잡성은 예외가 아니라 모든 형태의 사회적 실천이 이처럼 복잡한 상황에서 일어나게 된다고 본다(Laclau & Mouffe, 1985: 71). 이 주장은 개념적으로 볼 때 전혀 새로운 것은 물론 아니다. 그람시, 알튀세르 등 서구 마르크스주의자들은 대부분 경제적 법칙과 같은 필연성의 논리로 사회를 설명하는 경제적 환원론을 지속적으로 비판했다. 그럼에도 불구하고 포스트마르크스주의 이론은 기존 마르크스주의의 금기를 깨뜨리고 현재의 맥락에서 독특한 실천적 노선을 제시한다는 점에서 큰 의미가 있다.

만일 사회라는 총체적인 체제 내에 전체 사회 과정을 설명해 주는 어떤 결정적이고 중심적인 요소, 가령 생산 관계와 같은 경제적 계기가 없다면 여기서 다음과 같은 결론을 이끌어낼 수 있다. 우선 경제적 관계에 근거를 둔 '계급'이라는 범주가 사회 갈등의 여파로 전개되는 사회 변혁 운동에서 핵심적인 역할을 할 수 없게 된다. 물론, 노동 계급만이 계속해서 지도적인 핵심 부문으로 남아야 할 정치적, 도덕적 이유도 사라진다. 계급 갈등뿐 아니라 환경, 인종, 성별, 지역 등 여러 사회 부문에서 전개되는 다양한 사회적 구분과 갈등도 정치적 중요성을 띠게 된다. 사회 변혁 운동은 노동 계급의 주도하에 일사불란하게 수행되는 계급 투쟁만이 아니라 정치권 밖의 다양한 사회 집단 사이에서 일어나는 진보적 운동 간의 결집을 통해 진행된다. 노동자 계급 주도하의 계급 투쟁과 같은 '구사회 운동'은 여성 해방, 반핵 운동, 환경 운동, 인종 차별 철폐 운동 등 다양한 운동 집단이나 이들 간의 연대를 통해 수행되는 '신사회 운동the new social movements'에 사회 변혁 세력으로서 중심적인 자리를 넘겨주게 된다.

라클라우와 무페가 추구하는 '해방'은 각 사회 영역의 자율성에 독자적인 가치를 부여해 "민주적 다원성democratic plurality"(Laclau & Mouffe, 1985: 71)을 확보하는 데 중점을 둔다. 계급 해방이라는 사회주의의 이상이 실현된다고 해서 전통적 마르크스주의자의 주장처럼 정치적 민주주의가 실현되지도 않으며, 각 부문의 민주주의는 계급 해방 여부와는 무관하게 동시에 힘겹게 쟁취해야 할 이상이 된다. 이 주장은 자유주의의 정치적 이상이던 공적 영역 확대와 다원주의를 마르크스주의에 파격적으로 수용했다. 마르크스주의 역시 과거처럼 평등 추구에 그치지 않고 자율성과 자유라는 가치를 조화시키는 '급진적 민주주의radical democracy'를 지향해야 한다는 것이다.

마르크스주의에 이처럼 자유주의 문제의식이 도입될 경우 변혁 주체와 방법 측면에서 제기되는 문제점을 놓고 사회과학 일각에서는 격렬한 논쟁이 벌어졌다. 이른바 '시민사회론'은 이러한 논쟁의 맥락에서 대두되었다(가령 김성국, 1991b; 백욱인, 1991; 신광영, 1991b; 유팔무, 1991). 시민 사회란 국가에서 독립해 형성된 자율적인 공간으로 가장 대표적인 사례가 언론이다. 그렇다면 이러한 논의가 비판 언론학에 던져 주는 함의는 무엇일까? 역설적이게도 이는 종래 비판적 연구자들이 공격해온 다원주의와 자유주의의 가치인 고전적인 언론 자유 이론을 다시 비판적 연구의 관심사로 끌어들이게 된다.

마르크스주의 문제의식은 커뮤니케이션 영역의 해방이 적극적으로 실현되어야 할 독자적인 가치라기보다는 '계급' 해방에 부수적인 가치로 취급하는 경향이 있다. 많은 비판적 연구자들은 자본주의 체제 내에서 기능하는 모든 이념, 법률, 도덕의 요소, 즉 자본주의의 체제 이념인 자유주의, 다원주의 가치 체계, 법적, 정치적 장치 등을 체제 유지 차원에서만 파악하는 기능주의의 경향을 드러냈다. 특히 그람시의 헤게모니 개념이 비판적 연구에 무비판적으로 흡수되는 바람에 이러한 편향적 해석의 위험성은 더욱 커졌다. 그람시의 시각에 따르면 자본주의 체제가 피지배 계층의 욕구를 부분적으로 수렴하는 시민 사회 영역을 통해 이들의 '동의'를 얻어내는 방식으로 지배 체제가 도덕적 정당성을 유지하게 된다는 것이다. 이렇게 되면 체제 도전적이고 급진적인 목소리가 용인되면 될수록 체제의 헤게모니는 더욱 강화된다는 역설이 발생한다.

그동안 비판적 연구는 자본주의 커뮤니케이션 양식의 '극복'을 지향하면서 전통적인 자본주의 언론의 담론을 단순히 '부르주아적인 환상'으로 치부하는 경향이 있었다. 커뮤니케이션 영역에서 자유주의나 다원주의의 가치 실현을 공허한 환상으로 전락시키는 자본주의 메커니즘을 분석하고 규명하는 데 마르크스주의 이론이 크게 기여한 것은 부인할 수 없다. 그러나 커뮤니케이션이 단순히 자본주의 제도 극복을 지향하는 변혁 운동 '수단'의 역할 외에 어떠한 적극적 가치를 지니는지, 혹은 사회주의 체제는 언론이 나아가야 할 어떠한 대안적인 가치를 제시할 수 있는지에 대해 마르크스주의 이론은 여전히 설명하지 못하는 공백을 남겨놓았다.

하버마스가 지적했듯이 마르크스주의는 노동 영역에서의 억압 문제는 예리하게 파헤쳤으나 상호 작용, 즉 생활 세계의 지배 메커니즘을 분석하고 극복 방향을 제시하는 데는 많은 한계를 드러냈다 (Habermas, 1971/1974: 168~169). 자본의 논리가 생활 세계를 식민지화해 민주적인 커뮤니케이션 양식의 구현을 억압했다고 보는 정치경제학의 분석은 타당한 지적이다. 하지만 자본이 추방되고 난 후 커뮤니케이션 영역이 어떠한 가치 위에 어떠한 방향으로 건설되어야 하는지는 공백으로 남아 있다. 그람시, 알튀세르, 포스트마르크스주의에 이르기까지 전통적 마르크스주의의 생산주의, 경제주의 경향에 대해 끊임없이 제기된 수정과 도전은 이러한 한계에서 탈피하려는 노력으로 볼 수 있다. 자유라는 가치와 평등 구현, 민주주의 실현과 계급적 해방은 동시에 실현해야 할 이상이지만, 둘 사이에는 아무런 논리적 인과 관계가 없으며, 계급적 착취 소멸이 정치적 민주주의를 보장하지는 않는다고 포스트마르크스주의는 주장한다. 이들의 견해는 마르크스주의의 파격적인 수정으로, 커뮤니케이션 영역에도 적용할 만한 의미 있는 내용을 담고 있다.

따라서 다원주의와 자유주의 사상의 전통은 커뮤니케이션 영역에서의 해방을 추구하는 비판적 연구자가 앞으로 재해석하고 자리매김 해 주어야 할 부분이다. 포스트마르크스주의 문제틀은 자유주의 전통에서 진보적인 요소가 마르크스주의 이론 내에서 정당한 평가를 받을 수 있게 해 주었다는 점에서 의의가 있다. 전통적으로 언론 영역에서 오랫동안 사용된 담론, 가령 언론 자유, 책임, 다양성 등은 자유주의의 유산이기는 하지만 긍정적이고 진보적인 성격을 띠는 것이고 실제로 만족스런 대안적 가치를 제시하지 못한 마르크스주의 성향의 연구자도 부분적으로는 수렴하는 가치다. 예컨대 구체적인 내용은 분명치 않으나 "민주적 커뮤니케이션 양식"(김승수, 1986: 63)이라든가, 넓게는 생활 세계/문화 영역에서의 자생성/자율성, 혹은 공개장에서의 다양성 등을 지향하는 대안 언론, 대항 언론과 같은 개념은 표면적으로 주장하는 것보다는 다원주의, 자유주의 담론에 훨씬 근접해 있고, 자유주의 법제의 테두리 내에서도 정당성을 찾을 수 있는 담론 영역이다. 어떤 의미에서는 자유주의 언론의 이데올로기와 비교할 때 비판적 연구의 '대안'이 가지는 차별성은 실제보다 훨씬 과장되어 있다.

포스트마르크스주의는 실천 부문에서도 자생적인 언론 수용자 운동, 시민 언론 운동, 공정 보도 운동 등을 국가로부터 자유로운 '시민 사회' 공간 확충을 시도하는 진보적인 '신사회 운동'으로 평가하고, 이 운동에 정당한 이론적 위상을 찾아줄 수 있을 것이다. 이 운동 양식들은 '부르주아 개량주의' 차원으로만 매도할 수 없는 진보적인 잠재력을 지닌다. 커뮤니케이션 해방 운동이 추구하는 가치가 궁극적으로는 자유, 자율성, 개방성과 같은 자유주의 가치와 친화성이 높을 뿐 아니라 이러한 가치 실현에는 결과 못지않게 실현

과정이 중요하기 때문이다. 마르크스주의가 추구하는 생산, 발전 위주의 해방 이념은 이러한 가치 공백을 메워 주지 못했다.

수정주의 문제의식 도입이 곧 마르크스주의 이론의 이론적 유용성을 부정하지는 않는다. 단지 이론적 급진주의가 곧 '실천적' 성격을 강하게 지니지는 않으며, 오히려 지나친 급진주의 원칙의 고수는 실천적 차원을 위축시키는 의도하지 않은 부작용을 초래할 수도 있다. 마르크스주의 이론의 계급 중심적인 성격은 많은 비계급적 진보적 운동에 주변적, 개량주의적, 일시적인 위상을 부여하는 바람에 변혁 운동에서 올바른 자리매김을 어렵게 하고 있을 뿐이다. 이렇게 볼 때 비판 언론학의 지적 계보는 단순히 정통 대 개량주의라는 이분법적 노선 구분이 아니라 다원적인 축에 따라 다시 그릴 수도 있다. 마르크스주의에서의 이탈을 단순히 '명분론적' 입장에서 판단하기보다는 커뮤니케이션이라는 사회 현상 분석에서 마르크스주의 이론의 한계성을 검토하고 마르크스주의의 본질적 요소에 대한 다양한 지적인 실험까지도 수용하는 좀 더 건설적인 자세가 필요하다. 이러한 실험 정신에 대한 포용성은 마르크스주의 커뮤니케이션 이론 자체에도 새로운 활력을 불어넣는 청량제 구실을 할 것이다.

5. 수정주의와 비판 언론학의 과제

한국 비판 언론학에서 수정주의 운동은 극히 최근에 관심사로 떠오르게 된 '사건'이다. 그러나 수정주의 전통은 비판 언론학이 초창기부터 안고 있던 문제와 직면하면서 씨름해오는 과정에서 서서히 전개된 오랜 변화의 흐름에 근거한다. 사건은 그 극적인 성격 때문에 손쉽게 많은 사람의 눈을 끌지만, 그 현란함 때문에 때로는 저변에 조용히 진행되는 장기적 변화를 제대로 깨닫지 못하게 하는 경향도 있다. 비판 언론학이 깃발을 내건 이래 이론, 방법론, 실천 노선 등 각 부문에 다양한 수정주의 조류가 흘러 들어왔다. 이 수많은 작은 물줄기가 가져온 변화는 이제 '비판 언론학'이라는 개념 자체에 대해서도 재검토를 요구하고 있다. 이러한 장기적인 변화의 흐름을 우리가 그동안 깨닫지 못했다면, 이는 아마 그간 비판 언론학의 제도적 팽창에 현혹되어 자신의 위상을 점검하고 성찰해 볼 여유조차 없었기 때문일지도 모른다.

한편으로는 사회과학 전반의 진전으로 비판 언론학은 과거 내세운 주장의 근거를 상당 부분 잃었고, 이를 토대로 지금까지 지녔던 학문적 정체성도 고집하기 어렵게 되었다. 한국의 비판 언론학은 이전처럼 이론이나 방법론의 차이에 근거한 폐쇄적인 정체성이 아니라 비판 사회과학의 원래 정신대로 해방과학으로서 위상을 재정립해야 한다. 비판 언론학이 인간의 보편적 가치를 추구하는 학문으로서 본연의 문제의식에 필요하다고 판단하면 이론적, 방법론적으로는 개방적인 자세를 유지해야 한다. 그렇게 해야 변화해가는 시대 환경에서 비판적 연구의 존재 의의를 유지하고 나아가 학문적 영향력을 확대할 수 있다. 긍정적이건, 부정적이건 그간 학문의 발전과 추세 변화에 대응해 비판 언론학은 새로운 방법론적, 이론적 조류를 흡수하여 자신의 위상을 새롭게 잡아나갈 필요가 있다.

오늘날의 역사적 상황 변화를 살펴볼 때 종래 지배적이던 마르크스주의 비판 연구의 문제의식을 재정립하는 작업은 이제 필수적인 듯하다. 마르크스주의 패러다임은 기본적으로 커뮤니케이션 행동의 이상인 자율성과 자유라는 가치를 구현하는 데는 한계가 있다. 이 공백을 메우려면 비판적 연구는 오랜 역사를 지닌 자유주의 언론 사상과 다원주의 언론 이론의 해묵은 먼지를 털어내고 그 가능성과 시사점을 다시 진지하게 검토해야 한다. 과거 비판 이론이 전통적 이론에게 도전장을 던진 것은 비대한 주류의 몰역사성과 근시안적 미시성이라는 한계 때문이었다. 그렇다면 급변해가는 오늘의 역사적 맥락에서는 비판적 연구의 한계성이라는 비슷한 이유로, 비판 이론은 전통적인 지적 유산에 다시 눈을 돌려 독창적인 해답을 모색해야 한다. 마르크스주의 커뮤니케이션 이론의 대수술까지도 감수해야 할지도 모르는 이러한 신축적이고 열린 자세는 어쩌면 마르크스주의의 변증법적 정신에 가장 충실한 것인지도 모른다. 왜냐하면 마르크스주의 이론의 가장 큰 장점은 결국 역사성, 즉 사소한 현상조차도 총체적인 역사적 맥락에서 파악해야 한다는 단순한 진리를 강조한 데 있기 때문이다.

5장

언론학에서 비판적 패러다임의 문제 설정

● 이 장은 "한국 언론학에서 비판적 패러다임의 문제설정: 번성과 전망," 〈한국방송학보〉 15-2호, 2001, pp.343~379를 수정한 것이다.

1. 왜 문제 설정이 문제인가

한국 언론학에서 '비판적 패러다임critical paradigm'(Hall, 1982)은 비판 언론학 또는 '비판 커뮤니케이션' 연구 등으로도 불리는 이론적 흐름으로 1980년대 초반에 싹터 짧은 기간에 극적인 성장과 쇠퇴, 변신을 거듭했다. 이러한 굴곡은 비판적 패러다임에서 문제 설정의 변화를 반영하는 과정이자 연구(자)가 처한 학문 제도 공간과 사회 상황 변화에 대한 대응으로도 해석할 수 있다. 비판적 패러다임 내의 연구 주제는 이론적, 학술적 관심사일 뿐 아니라 동시에 연구자가 살고 있는 사회의 문제에 대한 이들의 반응과 고민을 반영한다. 이 글은 1980년대 이후 비판 언론학에서 제기한 문제의식의 변화를 검토해 보고 지난 연구에 대한 반성과 더불어 앞으로 연구 방향에 대한 함의를 얻고자 한다. 특히 1980년대와 1990년대 두 시기의 대표적인 연구 경향을 '근대modern'와 '탈근대postmodern' 문제 설정이라는 관점에서 검토, 평가하려 한다.

물론 1980년대나 1990년대라는 연대는 시기를 판별하는 숫자로서의 의미밖에 지니지 않으며 두 시간대를 관통하는 어떤 사상사적 흐름 안의 시대 구분을 뜻하지는 않는다. 그렇지만 이 두 시간대는 한국 사회의 특수한 역사적 상황에서 언론학뿐 아니라 사회과학 전반이 겪은 급격한 변화의 특징을 정리하는 데 편리하기 때문에 이 시기 구분을 잠정적으로 받아들이기로 한다. 물론 비판적 패러다임 내에서도 다양한 문제의식과 접근 방식이 얽혀 있고 비슷한 조류 안에서도 연구자에 따라 편차가 클 수 있기 때문에 어떤 시기에 일관된 경향이 존재한다고 가정하는 것은 다소 논란의 여지가 있다. 따라서 이 글에서 제기한 주장은 분명히 본질적으로 단순화의 위험을 안고 있다. 그렇지만 필자가 판단하기에 중요한 흐름이라고 생각하는 문제의식을 선별해서 그 경향이 던져주는 함의나 한계를 고민해 보고자 하는 것이 이 글의 의도다.

비판적 패러다임에서 문제의식, 혹은 문제틀의 변화는 시대 상황이나 인접 사회과학 분야 전반의 지적 풍토, 지식 생산과 전수 구조 등과 큰 관련이 있으며, 이론적 관심사와 문제 설정은 어떤 형태로든 그 시대의 시급한 현안에 대한 연구자의 이론적 파악임과 동시에 실천적 개입의 성격을 띤다는 전제에서 이 글은 출발한다. 이 점을 염두에 두고 1980년대와 1990년대의 비판적 연구가 제기한 여러 문제를 살펴본다.

이 글에서 인용한 문헌은 그 자체의 학술적 중요성이나 연구 수준보다는 시대적 징후를 읽어 내는 데 적합한지를 기준으로 선정했다. 따라서 여기 인용된 문헌들을 비판적 패러다임의 여러 흐름 내에서 이루어진 가장 대표적이고 뛰어난 저작으로 간주하는 것은 아니며, 주로 두드러진 연구 경향을 파악하는 데 유용한 지표이자 사례로서 그 의미를 평가했다.

2. 전환기의 비판적 패러다임, 단절과 연속성

1980년대와 1990년대 한국 언론학에서 비판적 패러다임의 문제의식과 지적 분위기, 연구 경향 사이에는 연속성도 존재하지만 단절에 가깝다 할 수 있을 정도로 뚜렷한 시대적 차이도 존재한다. 이러한 변화는 서로 밀접하게 얽혀 있지만 편의상 몇 갈래로 정리할 수 있다. 첫째는 마르크스주의 계급 정치가 퇴조하고 '소수자 운동' 확산과 탈정치화가 진행된 것이고, 둘째로는 미디어와 사회의 관계를 중시하던 거시적 접근에서 미시적 접근으로 이동한 것, 셋째로는 학계 재야 운동에 머물던 비판적 연구의 제도권 진입 등을 들 수 있다.

1) 계급 정치에서 '소수자 운동,' 탈정치로

1980년대는 강압적인 권위주의 체제가 지배하던 시대로서 암울한 사회 상황의 극복을 모색하려는 정치적 문제의식이 비판 언론학의 연구 주제나 접근 방식에도 강하게 투영되어 있었다. 이는 당시 비판 언론학을 시작하고 주도한 세력이 주로 대학원생이나 시간 강사 등 젊은 학문 후속 세대였다는 점과도 관련이 있다. 인접 사회과학에서와 마찬가지로 이 무렵 비판적 성향의 언론학 연구자가 몰두한 주제는 주로 자본주의와 계급 지배 문제였다. 이념적으로 볼 때 이 시기의 비판적 패러다임은 곧 "마르크스주의의 수용"(조항제, 1990)을 특징으로 하며, 마르크스주의는 비판적 연구로 분류되는 대다수의 연구에서 이론적 출발점이자 현실관의 뿌리를 이루었다(박명진, 1989: 84). 계급, 정치경제학, 국가, 노동, 지배 이데올로기 등의 개념은 당시의 연구를 특징짓는 단어였다(당시의 연구 경향을 잘 드러내는 저작으로는 김왕석 외, 1990). 이때의 비판 언론학은 커뮤니케이션 영역을 사회 변혁이라는 큰 청사진을 실현하기 위한 실천의 장이자 도구로 파악하는 정치적 지향성을 강하게 드러냈다.

하지만 1990년을 전후해 소련과 동유럽 사회주의 체제의 잇따른 붕괴, 문민 정부 수립 등 국내외에서 일어난 여러 사회·정치 상황 변화는 비판 사회과학의 현실관에서 밑바탕이 된 마르크스주의의 유용성에 대한 믿음을 근본적으로 흔들어놓았다. 비판적 성향의 학자들이 현실 모델로 삼은 사회주의 체제의 실패가 가시화하면서, 이 이론가들이 시대정신처럼 공유하던 사회 변혁의 전망에 대한 신뢰 역시 흐려졌고 진보라는 이상 자체에도 의문을 제기하는 분위기가 싹텄다. 1990년대에 접어들면서 이론적으로도 마르크스주의가 눈에 띄게 퇴조했고, 그 대신에 새로운 시대정신을 반영해 포스트마르크스주의나 포스트모더니즘 등 '포스트'주의가 인기를 끌고 진보 성향 학자들 사이에서 비마르크스주의 대안 모색도 활발해졌다.

진보 정치의 주체 설정에서도 계급이 퇴조하고 비계급적인 범주, 가령 성gender이나 성욕망sexuality이라든지 인종, 지역 등 '소수자 운동'(윤수종, 1999)이나 시민 언론 운동, 시청자 운동(임영호, 1995b; 채백, 1995; Im, 1998) 등 신사회 운동에 대한 관심이 높아졌다. 언론학에서는 문화연구자들이 텍스트를 둘러싼 수용자의 의미 정치에 중점을 두게 된 것이 눈에 띈다. 거대 담론에 의한 사회 변혁 추구에서 개량주의가 득세하고 변혁과 진보 이념 자체에 냉소적인 쪽으로 지적인 흐름도 바뀌어감에 따라 새로운 사회 변혁 주체의 모색도 활발해졌다. 이제 대세는 전통적 마르크스주의의 노동 계급과 같은 '거대 주체the Subject'를 버리고 분산된 여러 주체subjects나 주체의 죽음, 해체를 강조하는 방향으로 옮아갔다. 문화연구에서도 '이데올로기의 후퇴'와 더불어 '대중주의의 확산' 그리고 '정치미학에서 대중미학으로' 관심사가 이동하는 흐름이 나타났다(주창윤, 1997). 이 과정에서 원래 비판적 패러다임의 출발점이던 현실 정치와의 연관, 실천 지향성이 흐려지고 거시적 안목을 상실하는 대가를 치르게 된 점은 부인하기 어렵다.

2) 사회 이론에서 미디어·문화 이론으로

연구 주제의 변화와 관련해서 한 가지 눈에 띄는 것은 분석 수준에서 중점의 변화라고 할 수 있다. 1980년대의 비판 언론학 이론은 주로 미디어나 문화 현상을 다루면서도 그 현상 자체보다는 전체 사회구성체 내에서 이 부문이 어떤 구실을 하는가 하는 문제를 강조했다. 말하자면 이때의 비판 언론학 연구는 '미디어의 이론'이라기보다는 '미디어를 통해 본 사회 이론'에 가까웠다.[7] 당시의 문제의식은 분야의 독자성과 특수성을 탐구하는 일보다는 한국 사회과학 전반을 관통하는 '거대 이론'적 관심, 즉 사회 체제의 성격 규명에 의해 규정되는 경향이 있었다.

비판 언론학 연구는 미디어와 문화 현상을 직접 다룬다는 점에서 다른 사회과학에 비해 두 시기 사이에 주제 변화가 상대적으로 덜 두드러진 것은 사실이지만, 그럼에도 불구하고 연구 초점의 뚜렷한 변화를 감지할 수 있다. 1990년대에 들어서 문화연구의 부상은 언론학뿐 아니라 인문사회과학 전반에서 미디어(특히 텔레비전을 비롯한 영상 매체)나 문화가 키워드로 등장한 것과 무관하지 않다.

1990년대에 들어와서 비판 언론학의 연구 주제나 접근 방식은 큰 변화를 겪었다. 비판적 패러다임 내에서도 계급, 정치경제학, 국가 등 거시 이론에 의존하는 연구 주제가 퇴조하고 수용자와 욕망, 대중성popularity, 즐거움 등 문화 관련 주제가 빠르게 부상했다(가령 정재철, 1997; 주창윤, 1998; 최이정, 1999; 황인성, 1999). 접근 방식 측면에서 보면 이는 정치경제학을 비롯한 사회과학적 접근 방식의 퇴조와 더불어 텍스트 분석이나 비평(김훈순·김명혜, 1996a; 황인성, 1999), 민속지학 연구(이오현, 2007b) 등 인문학적 접근의 부상으로 요약할 수 있다.

7 이 무렵 널리 읽힌 규레비치 등(Gurevitch, Bennett, Curran, & Woollacott, 1982)의 책 구성은 당시의 이러한 경향을 잘 보여 준다. 이 책은 목차 구성뿐 아니라 서술에서도 미디어 자체보다는 그 맥락이 되는 문화와 사회에 더 초점을 두었다.

3) 재야 학술 운동에서 제도권으로

1980년대 진보 지식인들은 마르크스주의의 지식관을 받아들여 순수한 이론적 작업보다는 이론과 실천의 통일을 이상으로 표방했다. 그러나 이론적 작업은 외부 정치 상황뿐 아니라 연구자가 활동하는 지식 장 내부의 구조적 환경이나 학문 생산 제도에서도 적지 않게 영향을 받게 된다. 지식 생산의 수요·공급 법칙은 지식의 정치적 성격에 영향을 주기도 한다. 학문의 장에서는 학술적으로 인정받을 수 있는 '정당한 언어'와 '정당하지 않은 언어'를 구분하고 정당성 없는 지식을 배제하는 기능을 하는 담론이 작용해 특정한 방향으로 지식 생산을 유도한다. 말하자면 지식 생산 과정에서도 일종의 권력 효과가 발휘된다(임영호, 1998a; 홍성민, 2000). 1990년대로 넘어오면서 비판적 패러다임은 학술 제도 측면에서도 젊은 학문 후속 세대 중심의 재야 학술 운동에서 점차 학계라는 학문 제도권으로 수용되는 과정에서 성격 변화를 거치게 된다.

지식 생산·유통 제도 측면에서 볼 때 1980년대의 비판 언론학은 아직 공식적인 지식 생산의 제도권에 정착하지 않은 대학원생이나 강사 등 소장 학자를 중심으로 이루어졌으며, 연구 성과 발표 역시 학계 전문 학술지보다는 주로 석사 학위 논문이나 대중적인 인문 사회과학 잡지를 활용했다. 박명진(1989)이 집계한 바에 따르면, 조사 당시 비판 언론학 관련 문헌 142편 중에서 87편이 석박사 학위 논문이었다. 또한 〈크로노스〉, 〈공동체문화〉, 〈오늘의 책〉, 〈동향과 전망〉, 〈선택과 비판〉, 〈문학과 사회〉, 〈외국문학〉, 〈사상문예운동〉, 〈사상과 정책〉, 〈사회비평〉, 〈실천문학〉 등 진보적 성향의 지식인 대상 잡지나 대학생 잡지, 혹은 〈저널리즘〉 따위의 언론 전문지에도 관련 논문이 간간이 발표되었다. 진보 언론학자들의 단체인 한국사회언론연구회 기관지 〈한국사회언론연구〉에도 연구 노트나 논문 요약 형식의 글이 종종 실렸다.

대학 관련 학과에서도 비판 언론학을 공식 교과 과정에 수용하기 시작했다. 1980년대 초반에는 서울대학교 대학원에 '비판 커뮤니케이션 이론'과 '구조주의 기호학' 등의 강좌가 처음 개설되고 '국제 커뮤니케이션' 강좌에도 문화제국주의 이론이 포함되면서 비판 이론이 소개되기 시작했다(박명진, 1989: 7), 그렇지만 비판 언론학에서 연구의 주류는 대체로 학계 바깥에서 형성되었다. 이처럼 독자적인 지식 유통 공간에 의존하는 구조하에서는 기존 학문 제도의 틀이나 지식 생산 관행에 얽매이지 않고 자유롭게 새로운 패러다임을 탐색하는 분위기가 조성되었다. 현실에 대한 고민과 관심을 빠르게 반영하는 훨씬 급진적인 시도와 모색이 자유롭게 이루어질 수 있는 장점도 있었다. 반면에 학문적 규범에 미숙한 상태에서 어려운 주제의 연구를 수행하기 때문에 이론이나 방법론에서 미숙한 아마추어리즘에 빠지기 쉬운 한계점도 드러났다.

1990년대에 접어들어 비판적 패러다임은 학술 연구의 공식 제도권이라 할 수 있는 언론학계에서 인정을 받고 수용된다. 말하자면 비판적 패러다임의 독특한 문제의식과 접근 방식이 적어도 외형적으로는 학술적 연구 유형으로서 정당성을 인정받게 된 셈이다. 1991년, 1992년 두 차례에 걸쳐 각각 '한국 언론학의 쟁점과 진로'(김영석, 1991; 이효성, 1991), '언론학 연구의 새로운 좌표모색'(방정배, 1992; 임영호, 1992b; 이효성, 1992; 양승목, 1992b)이라는 주제로 한국언론학회가 마련한 패러다임 논쟁은 비판적 패러다임이 본격적으로 학술적인 제도권으로 진입해서 시민권을 인정받게 되는 것과 시기를 같이한다. 소장 비판 언론학자의 주된 활동 공간이던 한국사회언론연구회가 1992년에 학술지 〈한국사회와 언론〉을 창간한 것 역시 이러한 변화를 보여 주는 상징적 사건이다. 이와 더불어 1980년대에 대학원생이나 강사로 활동하던 젊은 학자들이 대부분 대학이나 연구소에 자리 잡고, 1998년에는 한국사회언론연구회가 모체가 되어 한국언론정보학회가 창립되었다. 이는 재야 학술 운동에 머물던 비판 언론학이 완전히 제도권에 진입했음을 의미한다.

1990년대 초반은 학계 안팎에서 연구의 엄밀성과 내실 강화의 움직임이 활발해지던 시점이다. 1993년 소장 언론학자들의 주도로 〈언론과 사회〉가 창간된 것은 이러한 시대 분위기를 잘 보여 준다. 이 학술지는 입장과 방법에 한계를 두지 않고 '순수 학술적'이며 '이론화에 기여할' 수 있는 논문 활성화를 표방했다(최현철 외, 1993: 4). 이 시기는 대학 사회에서 생산성과 실용성, 경쟁력을 강조하는 신자유주의 교육 정책이 가시화하기 시작한 무렵이기도 하다. 이러한 시대 분위기는 해외 학문 동향에 대한 높은 관심과 더불어 이론적·방법론적 엄밀성과 논문 출판 형태의 연구 생산성을 중시하는 학계 분위기를 조성했다. 비판적 패러다임 역시 연구 성과 면에서 경쟁력을 갖추어야 하는 과제를 안게 되었다.

그렇지만 이러한 추세는 적지 않은 문제점을 초래했다. 한편으로는 1980년대에 비해 연구 주제의 다양성이나 생산성이 크게 향상된 것은 사실이나 다른 한편으로는 개인 단위의 작업과 완성도에 치중하는 기능적 연구 경향이 강화되었다. 이 때문에 공통 관심사나 새로운 시도와 모색, 무엇보다 패러다임 논쟁과 같은 거시적이고 근본적인 문제에 대한 관심도 눈에 띄게 줄어들었다. 이는 반드시 학계 내부적인 문제점에서만 기인하지는 않으며, 당시 부상하던 신자유주의 교육 정책과도 호흡을 같이 하는 움직임이었다. 더 넓게는 사회 전반적으로 정치적 관심이 줄어들면서 지식인 사이에서도 정치 지향적 지식보다는 새로운 지식 형태가 호응을 받은 것과도 무관하지 않다.

특히 1990년대 이후 연구자의 전문 영역에서도 실용성과 상품성의 강조와 더불어 방송이나 뉴 미디어 등 '매체' 중심의 영역 분화가 강화되는 추세(임영호, 1998a) 역시 연구 인력 양성이나 교수 충원 구조에서 '비판 커뮤니케이션' 같은 추상적인 이론 영역의 입지를 위축시켰다. 이러한 경향은 수입된 이론과 응용 위주의 논문 생산에 의존하는 학계 지형을 손쉽게 재생산하고 연구 영역 사이의 불균형을 가속화할 우려가 있었고, 이러한 우려는 얼마 지나지 않아 현실로 나타났다. 비판 언론학 역시 다원적인 전문 지식 영역의 하나로 위축되어 현실 관련성과 영향력을 상실하게 될지도 모른다는 우려가 제기되었다.

1990년대에 들어와 비판적 패러다임 내에서도 문화 연구를 제외한 다른 연구 영역은 눈에 띄게 쇠퇴했다. 이러한 퇴조의 시작은 비판적 패러다임이 1990년대 초반 언론학에서 시민권을 인정받은 것과 시기를 같이 한다는 점에서 역설적이다. 비판 언론학은 1990년대에 들어와 1980년대의 고질적 문제점이던 이론적 방법론적 미숙함에서 벗어나 학문으로 도약할 수 있는 제도적 공간을 마련했지만, 이러한 희망은 실현되지 못했다. 1980년대의 비판적 패러다임은 도입과 동시에 엄청난 관심과 활발한 논의를 불러일으켰지만 그 열기가 이후 학술적 형태로 정리된 연구 성과는 많지 않다는 것이 그 증거다. 실제로 1980년대에 나온 연구물 중에서도 석박사 학위 논문과 외국 문헌을 편집하거나 번역한 책(강상호·이원락, 1986; 김승현, 1990; 김지운, 1990; 이상희, 1983; 이정춘, 1984)을 제외하면 연구 논문이나 연구서는 그리 많지 않다.

3. 비판적 패러다임의 정체성 문제

1980년대의 비판적 패러다임이 남긴 성과를 어떻게 평가할 것인가? 1980년대의 문제 설정은 1990년대와 어떤 관련을 맺고 있으며 2000년대의 연구에는 어떤 함의를 주는가? 이러한 의문에 대한 해답을 얻기 위해서는 크게 두 가지 문제를 고려해 볼 필요가 있다. 하나는 비판적 패러다임이 1990년대 이후 이론적 접근 방식의 한 유형으로 학문 지형 내에서 어떻게 자리매김했는가 하는 것이다. 다른 하나는 비판적 패러다임이 현실에 대해 제기하는 문제의식이 1990년대 이후의 한국 사회 상황에서 어떤 적실성을 지니는가 하는 문제다.

우선 비판적 패러다임이 학술적 지식 추구의 한 유형으로서 어떻게 자리매김하게 되었는지 이해하려면 '주류' 언론학이 비판적 패러다임을 분야 내에 어떻게 수용했고 비판적 패러다임은 학문 체제 내 구성원으로 자신의 정체성을 어떻게 설정하게 되었는지 살펴볼 필요가 있다. 1990년대 초반 언론학계에서 두 번에 걸쳐 진행된 패러다임 논쟁(김영석, 1991; 방정배, 1992; 이효성, 1991, 1992; 양승목, 1992b; 임영호, 1992b)은 이 이행 과정을 잘 보여 주는 사례다. 비록 비판적 패러다임의 독특한 특징이 정치적 문제 설정에 있다 하더라도 학문 공동체의 구성원으로 존속하려면 이 문제의식을 이론적 문제로 번역해서 체계화하는 과제를 달성해야 하기 때문이다. 두 논쟁은 또한 1980년대 비판적 패러다임의 이론적 문제 제기를 언론학 이론 내에 수렴하면서 1990년대의 문제의식과 이어 주는 계기가 될 수도 있었다는 점에서 큰 의의가 있다.

비판적 패러다임이란 용어에서 '비판'의 의미는 사회·정치 상황이나 지식 생산 제도의 맥락에 따라 달라지는 상대적인 것이다. 비판적 패러다임이란 용어는 이론과 방법론에서 다른 주류 이론과 구별된다는 의미에서 사용될 뿐 아니라 사회 개혁을 지향하는 정치적 실천과 연관성을 맺고 있다는 의미도 지닌다.

언론학에서 비판이란 용어는 한편으로는 실증주의적인 주류 연구와 구별된다는 점에서 공통점을 지니는 여러 이질적인 연구자를 포괄하는 모호한 의미로 쓰였다. 여기서 주류와 구별되는 개념으로서의 비판에 대해서는 정치적 차이뿐 아니라 이론이나 방법론 측면에서의 차이가 체계적인 기준 없이 열거되고 있다. 이러한 의미는 양자 간에 뚜렷한 차이는 있되 차이의 준거는 뚜렷하지 않은 것으로 특징지을 수 있다. 이는 1983년도 〈저널 오브 커뮤니케이션〉 특집호의 지면 논쟁 과정("Ferment," 1983)에서 드러난 비판 개념과 비슷한 양상을 띤다.

또 다른 차원에서 비판의 의미는 현실 변혁, 개혁을 지향하는 정치적 실천에 대한 관심을 포함한다. 다소 단순화하면 미국 언론학계와 달리 영국의 주요 비판 언론학자들의 관심사는 바로 이 차원을 훨씬 뚜렷이 포함하고 있다. 가령 스튜어트 홀Stuart Hall(1988/2007, 1990)의 초기 문화연구에서는 영국 현실 정치에 대한 좌파 지식인의 정치적 고민이 연구 관심사에 강하게 투영되어 있다. 미국은 보수적인 대중 정당 중심의 정치 체제인 데 비해, 영국은 좌파 세력이 정당 형태로 제도화되고 어느 정도 영향력을 행사하는 곳이다. 그런데도 불구하고 왜 보수주의의 대처리즘Thatcherism 담론 정치 공세하에 노동자 세력이 무력하게 포섭되고 말았는가 하는 현실 정치상의 의문은 홀의 문화 분석에 밑바탕을 이룬다. 반면 페미니즘이나 반인종주의 운동을 제외하면 비판 언론학과 현실 (좌파) 정치 세력 간의 연계가 상대적으로 취약한 미국 상황에서 비판적 연구의 정치적 색채는 훨씬 희석될 수밖에 없다.

그렇다면 두 차례의 패러다임 논쟁을 통해서 볼 때 국내 언론학계에서는 '비판'의 의미를 어떻게 받아들였으며 이 의미는 어떻게 변화하고 있는가? 1980년대의 국내 비판 언론학자들은 현실 모순에 대한 개입이라는 실천적 의미에서 비판 언론학의 정체성을 찾고 이 취지를 구체화하는 방안으로 대안적 이론을 모색했다. 당시 비판 언론학의 연구 성과는 바로 이러한 고민의 흔적이라고 연구자들은 스스로 인식했다. 그렇지만 이후 두 차례 패러다임 논쟁에서 나타나듯이 실제로 많은 언론학자가 인식하는 비판적 패러다임은 기존의 학계 풍토와 학문 제도 정치에 대한 정서적 거부, 현실 사회 상황에 대한 정치적 관점의 차이, 이론적 방법론적 차별성 등이 혼재된 이미지로 나타났고, 보는 이에 따라 강조점이 달라지는 극히 다면적인 모습으로 밝혀졌다. 대체로 당시 한국의 비판 언론학은 엄격한 이론적, 정치적 잣대에 따른 차이로 규정되기보다는 연구자의 복합적인 성향 차이에 근거한다는 점에서 '진영'이란 비유(임영호, 1992a)로 파악하는 것이 오히려 더 적절하다는 평가를 받았다.

당시 비판적 패러다임이 학계 내에 일관된 정체성을 확립하는 데 실패한 것은 기본적으로 패러다임 논쟁의 설계 자체가 타당하지 못한 탓일 수도 있다. 국내 언론학계에서 패러다임 논쟁을 기획하던 시점에는 '대격변' 지면 논쟁에서처럼 참여자 선정과 주제 구상에서 그다지 체계적인 이론적 기준을 따르지 않았다. 비판적 문제의식의 차이, 즉 지식에 내재하는 "인지 관심"(Habermas, 1968/1972: 308~311)의 차이에 근거하지 않고 연구자 성향이나 학계 인맥 분포에 따라 양 진영의 '대표자'를 선정하는 편의적 관행을 따랐다. 국내에서 비판적 패러다임의 한계는 무엇보다도 현실적, 정치적 문제의식을 학술적 지식 체계에서 통용되는 설득력 있는 언어로 옮겨놓기에 역부족이라는 점을 이 논쟁은 더 뚜렷이 보여 주었다.

나아가 1990년대에 접어들면서 국내외의 정치 상황이 급격하게 변화하자 1980년대에 제기했던 정치적 문제의식의 적합성에 대해 비판 진영 내부에서도 회의가 싹트기 시작했다. 1992년의 두 번째 패러다임 논쟁에서는 이미 비판 언론학이 전통적인 문제의식을 폐기하고 '탈post'마르크스주의 문제의식을 모색하는 움직임이 본격화하고 있음을 볼 수 있다. 비판적 패러다임이 1980년대의 제도권 바깥 생활을 청산하고 제도권 학계에 진입한 것은 물론 큰 성과였다. 하지만 이 과정에서 통과 의례로서 정치적 문제의식 재정립뿐 아니라 이론적 방법론적 정당성 무장이라는 두 가지 무거운 과제를 동시에 떠맡게 되었음을 두 차례의 행사는 생생하게 보여 주었다.

당시의 패러다임 논쟁은 비판적 패러다임의 정체성 문제를 충분히 규명하지 못한 채 종결되었고, 이후에는 이러한 추상적 문제에 대한 논의 시도나 관심조차 사라졌다. 어떤 점에서 당시의 패러다임 논쟁은 가상적 투쟁과 대결 상태를 설정한 뒤 차이 문제에 대한 본질적이고 근본적인 검토나 해결 없이 그대로 타협 형태로 봉합한 모양이 되고 말았다(비슷한 평가로는 강상현, 1993). 양승목(1992a)은 당시의 논쟁을 '패러다임의 수렴,' '학문적 다원주의'로 파악했는데, 이는 주류 언론학계가 비판적 패러다임을 어떤 방식으로 지식 영역에 수용하려 했는지 잘 보여 준다. 말하자면 비판 언론학을 비학술적인 존재로 배제하던 데에서 벗어나 연구 성과 형태로 출판되는 한 어떤 것이든 학문 영역 내에 자연스럽게 수용하는 다원주의적 지식관이 적용되고 이후에도 관행처럼 정착된 것이다.

어떤 면에서 이러한 갈등 봉합 방식은 이후 비판적 패러다임의 문제 설정이나 연구 방식에서 나타나는 그다지 바람직하지 못한 경향을 예견해 주는 불길한 단서가 되었다. 두 차례의 의례는 비판적 연구에는 학문적 성공과 실패를 동시에 공인하는 장의 도양새가 되고 말았다. 1990년대에 접어들면 비판 언론학에서는 한국 상황에 맞는 정치적 문제 설정에 대한 심각한 고민 없이 외국에서 수입한 이론을 끊임없이 옮겨놓거나 무비판적으로 적용하는 지식 재생산 구조가 조성된다(이를 분석한 연구 사례로는 Im, 2017을 보라). 이처럼 비생산적인 풍토는 아마도 다원주의 지식관에서 그나마 정당성과 위안의 근거를 찾을 수 있을 것이다.

패러다임 논쟁에서 드러난 문제점의 조짐은 비판적 패러다임 내부에서만 기인하지는 않으며 언론학 전반의 이론적 지형과 무관하지 않다. 우선 패러다임 간의 논쟁과 대화가 가능하려면 우선 서로 뚜렷한 차이가 있어야 하고 그 차이를 낳는 기준과 잣대가 명확하게 설정되어야 한다. 그런데 당시 행사 기획의 근거가 된 이론 지형을 보면 다양한 연구자 사이에서 패러다임 간의 차이는 뚜렷하게 부각되었으되 이러한 차이의 원인이나 기준은 제대로 규명되지 않은 채 덮혀 버리고 말았다.

여기엔 무엇보다 한국 언론학계에서는 주요 쟁점별로 상반된 이론적 진영을 구성할 만큼 체계화된 주류가 형성되지 않았다는 점을 원인으로 들 수 있다. 그러다 보니 비판 언론학자들은 시대 상황 변화에 따라 새로운 문제의식을 설정할 때 인근 사회과학 전반의 연구 추이를 곁눈질하고 거기에 비추어 판단하는 일이 흔했다. 이 때문에 때로는 언론학의 연구 대상인 커뮤니케이션, 문화 현상에 한국의 특수한 문제와 동떨어진 이론적 문제의식과 틀을 기계적으로 적용하는 위험한 경향이 생겨나기도 했다. 때로는 수입된 이론이 다른 분야에서 널리 유행한다는 이유만으로 적합성 여부의 검토 없이 그대로 수용되는 학문적 사대주의가 판을 친 것이다. 또한 비판 이론의 발전은 그 비판 대상이 되는 주류 이론의 발전과 연계되어 있다는 점에서 상대성을 띤다. 주류 이론의 성장과 발전 없이는 비판 이론의 건전한 발전 역시 어렵다. 한국언론학회에서 벌어진 두 차례의 어설픈 패러다임 논쟁은 이 당연한 진실을 다시 확인해 준다.

4. 1980년대는 무엇을 남겼는가

비판적 패러다임은 1980년대 초에서 1990년대에 이르는 짧은 기간에 급격한 변화를 거쳤다. 이 변화 과정을 어떤 이는 '발전'이라 평가할 수도 있을 것이고 역사적 퇴행이나 후퇴로 규정할 수도 있다. 하지만 평가 자체보다는 여기서 어떤 교훈을 얻을 것인지가 중요하다. 즉 1980년대의 비판적 패러다임이 제기한 문제의식이 오늘날의 상황에서 어느 정도 적실성을 지니는지, 만일 그렇지 않다면 무엇이 문제이며 어떤 반면 교사적 교훈을 던져 주는지 검토할 필요가 있다.

1980년대의 비판 언론학은 한국 사회에 대해 근본적인 의문을 제기하는 강력한 유토피아주의의 성향을 내포하고 있었다. 이러한 부류의 작업에서는 주로 마르크스주의가 주된 이념적 토대 역할을 했다(조항제, 1990). 그러나 연구자에 따라 마르크스주의의 문제의식을 수용하는 방식은 다양했으며, 이들이 표방한 이념과 분석 작업에서 실제로 의존하는 이념이 반드시 일치하지는 않았다.

당시의 비판 언론학이 마르크스주의의 문제의식에 따라 현실 극복이나 '해방'을 지향했다면 이 해방의 의미와 내용은 어떠한 것이었는가? 이들이 자본주의 사회의 계급 구조 때문에 나타나는 모순을 지양하려 했다는 점에서는 어느 정도 일치하지만, 이들 내부에서도 정치적 노선에서 다양한 분화가 이루어지고 있으며 지향하는 가치 차이 역시 그리 뚜렷하지 않다. 하지만 마르크스주의에 입각한 연구(가령 김승수, 1990; 정용준, 1989)에서 두드러지는 것은 커뮤니케이션을 좀 더 보편적인 해방이라는 가치에 종속되는 도구적 가치로 파악하는 경향이 있다는 점이다(임영호, 1992a: 59~62). 당시 '유물론적 접근'과 '정치경제학'을 표방한 김승수의 주장에 따르면 진정한 해방은 "궁극적으로는 언론 생산 수단의 사회화"에 의해서만 가능하며, 대안 언론의 역할은 "운동 세력의 통제 아래"에서 "사회변혁운동과 운명을 같이 하며 계급운동의 연장"(김승수, 1990: 425~426) 선상에 자리한다고 한다. 이는 당시 비판 언론학에서 일반적이던 도구주의 미디어관을 가장 전형적으로 보여 주는 사례다.

미디어의 이데올로기 기능 분석에 치중하는 연구 중에서도 상당수는 커뮤니케이션을 체제 유지라는 도구적 기능의 측면에서 파악한다는 점에서 '좌파 기능주의'의 성격을 띤다. 1980년대의 연구들은 표면적으로는 국가, 시장, 이데올로기, 철학, 운동 등 다양한 영역과 주제를 다루었지만 결국 문제 설정은 지배 체제의 성격 규명이라는 한 방향으로 모두 수렴된다. 이들은 모든 다양한 현상을 추상적인 지배 체제라는 하나의 '본질'로 환원해서 보려는 경향이 있었다.

이처럼 체제와 국가의 모든 부문을 타도해야 할 악으로 간주하는 사고는 1980년대 마르크스주의 사회과학의 일반적인 문제의식, 즉 레닌주의 모델을 따라 국가 권력의 탈취를 운동 목표로 설정하는 경향(이용주·허재영, 1997: 360)에서 영향을 받은 것 같다. 하지만 이러한 정통주의 사고는 1989년에서 1990년대 초반 국내외 정치 상황 변화로 큰 타격을 입었다. 1980년대 정통 마르크스주의의 문제의식은 특히 언론 문제를 다루는 데 심각한 한계를 드러냈다. 현존하는 미디어 체제의 변혁과 지양을 추구하는 강한 유토피아주의 성향을 띠고 있었음에도 불구하고 어떤 대안적 커뮤니케이션 양식을 지향하는지가 분명하지 않았다는 점이다.

또한 은연중에 역사에서 보편적인 흐름을 전제하고 거기에 따라 다양한 개별 현상의 의미를 획일적으로 규정하는 목적론적 teleological 사고도 문제 설정과 이론적 틀 속에 내재되어 있었다. 국가와 체제를 편협한 관점에서 파악하는 기능주의적 자세라든지 언론 노동 운동에 대한 낭만적 사고(예컨대 윤창빈, 1989; 이성환, 1989) 역시 이론에서 경직된 도식주의와 목적론적 사고가 투영되어 있음을 보여 준다. 이러한 사고방식은 현실에서 미세한 변화를 읽어 내는 데 장애가 되었는데, 특히 1990년대의 변화된 상황에 대처하지 못해 이전의 문제의식을 사실상 무용지물로 전락시키는 원인이 되었다.

하지만 1980년대의 비판 언론학은 진보라는 이념을 통해 현실의 구조적 문제점과 모순을 진단하고 극복 방안을 모색했다는 점, 이론적 지식과 현실의 접목을 모색했다는 점에서는 여전히 높이 평가할 만하다. 특히 정치경제학적 접근이 당시의 시대 상황에서 제기한 문제의식은 사회적으로도 큰 의미가 있었다. 미디어 산업의 독점과 상업화는 민주주의의 근간인 여론의 다양성을 위협하는 요인이라는 점에서, 이들의 문제의식은 지금도 새겨들을 만한 가치가 있다. 하지만 이는 이후 이론적, 방법론적 정교화를 거쳐 한국 사회의 구체적 상황에 맞게 진화하는 성숙·발전 과정을 거치지 못하고 상당 부분이 1990년대의 새로운 유행에 휩쓸려 사라졌다. 물론 실천 전략이자 이론으로서 비판 이론이 지녔던 한계가 진보라는 이상 자체의 파산을 의미하지 않는다는 점에서 1980년대의 문제 제기는 아직 유효하다.

많은 시행착오와 한계에도 불구하고 이 시기에 제기된 문제의식은 이후의 이론적 작업에 필요한 기반을 제공해 주기도 했다. 미디어를 중심에 두고 접근하지 않고 사회 체제와 연결지어 파악하려는 거시적 사고는 아마도 1980년대 비판 언론학이 남긴 가장 크고 생산적인 지적 유산일 것이다. 시장 기제나 공적 영역의 전략적 중요성을 이론화한 점 역시 높이 살만하다. 또 이론이 현실 비판에 그치지 않고 (물론 지나치게 단순화, 낭만화하기는 했지만) 사회 변혁의 주체를 어떻게 설정할 것인지와 연계해서 고민한 점 역시 비판 이론의 정신에 투철한 점이었다고 평가할 수 있다.

당시에 제기된 거시적 문제의식 중 일부는 오늘날 변형된 형태로 계승되고 있다. 미디어의 정치경제학(임영호, 2000, 2015a; 한동섭, 1998), 국가 문제(박승관·장경섭, 2000; 조항제, 1998; 황근·최영묵, 2000; Park, 1999)라든지 노동 과정(강상현, 1996; 임영호, 1999; Im, 1999), 또는 담론 정치(강명구·박상훈, 1997), 국가, 시민 사회와 시장의 관계(원용진, 1998) 등에 관한 연구는 이후에도 여전히 중요한 연구 과제로 지속되고 있다. 물론 이전의 도식적인 마르크스주의 문제의식을 그대로 고수하는 연구자는 드물며 새로운 시대 상황에 맞게 '조합주의corporatism'와 같은 사회민주주의 문제의식이나 자유주의의 잠재적 가능성을 수렴하여 정교화한 연구가 등장한 것은 크게 달라진 점이다(가령 박승관·장경섭, 2000).

또한 1980년대의 문제의식을 직접 이어받은 것처럼 보이진 않으면서도 1980년대 지적 유산의 영향권에 있는 연구도 적지 않다. 예컨대 1990년대 들어와 활발해진 매체 경제학(가령 장용호, 1995)은 1980년대식 정치경제학의 이론적 시행착오를 극복하는 형태를 띤다는 점에서 그 그늘에서 완전히 벗어나지는 못한 셈이다. 또 1990년대에 다양한 형태로 전개된 언론 운동(시민 언론 운등, 대안 언론 운동, 언론 노동 운동 등) 역시 크게 변화된 정치 지형에서 온건한 개량주의적 체제 개혁을 추구하고 있으나 1980년대의 정치의식과 전략적 사고에 많은 빚을 졌다는 사실은 부인하기 어렵다. 어쩌면 1980년대의 실패는 '해방적 관심'이라는 비판 이론의 이념 자체의 실패가 아니라 이를 현실에 접목하는 이론적 과제의 미완성이라고 본다면 그 시대의 문제의식은 아직도 생생하게 살아있는 셈이다.

5. 1990년대, 근대와 탈근대의 문제 설정

1990년대 비판 언론학의 문제의식을 1980년대와 구별짓는 특징은 과연 무엇일까? 두 시기 사이에는 언뜻 연속성보다는 차이와 단절이 더 두드러진 것처럼 보인다. 문제의식과 연구 주제가 바뀌었을 뿐 아니라 연구 주체에서도 크게 물갈이가 이루어졌다. 1980년대 비판 언론학자(특히 정치경제학자) 중에서는 기존의 연구 방식이나 관점을 버리고 새로운 연구 주제로 전환한 이도 있고, 1980년대를 체험하지 못한 채 외국에서 문화연구를 공부한 후 귀국한 이들이 새로운 주도층으로 부상하는 등 연구자층에서도 상당 부분 세대 교체가 이루어졌다. 인적 구성 측면에서 비판 언론학 '진영'이라는 이전의 집단 정체성은 사실상 거의 해체 수준으로 퇴색한 셈이다.

하지만 어떤 면에서는 이처럼 뚜렷이 구별되는 두 시기를 단순 비교하려는 시도는 자칫 잘못된 결론을 낳을 수도 있다. 1980년대의 진보 진영에서 정통주의의 득세는 어떻게 보면 당시의 억압적인 권위주의 정치 체제가 낳은 과도한 반작용이자, 세계사적인 사상 흐름의 시간대를 역행하는 사상사적 퇴행 현상이었다. 1990년 전후에 일어난 진보 이론의 전환은 어떤 점에서는 사상사적 논쟁의 필연적인 귀결임과 동시에 변화된 국내외 사회 상황에 대한 자각에서 기인한 것이기 때문에, 더욱 극적인 단절의 모습으로 보인 것이다. 또한 비판 사회과학의 문제의식은 한국 사회의 독특한 이론적, 정치적 지형을 배경으로 형성되기 때문에, 1990년대 민주화 이행기의 비판 사회과학이 1980년대라는 정치적 퇴행기와 상당히 다른 관심사를 다루는 것은 당연하다. 결국 어떤 이론의 비판적 성격이란 주류 이론에 비교해 위치가 정해지는 상대적인 것이다. 비판 언론학에서 나타난 것처럼 보이는 급격한 단절 역시 어떻게 보면 연속성의 한 형태라 할 수 있다. 1990년대의 의미는 1980년대의 역사적 연장선에 놓고 보아야 제대로 파악할 수 있다.

1990년대의 진보 이론을 특징짓는 시대적 키워드는 다양성과 탈중심성이라 할 수 있다. 1980년대에는 마르크스주의가 진보적 지식 영역을 지배했다면, 1990년대의 지적 지형에는 마르크스로 대변되는 거대 담론을 거부하는 탈근대 사상postmodernism이 대세였다. 마르크스가 총체성 파악을 진보 이론의 핵심적인 목표로 설정했다면, 포스트모더니즘의 문제의식은 중심성을 거부할 뿐 아니라 한발 더 나아가 총체성과 이성에 의한 역사적 진보라는 관념 자체가 지니는 억압적 성격에 주목했다. 어제의 해방 이념이 오늘은 이성(계몽, 계급 해방 등)의 이름으로 발생하는 억압적 효과 때문에 비판받게 된 셈이다. 이들의 문제 제기에 의하면 자본주의와 사회주의의 현실 형태에 드러난 모순은 일시적, 현상적인 것이 아니라 베버와 마르크스의 사상으로 대표되는 근대성 프로젝트에 잠재해 있던 근원적 모순이 드러난 것이다. 포스트모더니즘은 1990년대의 수많은 이론적, 사상적 흐름에서 한 갈래에 불과하지만 위의 특성 때문에 '탈근대'의 문제의식은 사실상 1990년대의 지적 흐름과 분위기를 가장 잘 대변하는 대표적인 키워드다.

1990년대에 들어와 유행하기 시작한 탈근대 사상은 1980년대의 계급 중심적인 마르크스주의 이론을 허물어뜨리는 이론적 무기를 제공해 주었다. 마르크스주의의 계급 중심성을 형이상학적, 목적론적이고 본질주의적이며 환원론적인 형이상학으로 간주하는 분위기가 싹트면서 계급 문제 대신에 다른 다양한 문제의식이 자리를 차지했다. 가령 1990년대 비판 언론학에서 문화연구의 부상은 언뜻 1980년대에 이루어진 텍스트 이데올로기 분석의 연장선에서 이루어진 것처럼 보인다. 하지만 계급 문제가 퇴조하고 그 대신에 가부장 젠더 이데올로기에 초점을 두는 연구(예컨대 김응숙, 1995; 김훈순·김명혜, 1996a, 1996b)가 주류를 이루게 되었다는 점에서(원용진, 2000: 191) 정치적 문제의식은 이전에 비해 크게 바뀌었다. 서구 마르크스주의자 중에서도 알튀세르(특히 Althusser, 1971)와 그람시(Gramsci, 1971)는 1980년대와 마찬가지로 비판 언론학자들이 여전히 자주 읽고 인용하는 문헌이지만 수용 맥락은 이전과 많이 달라졌다. 1980년대에는 이들의 이데올로기·헤게모니 이론이 다분히 지배 체제 유지 기능에 초점을 두는 좌파 기능주의나 혁명 전략 차원에서 읽혔다면, 이제는 이데올로기, 문화와 수용자의 능동적 경험에 초점을 두는 문화주의 관점에서 재해석되는 경향이 있었다(김동춘, 1997: 299~304; 이성백, 2000).

'탈중심성'과 더불어 구체성과 특수성, 차이 문제를 부각하게 된 것도 1990년대의 탈근대적 문제의식에서 두드러진 특징이다. 이에 따라 사적인 영역으로만 치부되던 욕망과 정체성, 주체 구성 문제가 진보 이론에서 중요한 연구 주제로 부상했다(예컨대 김명혜, 1997; 윤선희, 1997b; 이수연, 1999). 이러한 인식 전환 덕분에 이전의 구조 중심의 접근 방식에서 소홀히 한 젠더나 인종, 정체성 등의 문제를 효과적으로 접근할 수 있게 되었다. 탈근대의 문제 설정은 특히 마르크스주의 이론에서 큰 공백으로 남아 있던 주체 형성 문제를 이론화하려 했다는 점에서 큰 의미가 있다(윤건차, 2000: 180; 이용주·허재영, 1997: 366).

또한 1990년대에는 문화·미디어 현상이 언론학자의 전문 영역에 그치지 않고 인문 사회과학 연구자의 중요한 관심사이자 전체 사회 현상을 설명하는 핵심 키워드로 격상된다. 탈중심화라는 시대적 문제의식은 이전에 주변적이고 사적인 경험 영역에 속하던 문화를 일거에 인문 사회과학에서 중심적인 주제로 격상시켰다. 과거 거대 담론의 관심사이던 총체성 문제가 사라진 빈자리에는 현대 사회의 '파편화된 현상'과 세기말적 분위기를 해부하는 연구가 자리 잡았다. 언론학에서도 '포스트모던' 현상의 해석을 통해 사회를 읽는 연구가 유행했다(예컨대 김승현·이종숙, 1994; 박명진, 1991; 윤선희, 1997a). 학술적 측면에서 보면 탈근대의 문제 설정은 객관적 사회 구조 분석에 치중하던 1980년대의 문제의식이 안고 있던 한계를 조명하고 이론적 공백을 메우는 작업을 활성화하는 데 기여했다고 평가하고 싶다.

그렇지만 비판 언론학 진영에서 탈근대의 문제의식은 적지 않은 문제점도 낳았다(탈근대 사상에 대한 대표적인 비판으로는 최종욱, 1997을 보라). 첫째 언어, 문화, 욕망이 현실을 파악하는 패러다임으로 구조와 물질, 사회를 대체하게 되었고 구조적 맥락을 중시하는 거시적 시각이 경멸 대상으로 전락했다. 이 때문에 결과적으로 이론이 현실을 파악하기보다는 현실에 매몰될 우려가 커졌다. 문제를 접근하는 방식이 현학적, 미시적으로 변질하고 글쓰기 방식에서도 논리보다는 스타일을 중시하게 되면서 이론이 현실 문제를 진단하고 전망하는 힘을 잃어갔다. 어떤 면에서 탈근대의 시각에서 파악한 현실은 인간이 살아 숨 쉬는 공간이라기보다는 지식인이 이론적 담론에 의해 인식하고 구성한 추상적 관념 세계에 더 가깝다는 비판도 나왔다.

1990년대 탈근대의 지적 지형에서는 세계화, 정보화, 미디어 사회, 소비 사회, 포스트모던 문화 현상 등이 부각되는 바람에 한국 사회가 마치 노동과 경제, 물질 등 전통적 산업 사회의 틀을 벗어 버리고 이전과는 전혀 다른 신세계에 접어든 것처럼 보였다. 이러한 추세는 서구에서 1980년대 이후 득세하기 시작한 신자유주의 담론과 밀접하게 연관되어 있었는데, 신자유주의의 경제 기반인 후기 자본주의, 포스트포드주의, 탈조직 자본주의 등이 초래한 변화에 비판 언론학자들이 제대로 대응하지 못한 것은 사실이다. 그러나 1997년 몰아친 IMF 구제 금융 체제는 새로운 시대의 도래라는 자식인의 자기도취적 환상에 치명적인 타격을 가했다. 탈계급 사회, 소비 사회의 주역으로 찬양받던 중산층의 붕괴와 더불어 빈부 격차가 심화되고, 탈노동 사회는커녕 고용 불안정과 취업난이 심화되었으며, 교육에서도 전통적인 공공성의 원리가 약화하고 시장 경쟁만을 강조하는 신자유주의 교육 정책이 부상했다. 이러한 흐름은 그간 횡행하던 탈근대론의 환상을 걷어내고 경제적 메커니즘의 냉혹함을 다시 한 번 확인해 주었다.

문제는 사회과학자들이 이러한 위기의 도래를 감지하는 데 그다지 기여하지 못했다는 것이다. 역설적으로 미시화, 파편화해 가는 이론적 분위기와 달리 현실은 다시 거시적인 시각을 요구하고 있다. 물론 탈근대 사상이 이러한 후기 자본주의 체제의 문화적 이데올로기라고 보는 프레드릭 제임슨Fredric Jameson(1984)의 극단적 주장을 그대로 받아들일 필요는 없다. 하지만 미디어·문화 연구에서도 아직은 경제학과 구조 중심적 시각을 이론적으로 용도 폐기된 구시대 유산으로 보아서는 안 된다는 점은 분명하다.

둘째, 탈근대의 문제 설정에서는 진보의 전망, 나아가 진보 이념 자체에 의문을 제기하는 것이 지나쳐, 진보적 가치 자체가 무관심, 회의의 대상으로 전락했다는 것이다. 특히 역사적 진보나 발전이란 관념 자체를 형이상학으로 간주하는 포스트모더니즘의 영향과 더불어, 객관적 지배 구조 규명보다는 대중의 잠재력을 예찬하는 '문화적 포퓰리즘cultural populism'(McGuigan, 1992) 경향이 문화연구에서 강세를 보이는 바람에 사회적 모순과 진보의 개념 자체에 큰 혼란이 불가피해졌다. 말하자면 문화연구는 인간 해방과 진보에 대한 관심에서 출발했으면서도 점차 '지향점 없는 디스토피아주의'의 경향을 띠게 되었다.

세 번째로는 문화연구와 비판 언론학 연구가 탈근대 이론을 수용하면서 현실을 설명하고 적용하는 현상 응용 측면(가령 포스트모던 문화 현상의 해석)에 치중하는 바람에 탈근대의 문제의식이 제기되게 된 근본적인 맥락에 대한 성찰을 소홀히 했다는 점이다. 바로 탈근대 이론이 극복하려 한 '근대성modernity' 이념 자체의 한계에 대한 고민은 부족했다. 이러한 반성은 탈근대 이론이 진보적 사회 이론에 가져다준 가장 큰 지적 기여라고 평가할 수 있다. 1990년대의 비판적 패러다임이 1980년대와 어떤 형태로든 이어져 있다면 아마 그 고리를 푸는 열쇠는 바로 여기에 있을 것이다.

6. '근대성' 문제를 어떻게 볼 것인가

탈근대적 문제의식을 잘 대변해 준 포스트모더니즘의 한바탕 열기가 가시고 난 후 문화연구에서 근대성 문제에 대한 관심이 높아진 것은 우연이 아닐 것이다(강명구, 1999; 김진송, 1999; 유선영, 1998). 가령 김진송(1999)은 일제하인 1930년대에 현대적 삶의 방식과 현대적 인간이 어떻게 형성되었는지 추적했으며, 유선영(1998) 역시 식민지 주체 구성이라는 비슷한 문제를 파고들었다. 이들은 주로 문화적 측면에 초점을 두고, 한국 사회에서 근대적 주체가 어떻게 형성되었는가 하는 문제를 탐구했다. 이 점에서 이들은 근대성 문제를 다루면서도 탈근대적 문화연구가 취한 문제의식의 연장선상에 서 있다. 유선영은 사회과학에서 근대성 논의가 경제 층위나 근대 국가 기획에만 무게 중심이 실려 있다고 비판했지만(1998: 428) 과연 언론학 분야에서 근대성의 이러한 측면에 관해 진지한 논의가 이루어진 적이 있었는지는 의심스럽다. 하지만 여기서 제기하고 싶은 것은 과연 근대성 개념이 무엇이며 이를 통해 우리가 어떤 함의를 얻을 수 있는가 하는 문제다.

'근대성,' '근대화'란 개념은 넓게 보면 제도 차원뿐 아니라 정치적, 경제적, 사회적, 제도적, 문화적 차원에까지 닿아 있다. 근대성 성취를 '근대화 프로젝트'라고 보면 이는 국민 국가, 경제적 자본주의, 정치적 민주주의, 시민적 개인주의 등의 폭넓은 차원들을 포함하며, 한국 사회에서는 아직 미완의 과제로 남아 있다고 할 수 있다(임현진, 1996: 190; 윤건차, 2000: 167, 270). 근대성은 서구 역사에서 16세기 이후 사회적 삶의 형태로 출현하기 시작해 18세기 계몽주의 철학에서 이념적 내용을 체계적으로 갖추었다(김성기, 1994: 16). 다만 여기서 제도로서의 근대성과 이념으로서의 근대성은 구분할 필요가 있다. 근대성은 서구의 역사적 발전 경험을 일반화해서 보편성을 부여한 것으로 한편으로는 자본주의, 제국주의라는 부정적인 지배 제도, 담론과 분리되기 어렵다. 하지만 다른 한편에서는 자유, 평등, 민주주의 같은 계몽주의 시대의 보편적인 해방 담론의 성격도 동시에 지닌다(김호기, 1997: 153). 1980년대를 휩쓴 마르크스주의의 문제의식은 크게 보면 평등 구현이라는 근대성 프로젝트를 추구한 대표적인 이념이다.

그렇다면 1980년대의 문제의식은 근대성의 한 구현 방안으로서 마르크스주의의 한계를 드러낸 것인가, 아니면 더 나아가 근본적으로 탈근대 이론이 주장하듯이 마르크스주의를 비롯해 근대성 이념에 기대어 현실을 개혁하려는 사고 자체가 문제인가? 이 질문에 근거해 근대성과 탈근대성 문제라는 관점에서 1980년대와 1990년대 비판 언론학의 문제의식을 평가해 볼까 한다. 결론적으로 말하자면 탈근대성 논의가 근대성의 한계를 조명하는 데 기여한 것은 사실이지만 한국 사회에서 해방 이념으로서 근대성의 잠재력은 아직 소진되지 않았다는 것이다. 이는 물론 "근대성은 미완의 기획"이라는 하버마스(Habermas, 1996)의 주장과 비슷하지만 조금 맥락을 달리 한다.

한국 사회에서 근대성은 하버마스가 염두에 둔 서구의 근대성과 역사적으로 다른 경험을 거쳐 형성되었다. 김진송(1999)의 주장을 받아들인다면 한국 사회의 근대성 경험은 일제 식민지 체제에서 시작해 불과 수십 년의 짧은 기간 내에 형성되었고, 해방 후에도 분단, 냉전 체제와 권위주의 개발 독재 체제를 거치며 서구와는 다른 독특한 경로를 거쳐 형성되었다. 우리가 경험하는 근대성의 생활양식은 정치적, 경제적, 문화적으로 서로 다른 시간대를 거쳐서 불균등하게 성장해왔다는 의미다. 2000년대 한국인은 경제적으로는 서구와 비슷한 근대성의 시간대에 속하지만, 의식이나 사회적 규범 측면에서는 시간대를 더 거슬러 올라가 살고 있을 수도 있다는 것이다.

한국 사회가 받아들인 근대성 속에는 서구의 개인주의와 자유주의뿐 아니라 연고주의, 가족주의, 권위주의 등 '전근대'의 생활 방식이 혼재한다(김호기, 1997: 154~157). 이 전근대 원리는 근대성 원리와 더불어 한국인의 일상생활뿐 아니라 제도 영역을 지배하는 중요한 원칙으로 작동한다. 말하자면 한국 사회의 근대성은 서구적 의미의 '근대'뿐 아니라 '전근대,' '식민지 근대'를 비롯한 여러 형태가 혼재된 "압축 근대"(윤건차, 2000: 9~10)의 양상을 띤다.

이렇게 보면 탈근대 사상이 근대성에 문제를 제기하고 근대성의 한계를 조명한 부분은 음미할 만하지만, 한국 사회에서 근대성에 대한 문제 제기는 서구 이론이나 역사적 경험이 아니라 한국 사회의 특수성을 감안한 재구성이 필요하다. 서구의 경험에서 유래한 근대와 탈근대라는 단어가 한국 사회에서는 상당히 다른 의미를 지닐 수 있다는 것이다. 그렇다면 근대성에 관한 논의가 한국 비판 언론학에 주는 함의는 무엇일까?

첫째, 비판 언론학자에게 근대성 이념은 아직 이상으로서 검토할만한 가치가 있다. 근대의 자유주의와 민주주의 정치 이념뿐 아니라 이것들의 한계를 극복하려 한 마르크스주의의 문제의식은 모두 이성과 합리성 원리에 의한 사회 재건을 추구한다는 점에서 근대성의 과제에 속한다. 한국 사회에서 이는 미완성의 과제로서 아직도 유효한 부분이 남아 있다. 1980년대 마르크스주의 문제의식에 입각한 비판 언론학의 실패는 근대성의 다른 형태인 자유주의라는 계몽의 가치가 지니는 진보적 잠재력을 과소평가했기 때문이기도 하다. 둘째, 근대성 이념은 정치적, 경제적, 문화적 차원에 중첩되게 닿아 있는 것으로서 일부 문화연구자들이 다루었듯이 '식민지 주체' 형성과 같은 문화 영역 문제에만 국한되지는 않고 훨씬 더 넓은 영역으로 확대할 수 있다. 셋째, 한국 사회에서 제도로서의 근대성에 관한 논의는 식민지 근대, 압축 근대, 전근대 등의 복합적 측면에 관한 검토와 동시에 이루어져야 한다.

이 세 가지 주장이 지니는 의미를 설명하기 위해 2000년 무렵 시작되어 오랫동안 지속된 '안티조선 운동'과 '언론 개혁' 운동 사례를 살펴보자.[8] 이 운동들에 사상적, 철학적 의미를 부여한다면 비판 언론학은 어떤 이론적 기반을 제공할 수 있을까? 언론 자유와 관련된 논의나 미디어 비평에서 가장 자주 이용되며 일반인들이 정서적으로 수용하기에 가장 쉬운 이념은 자유주의라는 근대성 이념이다. 언론개혁 운동에서 주된 표적이 된 메이저 언론사, 특히 〈조선일보〉는 한국 언론에서 제도로서의 근대성이 어떻게 형성되었으며, 언론 비판에서 자유주의 근대성 이념이 어떻게 원용되는지를 집약해서 보여 주는 사례다.

언론은 정보와 사상, 지식의 생산·유통 부문에서 근대성 이념이 제도화된 영역이다. 서구에서 자유주의가 계몽 이념을 사상적으

8 1998년 당시 김대중 정권에서 대통령자문 정책기획위원장이던 최장집 교수에 대해 〈월간조선〉과 〈조선일보〉는 냉전 프레임에 의한 사상 검증을 시도하는 글을 잇달아 게재해 파문을 일으켰다. 이에 대한 시민 단체들의 비판은 이후 구독 거부, 인터뷰나 기고 거부 등 체계적인 〈조선일보〉 보이콧 운동으로 번졌다. 이 운동은 이후 노무현 정권이 시민 단체들의 언론 개혁 운동에 호응해 거대 언론사에 대한 세무 조사 등 신문 개혁 정책을 추진하는 배경이 되었다.

로 체계화한 것이라면, 언론의 발달, 변천사는 어떤 점에서는 자유주의라는 서구 근대성 이념이 제도화하면서 거쳐 온 경로를 압축해서 잘 보여 준다. 서구 사례에서 주류 보수 언론의 문제점 비판은 이러한 제도화 과정이 지닌 구조적 한계에 맞추어진다. 합법적인 절차와 소비자 선택에 의존해서 움직이는 자유방임적 시장 논리가 개인의 자유 수준에서는 합리적일 수 있지만, 사회적으로는 바람직한 소수 의견의 다양성을 훼손하고 매체 독점화를 심화하는 나쁜 결과를 초래했다는 것이다. 언론에 대한 국가 개입 금지라는 자유주의의 합리적인 이상은 역설적으로 사회 전체로는 사상과 의견의 다양성이라는 자유주의 가치를 위협하게 되었다. 이는 자유주의 언론 이념에서 근대성의 이상과 현실 제도 간의 갈등을 보여 주는 사례다.

한국 사회에서 주류 언론 개혁 운동은 이들의 지나친 시장 점유를 문제 삼는다는 점에서 서구 사례와 유사성을 보인다. 그렇지만 이들은 자유주의 언론 제도(국가 개입 없는 자유 시장 경쟁 체제)라는 근대성 제도가 지니는 한계에 대한 문제 제기가 아니라 이 제도적 장치의 복원, 정상화를 요구하는 방향(ABC 제도, 공정 거래 확립, 세무 조사, 경영 투명성 확보 등)으로 운동을 전개했다(언론개혁시민연대, 2000). 언론 개혁 세력은 시장 기제의 부작용(과당 경쟁)은 심각한데도 시장의 정화·퇴출 기능이나 공정한 경쟁 규칙이 작동하지 않는 한국적 기현상을 바로잡으려 했다. 또 이미 마련된 법적, 제도적 절차를 언론사가 지키지 않는 데에서 문제점이 생겨난다고 진단한 듯하다. 이는 자유주의 근대성의 원리 복원이 여전히 언론 개혁 이념으로 이용되는 한국 사회의 특수성을 말해 준다. 이와 비슷한 예로 1990년대의 많은 시민 운동 역시 윤건차의 표현을 빌자면 압축 근대가 만들어 낸 갖가지 왜곡을 시정하는 데 목표를 두었다(윤건차, 2000: 140).

언론 개혁 운동은 개혁의 청사진을 상당 부분 자유주의 언론 제도 복원에 의존한다는 점에서 이념적으로 자유주의식 개량주의에서 크게 벗어나지 않는다. 하지만 한국 사회에서는 이러한 움직임조차도 보수와 개혁/진보 세력의 대결 국면으로 구도화되었다는 점에 주목해야 한다. 이는 한국 사회에서 보수와 진보의 이념 지형이 기형적으로 불균등하게 형성되었으며, 한국의 근대가 퇴행적으로 형성되었음을 잘 보여 준다. 한국 사회에서 보수주의는 아직 체계적인 이념으로 존재하지 않으며 항상 부정적인 이미지와 중첩되어 연상된다. 보수는 분단 냉전 체제하에서 생겨나 기형화한 수구 이익 집단으로 항상 진보나 개혁 세력에 대한 대칭 개념으로서만 언급되는 '수구의 논리'에 머물렀다(이종석, 1990).

한국 사회에서 대표적인 보수 언론인 〈조선일보〉는 서구 근대 언론의 역사에서 볼 수 있는 것처럼 시장 기제를 통한 다수의 선택에 의해서만 성장한 것이라 단정하기 어렵다. 〈조선일보〉는 왜곡된 근대화 역사의 경험을 거치면서 폭력적 국가 권력과의 유착을 통한 자본 축적, 분단 냉전 체제를 악용한 이념적 매카시즘 행태를 보였다. 1998년 말 〈월간조선〉과 〈조선일보〉가 일으킨 '최장집 사상 검증 논쟁'의 전개 과정을 보면 이 논쟁이 단순히 이념적 차이에서만 비롯된 것이 아님을 확인할 수 있다. 논란이 된 〈조선일보〉의 보도를 보면, 근대적인 언론 보도 양식이자 이념인 절차적 객관성이나 사실 중시, 언론의 책임 같은 기본 가치가 심지어 메이저 언론사에서조차 직업 이념으로 정착되지 않았음을 엿볼 수 있다. 식민지 근대화 시대의 청산되지 않은 친일 전력 역시 종종 보수 언론을 괴롭히는 원죄처럼 작용한다. 이는 보수 언론이 때때로 보수 정치 이념인 자유주의의 잣대에 의해서도 쉽게 정당성을 위협받는 취약한 구조를 지니도록 만들었다. 말하자면 서구 근대성의 산물인 언론이라는 제도적 장치가 한국 사회에서는 오히려 압축 근대의 모순을 집약해서 보여 주는 사례다.

언론 개혁 논의에서 드러난 한국 언론의 또 한 가지 성격은 전근대의 여러 요소가 잔존·융합되어 있다는 것이다. 한국의 언론 권력은 냉혹한 자본 논리에 따른 시장 지위나 저널리즘이라는 사회적 기능에 의해 부여된, 즉 부르디외(Bourdieu, 1991/1997)의 용어를 빌자면 '경제 자본'과 '상징 자본,' '문화 자본'에만 근거하지 않는다. 언론 권력은 법적 절차와 규제에서 비교적 자유롭게 벗어나 언론사주의 개인적 이익과 특권을 옹호하는 수단으로 이용되기도 하며, 때로는 언론사의 이익에 어긋날 때에는 (광고 수주 과정에서 드러나는 알력이 그 예다) 보복 수단으로 활용되기도 한 전근대적 권력의 성격도 띤다(임영호, 2002c: 52~58). 언론 개혁 운동이 시장 기제와 법적 질서라는 근대성의 원리 복원을 통해 추구한 것은 과연 무엇일까? 그것은 서구에서처럼 근대성의 한계에서 발생한 시장 독점의 극복이 아니라 아마 언론의 '전근대적' 권력화 저지가 아닐까? 한국 언론 개혁 운동은 이념 측면에서는 근대성의 비판이 아니라 전근대의 극복을 통해 근대성의 구현을 목표로 설정했음을 보여 주는 사례인 셈이다.

위의 사례에서 얻을 수 있는 교훈은 근대성 문제를 접근하는 데는 이론적 틀에 지나치게 얽매여서는 안 되며 역사적 맥락과 특수성에 주목해야 한다는 것이다. 비록 한국 사회가 일부 부문에서는 탈근대의 문제의식을 요구할 정도로 변화했다 할지라도 다른 사회 부문에서는 근대성을 이미 달성된 가치로 간주할 수 없음을 알 수 있다. 2000년 이후 전개된 일련의 언론 개혁 운동은 한국 사회에서 근대성 문제를 어떻게 접근해야 하는지에 대해 시사하는 바가 크다. 이러한 한국적인 운동 형태에 사상적 의미를 부여하고 이론적으로 해명하는 작업 역시 비판 언론학자의 몫이다.

비판적 패러다임에서 근대성의 과제를 다시 제기한다고 해서, 1990년대 이후의 비판 이론이 성취한 이론적 성과, 특히 주체 형성 이론과 권력의 미시 이론을 폐기하고 시장이나 국가와 같은 객관적 구조 분석으로 되돌아가야 한다고 주장하고 싶지는 않다. 1990년대 비판 언론학은 새로운 시각에서 비정치적 현상의 정치성, 권력의 편재성과 탈중심성 등 사회적 모순의 구체성을 다각적으로 이론화하는 데 크게 기여했다. 하지만 이 시점에서 근대성 문제를 다시 강조하는 이유는 비판 이론의 출발점이던 계몽적 가치의 중요성, 이론의 정치성, 그리고 거시적 문제의식의 중요성을 다시 환기시키기 위해서다.

근대성의 문제의식을 이상과 같은 의미로 받아들인다 하더라도 분석 수준은 제도와 이념, 주체 수준을 자유롭게 넘나들 수 있다. 가령 제도 수준의 연구에서 주된 관심사이던 '언론 권력' 문제 역시 다양한 방식으로 접근할 수 있다. 수용자 연구에서 흔히 다룬 주체 형성 문제를 언론인에게 적용해 보면 어떨까? 권위주의 정권 시절 언론인은 국가 권력과 대립 관계 속에서 저항하고 기개를 보이는 직업상을 이상화하는 담론에 따라 자신의 행위 규범과 정체성을 규정하면서, 언론의 체제 순응적, 보수적 행위를 외부적, 구조적 요인(가령 정치권력의 탄압)에 책임을 전가하려는 경향이 있었다. 하지만 1990년대에 들어와 정치적 제도적 간섭이 사라진 후에도 언론인은 여전히 보수적이며 권력 지향적이라는 비판을 받는 것을 구조적으로 어떻게 설명할 수 있을까?

얼핏 상반되어 보이는 이 두 유형의 언론인상 사이에는 어떤 연속성이 존재하지 않을까? 언론인이라는 독특한 직업 문화 형성에는 출입처 제도나 소유 구조로 환원할 수 없으면서도 권력 지향적 성향을 낳는 구조적 요소가 작동하지 않을까? 하루아침에 비판적 언론인에서 권력 지향적인 정치인으로 변신한 여러 사례는 언론 비평에서 종종 언급된다. 혹시 이 두 상반된 언론인상은 동일한 과정을 거쳐 형성된 한 가지 주체성의 두 가지 모습이 아닐까? 언론인의 사고방식과 행동 양식 자체가 제도화하지 않은 권력 구조의 성격을 지니는 것은 아닐까? 만일 그렇다면 부르디외가 이론화한 것처럼 언론인 집단의 성향, 사고, 인지, 판단과 행동 체계는 "객관적 사회 구조를 내면화한…… 구조화된 구조"이며 "행위자의 내부에서 행위를 구조화하는 구조"의 성격을 띠는 '아비투스habitus'라고 할 수 있다(현택수, 1998: 107). 부르디외의 아비투스 개념은 언뜻 보기에 개인적인 특성에 불과한 것처럼 보이는 언론인 정체성 문제가 어떻게 구조적 문제인 권력화와 연결되는지 이해하는 데 유용하게 활용할 수 있다. 이러한 사례에서 볼 수 있듯이 1980년대의 거시적 문제의식을 1990년대의 더 진전된 분석 방법이나 분석 수준과 접목해 탐구할 수 있는 길은 얼마든지 열려 있다.

비판적 패러다임에서 근대성의 문제의식을 이처럼 규정한다면 이는 어떤 면에서는 1980년대의 문제의식과 자연스럽게 연결된다. 1990년대 탈근대의 문제의식은 비판적 패러다임이 추구해온 근대성 이념, 즉 인간 해방이라는 근대 계몽의 가치나 현실 접근 방식에 대해 근본적으로, 또 새로운 관점에서 되돌아보는 계기를 제공해 주었다. 계몽의 가치이든 탈근대적 '차이성'이든 비판적 패러다임이 추구해온 해방 이념 자체가 역사적 검토를 필요로 한다면, 1990년대의 문제의식은 1980년대의 문제의식과 같은 축에서 한 단계 더 발전된 형태로 서로 이어지는 셈이다. 두 시기 사이에는 단절 속에서도 연속성의 흔적을 찾아낼 수 있으며, 이처럼 모순된 연속성을 앞으로 어떻게 생산적인 방향으로 발전시킬지 고민해야 할 것이다. 어찌 보면 1980년대와 1990년대 비판 언론학의 경험은 현실에 적합한 이론을 찾아가면서 겪은 시행착오 과정이다. 거시와 미시, 구조와 경험/의미, 근대와 탈근대의 문제 설정이라는 이분법에서 어느 쪽을 택할 것인가 하는 질문은 아무 의미가 없으며, 앞으로 한국적 상황에 맞는 특수한 문제의식과 접근 방식을 만들어내는 일이 더 중요하다.

2부

이론의
영역화와
맥락화

6장

공간 이론과 한국 지역 방송 연구

● 이 장은 "공간 이론을 통해 본 한국 방송학의 정체성 문제: 지역방송 관련 연구를 중심으로," 〈한국방송학보〉 16-2호, 2002, pp.275~303을 수정한 것이다.

1. 왜 '공간' 이론이 필요한가

학문은 연구자 개개인의 지적 활동의 산물이 축적된 것이지만 크게 보면 지식 생산 역시 사회 제도로 존재한다. 특히 사회과학은 사회 현상을 대상으로 삼고 상당한 사회적 자원(인력, 재원, 권위 등)을 소비하며 대학이나 연구 기관이란 제도를 통해 생산, 유지, 전수된다. 이러한 제도적 상황은 학문의 성격에도 적지 않게 영향을 미치게 된다. 학문 분야의 정체성은 지식 세계에서 자신의 존재 방식을 어떻게 설정해서 정당성을 인정받을 것인가 하는 문제인데, 지식의 정의 자체가 다양한 지식 형태에 승인과 배제, 위계화된 권위를 부여한다는 점에서 상징적 권력 과정의 성격을 띤다. 이 과정에서 지식 자체의 발달 과정과 지식 생산의 제도 차원은 서로 밀접한 관련을 맺으며 작용한다.

미디어 현상을 다루는 언론학의 학문적 위상은 오늘날 그 어느 때보다 높아졌다. 하지만 지식 영역으로서 언론학은 이론이나 방법론의 지형보다는 '제도화'나 '영역화'를 통해 정체성을 찾으려는 '영역주의' 경향에 흐르는 바람에 이론적 빈곤에 허덕이게 되었다는 비판도 나왔다(임영호, 1998a; Peters, 1986). 미국에서도 커뮤니케이션 연구가 사회적 수요에 대응해서 생겨나는 바람에 현실을 비판적으로 조망하지 못하는 "행정적" 연구의 성격을 강하게 띠게 되었다고 이미 오래전에 라자스펠드(Lazarsfeld, 1941)는 지적한 적이 있다. 그렇다면 한국의 방송 연구는 지식 영역으로서 어떤 성격을 띠며, 이 특징은 지식 생산 구조와 어떤 관련이 있을까? 또한 몇몇 비판가가 지적했듯이 언론학이 지식 영역으로서 갖는 문제점이 방송 연구 분야에서는 과연 어떤 모습으로 나타나고 있는가?

지식 활동의 구조적 환경은 어떤 지식 영역의 성격을 이해하는 중요한 단서가 된다는 전제에서 출발해, 이 연구는 방송 연구가 학문 영역으로서 지니는 정체성 문제를 살펴본다. 이러한 접근 방식은 기존의 연구 경향에 대한 비판적 개관의 성격을 띤다. 하지만 한 논문에서 방송 연구의 전 분야를 섭렵하려는 시도는 실현 가능성이 거의 희박할 뿐 아니라 자칫 과도한 일반화의 위험성까지 안고 있다. 그래서 이 글은 지역 방송에 관한 몇몇 전형적인 연구 사례 분석을 통해 방송 연구 분야에서 두드러진 연구 경향과 특징을 읽어 내는 접근 방식을 취한다. 이 글은 방송 현상에서 중요한 차원인 '공간space' 문제를 특히 지역 방송 연구에서는 어떻게 파악하는지 살펴보면서 방송 연구 전반의 연구 경향에서 나타나는 문제점을 고찰한다.

방송 연구는 전파 매체라는 기술적 수단을 둘러싸고 발생하는 사회, 문화 현상을 연구 대상으로 한다. 방송 현상은 메시지나 영향력이 도달할 수 있는 범위를 포함한다는 점에서 공간 차원이 중요한 요인으로 작용한다. 이 공간 범위는 전파가 미치는 기술적, 물리적 공간 범위를 말할 수도 있고 때로는 문화나 사회 차원의 범위를 가리킬 수도 있다. 특히 지역 방송은 한 국가 내의 공간 분포 차원에서 전개되는 방송 현상이라고 할 수 있기 때문에, 지역 방송 연구에서 공간 문제는 중요한 연구 대상이자 고려 사항이 된다.

방송 연구의 한 갈래로서 지역 방송 연구에서 공간 차원을 어떻게 다루는지 검토해 보면 방송 연구 분야에서 이론적 접근 방식의 흐름을 읽을 수 있고 이를 통해 이 분야의 지식 생산 구조의 특징을 엿볼 수 있을 것이다. 물론 엄격히 말해 방송 연구에서 공간에 대한 이해는 아직 체계적인 이론으로 존재하지 않는다. 이는 방송 연구가 공간 현상을 주된 연구 영역으로 삼지 않기 때문일 수도 있고 단순히 아직 관련 연구가 부족하기 때문일 수도 있다. 하지만 방송 현상에서 공간이 중요한 차원이라면 어떤 연구든지 적어도 전제나 가정 형태의 이해, 즉 공간관空間觀을 포함하게 된다.

지역 방송 연구에 나타난 공간 개념은 편의상 '기술적·지리적 공간,' '규범적 공간,' '사회적 공간' 등으로 유형화할 수 있다. 물론 이 유형 분류가 방송 연구에서 채택하는 모든 공간 개념을 포괄하지는 않으며 유형끼리 서로 중첩되기도 한다. 하지만 대체로 지금까지 지역 방송 연구에서 공간 현상을 이해하는 틀은 '기술적·지리적 공간'이나 '규범적 공간' 개념에 국한되어 있었고 사회과학적인 관점에서 접근하는 '사회적 공간' 개념은 거의 적용되지 않았다. 지역 방송 연구에서는 사회 현상의 공간 차원을 다룰 때 사회과학적 문제의식 결핍이나 이론의 빈곤 현상이 특히 두드러지게 나타난다. 방송 연구의 학문적 성격 문제와 관련지어 해석하자면, 이는 그동안 방송 연구가 현실에 밀착된 정책 과학으로 발전해오면서도, 정작 현실에 대한 성찰을 통해 체계적 지식을 제공하는 데는 한계가 있었다는 점과 무관하지 않다.

2. 기술적·지리적 공간 개념의 한계

방송 연구에서 공간 현상을 다룰 때 가장 흔히 볼 수 있는 것은 기술적·지리적 공간 개념이다. 우선 지리적 공간 개념은 방송 현상에 관한 일상적 용어에서 '은유metaphor' 형태로 자주 사용된다. '방송broadcasting'이라는 용어 자체가 지리적 은유에 따라 지은 것이며 '채널channel'이나 '방송 권역' 따위도 비슷한 예다. 어휘는 현상의 특징에 적합한 이름을 붙이는 행위라는 점에서 어떤 현상을 이해하는 가장 초보적인 개념적 틀 구실을 한다. 이 용어는 방송 현상에 관한 대중적인 이해가 상당 부분 중립적인 물리적, 기술적 성격을 강조한다는 사실을 시사한다.

지리적 공간 개념은 일상 언어를 통한 상식적 이해 차원에 머물지 않고 공간 정책이나 이론적 수준에서도 실질적인 척도로서 현실에 적용되기도 한다. 방송 정책에서는 기술적, 정책적 이유로 방송사의 관할 영역을 구분하는데, 이때 무엇보다 기술적인 송출 범위나 지리적 거리 따위가 주된 고려 사항이 된다. 방송 현상을 이해하는 데 기술적 공간 개념이 주도적 역할을 한 것은 물론 방송 매체의 물리적 특성과 관련이 있다. 인쇄 매체에 비해서는 상대적으로 덜 두드러지지만 주파수대 관리와 전파 도달 범위 제한이라는 기술적 이유 때문에 방송 역시 공간적 제약을 크게 받는다.

하지만 방송에서 기술적 공간 개념은 종종 다른 차원으로까지 확대 적용되기도 한다. 지역 방송에 관한 논의에서 '방송 권역' 개념은 방송이라는 현상의 지리 공간적 특성을 강조하는 통념적 시각을 전형적으로 잘 보여 준다. 방송 권역은 "방송사업자가 허가를 받을 때 정한 전파 도달 범위"(김대호, 2001)를 말한다. 방송 전파 관리에서 국경은 관할 구역의 경계로서 대표적인 방송 권역 구분의 잣대에 해당하며, 지역 방송이나 방송 네트워크에 관한 논의에서도 지역별 방송 권역 문제는 공간 현상을 파악하는 데 중요한 전제가 된다. 이러한 관점에서는 지도상에서 물리적 공간의 여러 조각을 합쳐놓은 모자이크 모습으로 공간적 분포 현상을 파악한다. 방송의 물리적 특성이 사회적 정책 차원에도 투영된 것이다.

물론 실제로 방송 영역을 설정할 때에는 기술적인 요건 외에도 사회 규범이나 가치 보호 따위의 사회적, 문화적 요인도 고려한다. 또한 방송 기술이 발전하면서 방송 전파의 물리적 제약이 사실상 사라지는 바람에 오늘날 방송 권역의 기술적 의미는 많이 퇴색했다. 기술 측면에서 공간적 장벽이 거의 사라짐에 따라 최근에는 그 대신에 시장 효율성 관점에서 권역 구분 문제를 접근하는 경제적 접근 방식이 점차 힘을 얻고 있다. 이 접근 방식은 사회적 차원을 덧붙이기는 했지만 여전히 사회적 공간을 마치 경작지처럼 지리적으로 분할된 (시장) 영역 단위로 파악한다. 이 점에서 이는 여전히 지리적·기술적 공간관과 비슷하다. 이러한 공간관은 중앙과 지방, 지역과 지역 방송사 사이의 역할, 권한의 효율적인 배분과 분할이라는 차원에서 지역 방송 현상을 파악하게 된다. 이 과정은 지리적 공간관에서와 마찬가지로 지리적 범위의 물리적 배분과 분할에 비유할 수 있다.

하지만 기술적·지리적 공간관은 방송 현상을 이해하는 데 몇 가지 한계점이 있다. 첫째, 사회 현상에서처럼 서로 경합하며 갈등하는 사회적 가치와 이익 측면이 아니라 도구적인 효율성 차원에서만 공간을 이해하게 된다. 물론 오늘날 방송 권역이 오로지 전파의 기술적 속성에 따라 결정되지는 않지만 기술적으로나 행정적으로 관리의 효율성은 권역 설정에서 매우 중요한 잣대로 작용한다. 방송 권역 구분에서는 대개 행정 관할 범위(행정 구역)가 주요한 기준으로 사용된다. 이는 공간 현상을 파악하면서 주로 기술적 효율성이나 관리의 편의성을 중시하는 도구적 공간관을 채택한 사례라고 할 수 있다. 이처럼 도구적인 공간관은 방송 현상에서 공간 측면을 다른 사회적 차원에 부수적인 물리적인 현상으로만 간주하는 경향이 있다.

둘째, 도구적 공간 개념으로 지역 방송 현상을 이해하면, 사회 현상 분석에서 고려해야 할 다양한 사회적 행위자를 배제하고 주로 방송 사업자와 정책 수행과 관리 기관의 시각에서 문제를 접근하려는 경향이 생겨난다. 따라서 지역 방송에 관한 논의에서도 대개 방송사는 기술적 관리나 산업적 행위 주체로서 중심적인 역할을 부여받는 데 비해, 지역은 다양한 사회적 행위자가 서로 갈등, 타협하는 장이 아니라 사회적 맥락을 상실한 추상적인 단어로만 존재하게 된다(이러한 접근 방식으로는 예컨대 김동규, 1994). 사회학적 관점에서 보면 지역이란 지역 내에서 정치 세력, 이익 집단, 주민을 비롯해 수많은 사회적 행위자가 상호 작용하는 복합적인 사회 과정이다. 하지만 지금까지 지역 방송에 관한 논의에서 가정하는 지역 개념에서는 이러한 사회적 복합성이 거의 고려되지 않았다. 지역이란 마치 방송사나 정책 행위자가 지역이란 추상적 실체의 대표자로서 자유롭게 분할하고 활용할 수 있는 중립적이고 물리적인 공간에 불과한 것처럼 간주되는 경향이 있다.

셋째, 기술적·지리적 공간 개념으로 지역 방송 현상을 파악하게 되면 사회 현상의 공간 분포를 마치 자연 현상처럼 주어진 그대로 당연시하는 무비판적인 자세로 이어질 수 있다. 가령 많은 지역 방송 관련 논의에서는 지역이나 지방을 늘 논의의 전제로 삼으면서도 이 지역 분포 자체가 어떻게 사회적으로 구획되고 형성된 실체인지에 대해 근본적인 의문은 제기하지 않는 경향이 있다. 지역은 당연시되는 전제일 뿐 논의 대상에서는 늘 비껴나 있는 주제였다.

그 결과 방송 권역 구분의 단위가 되는 지역은 채널의 성격이나 여건에 따라 때로는 넓게, 때로는 좁게 자의적으로 설정된다. 가령 KBS, MBC, SBS 등 지상파 방송의 네트워크 계열사는 한결같이 지역과 지방의 대변자를 표방한다. 하지만 이들이 실제로 담당하는 지역 단위의 규모는 큰 편차를 보인다. KBS는 지역국 수가 25개소, MBC는 19개 계열사로 비교적 세분된 반면에 SBS와 네트워크 관계에 있는 지역 민방은 8개사에 불과할 정도로 큰 차이가 있다(방송문화진흥회, 2001: 515~521). 이러한 편차는 이들이 표방하는 '지역'이란 단위가 일관된 개념적 틀에 근거하지 않고 단지 정책 기관이나 사업자의 관점에서 매우 자의적이고 편의적으로 구성된 개념에 불과하다는 사실을 일깨워 준다. 여기서 지역 단위는 방송사의 영업 상황이나 정책 집행 기관의 편의에 따라 구획된 사업 권역과 사실상 일치한다. 지역 방송 사업자는 지역 단위의 대변자 역할이라는 규범적 명분으로 독점적 사업권을 보장받지만, 이 지역 단위가 어떤 근거로 설정된 것인지는 이념적 차원에서도, 사회과학적 근거 차원에서도 전혀 논의되지 않는다.

지리적·기술적 공간관에 이처럼 심각한 한계가 있다면 지역 방송 연구에서는 과연 어떤 방식으로 공간 현상을 이해해야 할 것인가? 물론 지역 방송 현상 역시 물리적 공간에 기반을 둔 것은 부인할 수 없지만, 이 공간은 사회적 요인의 상호 작용에 의해 생성된 사회 현상이기도 하다. 지역 방송 권역은 사업자의 영업 권역이자 지역 주민의 경제 활동 공간, 정치 단위이기도 하며 문화적으로는 소속감과 애착의 대상이기도 한다. 이 점에서 공간을 사회 현상으로 간주하는 도시 사회학이나 공간 이론의 다양한 논의들은 지역 방송 연구에도 시사하는 점이 많다(가령 김형국, 1997).

지역 방송에서 '지역'이란 공간 역시 사회 현상의 한 형태인 사회학적 공간으로 간주한다면, 이 현상을 어떻게 파악해야 하며 구체적으로 어떤 문제에 주목해야 하는가? 우선 사회 현상이 다양한 사회적 요소로 구성되듯이, 지역이라는 단위 역시 동질적인 실체가 아니라 다양한 요소들의 움직임과 상호 작용으로 이루어지는 복합적인 현상으로 간주해야 마땅하다. 이와 더불어 지역은 단순히 물리적이고 객관적인 형태로 나타나는 정태적인 공간적 실체가 아니라 앞에서 언급한 다양한 사회적 요소가 융합, 갈등하면서 생겨난 복합적이고 역동적인 과정이라고 인식해야 한다.

공간을 사회학적, 정치학적 현상으로 보면 지역이라는 공간 현상의 형성과 변화는 공간 차원의 움직임이나 상호 작용을 전제로 하게 된다. 과거에는 공간 차원의 움직임에서도 물리적 거리 극복이 가장 중요했지만, 교통 통신 발달로 물리적 거리의 비중은 상대적으로 줄고 그 대신에 주로 사회적 거리나 움직임의 중요성이 커졌다. 개념적 수준에서 보자면, 오늘날 공간적 움직임에서는 크게 네 가지 유형이 중요한데 바로 "사람의 이동," "혁신의 확산," "자본의 움직임," 그리고 "권력의 공간 분포"가 여기에 해당한다(김형국, 1997: 30~33). 지역이라는 현상 역시 이처럼 다양한 행위자와 자원의 흐름이 교차하면서 공간적 측면에 구현된 사회적 산물이라고 이해할 필요가 있다.

인력과 자본, 기술을 비롯해 다양한 자원의 움직임이라는 틀을 통해서 보면 지역 방송 현상은 '입지location' 문제로 상당 부분 설명할 수 있다. 방송사의 위치는 인력과 자본, 기술 등의 흐름에서 적절한 조건을 갖춘 곳에 결정되는 것이 원칙이다. 특히 방송은 기업이며 갈수록 산업으로서의 성격이 강화되는 추세이기 때문에 이러한 조건은 방송사 입지에 더 중요한 요인으로 부각되고 있다. 기업으로서 방송사는 자본과 노동, 기술을 조달하고 수익성을 높이기에 가장 적합한 조건을 갖춘 지리적인 지점에 자리 잡게 된다. 가능하다면 방송 자본은 인구가 많고 밀집된 도시를 선호할 것이고 기술 혁신의 중심지에서 멀지 않은 곳이 입지에 유리하다. 방송사는 숙련된 여러 직종을 필요로 하기 때문에 노동 시장 역시 중요하다. 이 점을 감안하면 고급 인력이 밀집해 있고 활발하게 이동하는 수도권은 비슷한 규모의 다른 도시보다 방송사가 위치하기에 더 유리한 입지 조건을 갖추었다.

방송사 입지 분포는 전국적으로 보면 공간적으로 분산된 형태를 취할 수도 있고 집중된 형태로 나타날 수도 있는데, 이것 역시 물리적 측면과 과정적 측면으로 나누어 고찰할 필요가 있다. 물리적 분포가 구조적 외형 측면을 가리킨다면 과정적 분포는 기능 차원의 분산도를 의미한다. 현재 국내 방송사의 분포는 물리적으로는 여러 지역에 분산되어 있지만 사회적 기능이나 영향력은 수도권에 집중되어 있는데, 공간 이론의 개념을 원용하자면 이는 "집심적 분산centralized dispersal"의 분포 형태에 해당한다(김형국, 1997: 129). 물론 매체 종류에 따라 자본의 입지 분포 형태도 달라진다. 지상파 방송에 비해 위성 방송에서는 물리적 입지의 중요성이 상대적으로 적고 입지한 지역에 대한 밀착도도 낮아진다. 이러한 요소들의 움직임과 분포라는 측면에서 지역 방송 현상을 파악한다면 지역 방송 논의에서 제기되는 연구 문제나 접근 방식 역시 아마 상당히 달라질 것이다.

공간 이론의 관점에서 보면 '지역'이란 단순히 인구와 인공 구조물의 물리적, 지리적 분포에 그치지 않고, 다양한 자원의 움직임이 물리적 공간 위에 구체적인 공간 구조 형태로 구체화된 결과에 해당한다. 따라서 지역을 이해할 때에는 표면적으로 나타난 현상 분포뿐 아니라 이 결과를 낳게 하는 사회적 과정에도 주목해야 한다. 공간 구조 이론의 관점에서는 지역을 여러 가지 사회적 자원의 분포와 흐름이 낳은 산물로 파악한다.

가령 여러 공간 지점 사이에 다양한 자원의 이동이 활발해지면 흐름의 경로에 해당하는 '교통망network'이 형성되고, 때로는 자본과 인구가 정착해서 머무르는 크고 작은 공간적 '매듭'이나 '결절node'이 생겨나게 된다(도시가 대표적인 예다). 이렇게 형성된 여러 지리적 단위가 불균형하게 성장하면 이들 사이에 위계적인 기능 관계가 형성될 수도 있다. 예컨대 지리학에서는 '영향면surface'이나 '계층hierarchy' 이라는 개념으로 이 관계를 파악한다. 영향면은 인접한 여러 정주定住 단위가 상호 의존적 성장 형태를 띠는 것을 말하는데, 흔히 한 도시와 주변 지역 사이나 여러 도시 사이에 나타난다. '거대 도시megalopolis,' '도시 회랑urban corridor,' '도회권urban field' 등의 용어는 영향면이 공간적으로 구현된 다양한 형태를 유형화한 것이다. 여러 도시가 지리적으로는 반드시 인접해 있지 않지만 서로 관계를 맺으며 불균등하게 발전해서 계층을 이루게 되는 과정을 이해하는 데는 '도시 계층' 개념을 사용한다(김형국, 1997: 37, 285~287, 315). 독일의 지리학자 발터 크리스탈러Walter Christaller(1980/2008)가 제안한 '중심지 이론central place theory'은 도시 계층의 작동 원리를 개념화한 대표적인 이론적 사례다.

만일 지역이라는 현상을 이처럼 사회과학적 관점에서 접근한다면, 지역 단위 간의 관계는 지도에서 보는 것처럼 여러 지리적 단위가 결합된 평면적 모자이크 모양을 띨 수가 없으며 이 단위들 사이에 작동하는 불균등한 권력 관계에 주목할 수 있게 된다. 지역 방송에서 가정하는 지역 개념 역시 이처럼 복합적이고 동적인 공간 구조 형태에 근거해 이해할 필요가 있다. 다양한 자원의 공간적 분포와 이동이라는 측면에서 지역 방송 현상을 파악한다면 상식적인 지도 그리기와 읽기 수준에서 벗어나 지역과 지역, 서울과 지역 간의 관계를 이론적으로 좀 더 체계적이고 정교하게 파악할 수 있다.

예컨대 지역 방송의 방송 권역은 방송사 영업권이나 행정 구역을 기준으로 설정되는 사례가 많은데, 주민 생활 공간 구조의 과학적인 분석에 근거해 다시 검토해 볼 필요가 있다. 이러한 작업에서는 단순히 행정 구역 구분이나 지리적 단위에 근거한 모호한 '지역'이란 개념 대신에 여러 지리적 단위(도시와 도시, 도시와 농촌 배후 지역 등) 사이의 기능적 관계를 입체적으로 파악할 수 있는 이론적 분석틀에 근거한다. 이렇게 되면 주민의 경제 활동이나 문화적, 정치적 욕구를 반영해 훨씬 체계적이고 과학적인 정책안을 제시할 수 있다.

특히 앞서 언급한 도회권 개념이나 중심지 이론은 지역 개념의 재구성 작업에도 시사하는 점이 많다(Friedman & Miller, 1965; Richardson, 1972). 도회권은 대도심과 인근 지역 사이에 도시 기능이 어떻게 분포되어 있는지 분석하는 데 사용하는 개념이다. 대도시권 중심과 인근 지역에 행정 기관, 직장, 거주지, 학교, 백화점, 병원 등의 중요한 도시 기능들이 어떻게 분포되어 있고, 시설의 유형에 따라 주민들이 이동하는 양상이 어떻게 달라지는지를 상상해 보면 될 것이다. 도회권은 대도시 구역을 비롯해 도심과 밀접한 기능적 연관을 맺는 인근 지역을 포함하는 "기능적 경제지역"(김형국, 1997: 328)을 가리킨다. 미국에서 지역별 통계를 낼 때 흔히 사용하는

MSA(Metropolitan Statistical Area)가 여기에 해당한다.[9] 예컨대 행정 단위 구분에 상관없이 어떤 지역에서 일정 비율 이상의 인구가 모母 도시로 통근, 통학하는 통근권이 형성된다면 행정 구역과 무관하게 이곳은 모도시의 도회권에 포함되는 것으로 분류된다. 도회권은 지역이 작동하는 사회적 메커니즘을 고려한 개념이라는 점에서 지역을 이해하는 데 행정 구역보다 훨씬 더 과학적인 수단이 될 수 있다.

나아가 중심지 이론은 도회권보다 더 넓은 범위에 걸쳐 있는 지역('배후지')이나 도시('중심지') 사이의 기능적 연계 관계를 설명하는 이론인데, 지역 방송 권역에 관한 논의에도 시사하는 바가 많다(김형국, 1997: 155~158). 중심지 이론은 원래 3차 산업의 기반이 되는 도시 구조의 특성을 분석하는 데 사용하는 이론으로, 크게 '도달 거리range,' '최소 범위threshold,' '계층hierarchy'의 세 가지 개념에 근거한다. 도달 거리는 소비자가 상품이나 서비스를 구입할 때 기꺼이 이동할 의사가 있는 경제적 거리를 말하는데, 구입하려는 상품, 서비스 종류에 따라 달라진다(여기에 관한 실증적 조사로는 최운식, 1972를 보라). 가령 수도권 신도시 거주자가 쌀이나 채소 같은 생필품을 구입할 때는 주변의 대형 마트를 주로 이용하며, 굳이 시간을 내 서울 도심까

9 MSA는 미국 정부 관리예산국(Office of Management and Budget)이 지역별 통계를 집계할 때 공식적으로 채택하는 기준이다. 여기서는 핵심 도시와 주변 지역이 경제적, 사회적으로 밀접한 관계를 맺고 있을 때 이 전체를 MSA 단위로 분류한다. 이 구역에는 인구 5만 명 이상인 도시가 하나 이상 포함되며 인근 카운티county를 포함한 인구가 10만 명이 넘어야 한다. 1994년 기준으로 미국에는 MSA가 262군데 있다(Picard & Brody, 1997: 38).

지 나들이하는 수고를 감수하지 않는다. 하지만 비교적 고가의 가전 제품이나 가구를 장만할 때는 이야기가 달라진다. 용산 전자상가는 물론이고 인근의 다른 지역까지 답사하면서 더 유리한 조건으로 제품을 구입하려 할 것이다. 구입하려는 제품 종류에 따라 소비자가 구매 활동에서 감수하는 이동 거리가 달라진다는 것이다.

최소 범위는 어떤 업종의 업소가 존립하려면 확보해야 하는 최소한의 시장 범위를 말한다. 어떤 업종에서 도달 거리가 최소 범위의 반경보다 짧으면 업체는 살아남을 수가 없다. 도달 거리와 최소 범위가 균형을 이루고 맞아 떨어지는 지점을 기준으로 '중심성centrality'을 측정하는 데 업종마다 중심성에는 편차가 있다. 저가품은 중심성이 낮고 고가품은 상대적으로 중심성이 높다. 대체로 중심성이 높은 업체는 넓은 배후지를 필요로 하므로 큰 도시에만 자리 잡을 수 있고, 낮은 업체는 상대적으로 작은 도시에도 다양하게 분포한다.

그림 6-1은 중심지 이론에 따라 지역 단위 간의 기능적 관계를 도식화한 것이다. (a) 유형은 지역 간의 관계가 지역 단위의 규모에 따라 농촌이나 읍 → 지방 소도시 → 지방 광역시 → 서울 등의 순서로 계층화해 있는 것이고, (c)는 지역 규모에 관계없이 모두 중간 단계를 건너뛰고 서울과 직접적인 관계를 맺는 유형에 해당한다. 중심지 이론은 이처럼 도시 크기와 경제력 규모에 따라 도시 사이에 기능적 계층 관계가 형성되는 과정을 설명해 준다는 점에서 지역 방송 권역 설정에 관한 논의에도 원용할 수 있다. 현재의 권역 설정은 대체로 (a) 유형의 도시 계층 구조를 전제한다. 주요 거점 도시별 지역 방송사가 해당 도시뿐 아니라 인근 지역을 포괄하는 지리적 범

그림 6-1. 도시 계층 구조의 상호 작용 유형

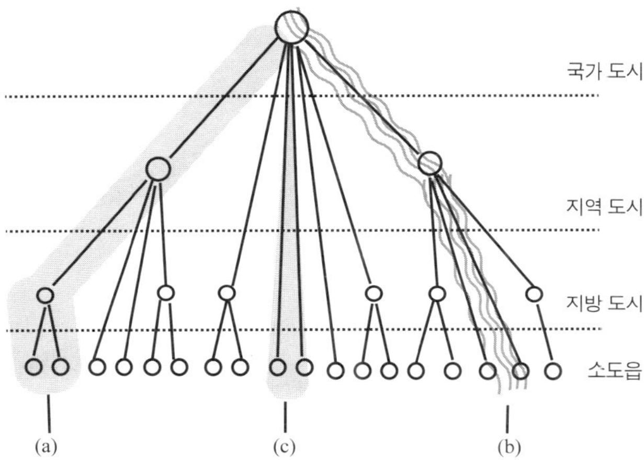

출처: 김형국, 1997: 307.

위 안에서 중심지 역할을 수행할 것이라 가정한 것이다.

하지만 만약 실제로는 지역 간의 기능적 관계에서 (c)가 지배적인 유형이 된다면, 지역 주민은 지역 방송보다는 전국 방송을 선호하는 것이 자신의 생활 패턴에 더 잘 맞는 합리적 선택이 될 것이다. 이렇게 되면 지역 방송 활성화라는 구호는 사업자에게만 절실할 뿐 정작 주민들은 체감하기 어려운 공염불이 되고 말 것이고, 당연히 지역 방송의 존재 의미도 크게 희석된다. 지역 방송 권역은 주민이 생활 근거지인 지역 단위에 느끼는 소속감에 근거하는데, 이는 근본적으로는 주민들의 경제적, 도시 정치적 생활권과 밀접한 관련이 있다.

부산 광역권의 신문 시장에 관한 임영호(1996)의 사례 연구는 이러한 공간관에 입각해 분석한 이례적인 사례로서, 도시 계층에서

그림 6–2. 부산 경남 지역의 우산 밑 경쟁 모델

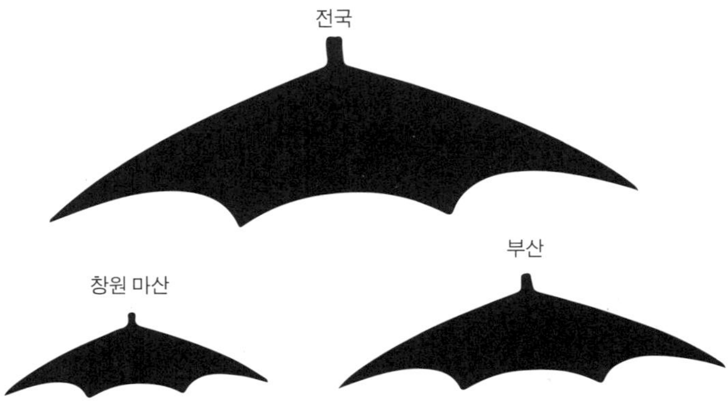

출처: 임영호, 1996: 160.

도시 간의 사다리 구조식 관계가 일반적일 것이라는 예상을 뛰어넘는 기능적 관계 패턴의 가능성을 보여 주었다(그림 6–2를 참조하라). 그는 수도권, 부산, 경남(창원) 지역 신문의 지면 광고 시장 분포를 조사해, 그 결과를 토대로 지리적 광고 시장 패턴을 추정하였다. 조사 당시 도시별 인구 규모는 부산이 약 380만 명, 마산 49만 명, 창원 32만 명, 진해는 12만 명으로, 도시 규모만 놓고 볼 때 부산과 인접한 도시 간에 기능적 도시 계층 관계가 성립할 가능성이 다분히 존재했다. 신문 광고가 지역 생활권과 밀접한 관련이 있다는 점을 감안하면, 부산과 경남 도시들 간에는 신문 광고 시장이 서로 중첩되는 경쟁 관계를 예상할 수 있는 상황이었다. 하지만 적어도 조사 당시 신문 광고 시장 실태만 놓고 볼 때, 예상 밖으로 이러한 계층적 경쟁 관계는 부산과 경상남도 신문 사이에는 발견되지 않았고, 오로지 수도권과 비수도권 여러 도시 간의 경쟁 양상만 나타났다.

이 결과는 한국 신문 시장의 독특한 특성을 잘 보여 준다. 즉 한국 신문 시장에는 그림 6-1에서 (a)와 같은 다단계 도시 계층이 아니라, (c) 유형 즉 도시 규모와 상관없이 수도권과 비수도권 도시라는 두 개의 층위로만 구성된 계층 구조라는 뜻이다. 물론 한 지역 단위의 신문 시장에서 발견된 특징을 성급하게 전국으로 확대 해석할 수는 없다. 하지만 만일 전국 단위에서도 생활권 분포가 이와 비슷한 패턴이 일반적이라면, 방송 권역을 설정하는 데에서도 전혀 다른 접근이 필요해진다. 임영호(1996)의 연구 결과가 시사하듯이 수도권의 압도적인 지배력하에 지역별 생활권이 (a), (b), (c)처럼 다양한 유형으로 분절되어 공존하는 형태로 되어 있다면, 방송 권역 역시 생활권에 맞추어 다시 구획해야 한다. 말하자면 지역 방송의 지역 범위는 행정 구역별로 기계적으로 나누지 말고, 행정 구역 범위와 무관하게 지역별로 지금보다 훨씬 다양한 크기의 권역이 공존하도록 다시 설정해야 한다. 지역 방송사가 소재한 지역 거점 도시가 인근 권역의 중심지 기능을 하지 못하고 있다면, 인근 지역의 대변자로서 해당 지역 방송사의 필요성이나 기능 역시 줄어들 수밖에 없다는 뜻이다.

도회권이나 중심지 이론을 적용해 지역별 공간 단위를 분석하려면 물론 인구 분포와 정주 방식, 인구 이동, 직장 분포, 교통망 이용 형태 등 좀 더 미시적인 여러 요인에 관한 계량적 분석 작업이 필요하다. 인구 이동에 관한 연구에서는 인구 이동의 특성이나 동기 외에도 이동 방향이 중요하다. 가령 비슷한 광역 도시권이라 하더라도 수도권처럼 외곽 위성 도시 거주자들이 도심으로 매일 출퇴근하는 패턴이 일반적인 도시와, 여타 광역 도시처럼 도심 거주자가 외곽으로 통근하는 양상이 더 두드러진 도시를 같은 반열에 놓고 논의할 수는 없다.

국내의 몇몇 연구에 따르면 통근 패턴이나 교통 분포는 실제로 지역 단위 간의 중심지 구조의 변화에도 영향을 미친 것으로 나타났다(곽철홍·이전, 1997; 권오혁, 2016; 김경추, 2009). 권오혁(2016)은 "교통발달에 의한 중심지 체제의 변화모형"을 제안하면서, "교통발달은 고차중심지의 상권을 확대하는 반면 저차중심지의 상권 축소와 기능 쇠퇴를 초래할 것"이라고 주장했다. 특히 이러한 현상은 지역 단위 간의(즉 고차 중심지와 저차 중심지 간의) 규모 차이가 클수록, 이 단위들이 서로 가까이 위치할수록, 상품의 중심성이 높을수록 더 두드러지게 나타난다고 결론지었다. 수도권에 가까운 대도시에서는 다른 광역시에 비해 자급자족적 도시 기능이 제대로 발달하기가 훨씬 더 어려운 것은 바로 이 때문이다.

요컨대, 지금까지 일반적 통념에 따라 관행적으로 해오던 것처럼 지리적·기술적 공간 개념으로 지역 방송 현상을 이해하면, 이론적으로 설명하기 어려운 사각 지대가 여기저기 생겨난다. 이처럼 이론적으로 허술한 공간관으로 지역 방송 현상을 바라보면 중요한 이론적, 정책적 쟁점을 놓치게 될 우려가 있다. 정책 차원에서도 권역 구획이 주민의 생활 방식이나 인식과 동떨어진 결과로 이어질 가능성이 크다. 이러한 한계점을 극복하려면 공간을 사회적, 정치적 현상으로 재조명해 지역 방송 권역 문제를 새롭게 접근할 필요가 있다.

그렇게 되면 지역 방송에서 권역 구획은 작은 지리적 단위가 모인 평면적인 모자이크 모양이 아니라 다양한 차원의 사회적, 정치적, 경제적 관계로 얽힌 입체적인 형태로 바뀌게 될 것이다.

3. 규범적 공간 개념의 한계

하지만 방송 권역 설정을 비롯해 중요한 방송 정책 이슈 결정이 순수하게 기술적인 요인만 감안해서 이루어지는 일은 드물다. 방송 관련 연구에서 공간 차원에 관한 논의는 때때로 기술적, 경제적 효율성 차원과 배치되기도 하는 다른 잣대에도 의존한다. 바로 '공익'이 대표적인 개념이다(배진아, 1999; 이창현, 1998). 채널 허가나 방송 권역 설정은 전파라는 한정된 공적 자원을 일부 사업자에게 독점적으로 부여하는 특권 성격을 띠고 있어 어떤 형태로든 정책적 선택을 정당화할 수단이 필요하다. 이 때문에 방송 사업자의 영업 구역을 구획하는 공간적 경계 설정에서는 규범적 차원도 고려하게 된다. 권역 설정은 방송 사업자의 사업 구역인 동시에 방송 서비스의 소비자인 시민들에게 바람직한 상징적 생활 공동체의 범위를 정해 주는 일이기 때문이다. 많은 정책 연구에서는 이 규범적 공간과 기술적 공간 차원을 어떻게 조화시킬 것인지를 주 관심사로 삼는다.

실제 정책 과정에서 채택하는 공간 개념을 정책적 공간이라 부른다면, 이는 기술적·지리적 공간과 규범적 공간의 차원이 교묘히 배합되어 설정된 개념이라 할 수 있다. 가령 국가와 국가 사이의 방송 권역 구분은 단순히 전파 도달에서의 기술적 효율성 요인만 고려해서 이루어지지 않으며, 국가나 민족 문화라는 사회적 차원도 중요한 요인으로 작용한다. 베네딕트 앤더슨Benedict Anderson(1983)은 서구 근대사에서 민족의 생성 과정을 "상상의 공동체imagined communities" 형성이라는 관점에서 설명했는데 방송 권역 설정에서도 국가나 민족 문화는 이와 비슷하게 규범적인 상상의 공동체 기능을 한다. 일본과 한국의 방송 권역은 기술적 송출 측면에서는 얼마든지 중첩될 수 있지만, 실제로는 민족 문화 공동체라는 규범적 공간 구분을 감안해 상호 배타성을 띠는 권역으로 설정된다.

전국 네크워크나 지역 방송의 권역 설정에 관한 논의에서도 기술적, 경제적 효율성 잣대뿐 아니라 '로컬리즘localism'이라는 규범적 공간 구분이 큰 영향력을 행사한다. 지역이라는 공간 단위는 비록 경제성이나 기술적 효율성은 떨어질 지라도 전국 방송의 압도적인 영향력에서 보호해야 할 공익적인 가치로 간주된다. 이 개념에 의하면 지역은 단순히 국가의 지리적 하위 단위에 그치지 않고, 그 자체로 주민들 사이의 공통된 상징적 정체성에 기반을 둔 상상의 공동체로 간주되는 경향이 있다. 이처럼 지역을 규범적 차원의 공간으로 보는 시각은 정도 차이는 있지만 지역 방송에 관한 대다수의 연구에서 발견할 수 있다(강상현, 1994; 김동규, 1994; 변동현·양승관, 1997; 전환성, 2001; 정상윤, 2001).

그런데 기술적·지리적 공간과 규범적 공간 구분이 이처럼 서로 다른 잣대에 의존하는데도 불구하고 방송 연구에서는 오랫동안 이 두 공간 개념을 혼용해왔다는 점을 눈여겨보아야 한다. 실제 공간 구분에서 두 잣대는 결국 비슷한 결과를 낳았기 때문이다. 일본 방송은 국내 방송과 규범적으로 분리되어야 할 대상일 뿐 아니라 기술적 권역으로도 어느 정도 구분된다. 또 지역 방송은 서울과 사회적으로도 거리감이 있는 별도의 지역 단위를 대상으로 할 뿐 아니라 지리적으로도 어느 정도 떨어져 배치되어 있다. 하지만 최근 방송 환경이 변화하면서 기존의 공간 구분 잣대로 설명하기 어려운 사례가 나타나기 시작했다.

새로 등장한 매체, 특히 위성 방송을 둘러싸고 벌어진 논란이 대표적인 사례다(김대호, 2001; 김도연, 2001; 김동규, 2001; 윤석년, 2001). 위성 방송은 송출 범위에서는 지리적 거리에 제약을 받지 않기 때문에, 인위적인 권역 설정을 사실상 유명무실하게 만들었다. 위성을 통해 방송 프로그램을 송출하는 방식을 도입하면 전파 도달 거리의 제약을 받지 않고 기술적인 난시청 지역도 일거에 해소된다. 사업자 간에 지리적 사업 권역 제한을 해제할 경우 방송 사업자는 규모의 경제라는 혜택도 누릴 수 있다. 하지만 기존의 방송법은 지역 방송사가 허가받은 권역 외부에 프로그램을 재송신하는 행위, 즉 '역외 재송신'을 제도적으로 금지하고 있어 기존의 권역 제한을 넘어서는 위성 기술은 무용지물이다. 기술적 가능성과 제도적 규범이 충돌하게 된 것이다. 따라서 새로운 방송 기술 환경에서 이 규정은 사실상 의미가 없으므로 역외 재송신을 허용하자는 주장이 나왔는데, 이는 바로 기술적 논리를 충실히 따른 것이다.

그런데 위성 방송 매체가 초래하는 기술적 공간 범위 확대는 우리가 지금까지 유지해온 규범적 공간 구조에 관한 통념까지도 근본적으로 흔들어놓았다. 지금까지 지역 방송 정책에서는 서울 소재 방송사가 지역 소재 네트워크 가맹사에게 프로그램을 대부분 공급하고, 지역 방송 사업자는 분권적 로컬리즘의 기능을 담당하는 분업 구조가 일반적인 통념이었다. 지역 방송의 로컬리즘 이념은 바로 이러한 기술적, 산업적 토대 위에서 작동했다. 하지만 위성 방송이라는 기술 환경에서는 이 분업 구조가 거의 유명무실해졌다.

이러한 논란은 새로운 미디어 플랫폼의 등장기에 나타나는 일시적인 현상이 아니라 앞으로 기술 혁신과 더불어 더욱 다양하고 심각한 형태로 나타날 수도 있다. 특히 거의 모든 미디어가 온라인 기반으로 옮아가는 기술 환경에서는 지금까지 통념으로 통하던 로컬리즘 이념의 토대가 근본적으로 흔들릴 가능성이 크다. 이상의 몇몇 사례가 주는 함의는 분명하다. 지금까지 상식처럼 통하던 로컬리즘이라는 규범적 공간 구분이 새로운 방송 환경에서 어떤 의미를 지니는지 이론적 차원에서도 다시 한 번 짚어보아야 한다는 것이다(가령 Napoli, 2000을 보라). 그러기 위해서는 방송 권역 정책 논의에서 전제로 삼는 공간 개념 자체도 근본적으로 재검토해 볼 필요가 있다.

또 하나는 중앙 방송과 지역 방송의 구분을 모호하게 만든 경인방송(iTV)의 사례다. 방송사 소재지 간의 지리적 거리를 감안할 때 경인방송의 기술적·지리적 권역은 SBS와 거의 중복될 수밖에 없다. 그렇지만 SBS는 중앙 방송으로, 경인방송은 지역 방송으로 분류되는데, 이 분류는 실제 운영에서 적지 않은 논란의 여지를 낳는다. 명목상의 분류는 다르지만 두 회사 사이에 실질적인 차별성의 여지가 거의 없기 때문이다. 양자는 지리적·기술적 공간 구분에서 차이가 없지만, 규범적 공간 구분 측면에서만 다르게 분류된 것이다. 이처럼 수도권에 위치한 지역 방송이라는 특이 사례는 지역 방송에 관한 전통적인 규범과 잘 맞지 않는다. 이러한 분류상의 불일치는 지역과 중앙이라는 상식화된 공간 인식에 혼란을 야기한다. 이는 마치 신문 시장에서 수도권 소재 지방지라는 용어가 생소한 것과 마찬가지다. 이 사례는 방송 정책에서 규범적 공간 개념이 얼마나 허술한 상태로 활용되고 있는지를 잘 보여 준다.

이 밖에도 지역 방송 정책에서 방송 권역 광역화 제안 역시 기존의 공간관이 갖고 있는 한계점을 잘 보여 주는 사례다. 방송 권역 재규정 문제는 결국 권역 설정에서 기준이 되는 사회적 가치의 재평가로 이어진다. 지금까지 지역 방송에 관한 논의에서는 지역성 보호라는 명분 때문에 방송 권역의 경계 재편 문제에서는 기존의 틀을 존중하는 조심스런 견해가 우세했다. 그렇지만 방송 환경 변화와 더불어 신자유주의의 탈규제론에 입각한 시장주의 관점이 확산하면서 지역 방송 정책에서도 방송 권역 광역화가 불가피하다는 주장이 힘을 얻고 있다(가령 방송위원회, 2000). 지역 방송 광역화 방안은 로컬리즘이라는 규범적 공간 개념과 경제적, 기술적 효율성에 다라 확대된 공간 구분이라는 두 잣대를 절충한 것이다. 기술적으로 권역 제한이 무의미해지면서 규범적인 로컬의 영역 역시 확장할 수 있게 되었다는 인식을 권역 광역화 주장은 드러낸다.

그런데 역설적으로 이 절충안은 여러 가지 본질적인 질문을 야기한다. 만일 기술적, 경제적 효율성을 중시해 지금까지 세분화되어 있던 로컬 단위를 광역화한다면, 이 확대된 지역 단위가 여전히 로컬이라는 상상의 공동체 의식을 유지할 수 있을까? 어떤 점에서는 광역화 방안이란 결국 로컬리즘이라는 규범적 가치와 기술적 효율성이라는 상반된 요구를 잠정적으로 봉합해 언어적 기교로 얼버무린 절충적 입장의 레토릭에 불과하다. 사실상 권역 광역화란 어떤 면에서는 로컬의 확대가 아니라 변형된 기술적 공간관의 표출에 그칠 가능성이 크다.

여기서 분명한 것은 로컬리즘에 관한 개념적 혼란이 단순히 광역화 논의에 국한되지는 않는다는 점이다. 지금까지 국내 지역 방송 관련 논의에서는 로컬리즘을 당연한 전제로 받아들이면서도 그것이 과연 무엇이고, 어떤 사회적 범위에 적용되며, 어떻게 형성된 것인지 의문을 제기하거나 비판적 검토 대상으로 삼은 적이 별로 없다. 앞에서 열거한 사례들은 지금까지 로컬리즘 논의에서 일반화한 무비판적인 시각의 한계가 새로운 미디어 환경을 맞아 더 두드러지게 부각되었을 뿐임을 확인해 준다. 앞으로 방송 환경이 더 변화하게 되면 공간적 차원에 관한 개념적 혼란은 아마 더욱 커질 것이다. 따라서 지금까지 지역 방송 연구에서 흔히 사용해온 기술적·지리적 공간 개념과 규범적 공간 개념을 재검토해 이론적으로 좀 더 정교한 개념으로 발전시킬 필요가 있다.

그렇다면 지역 방송 논의에서 거의 보편적으로 규범적 전제가 된 로컬리즘이라는 상상의 공동체를 어떻게 달리 접근할 수 있을까? 규범적 색채를 강하게 띠는 지역이라는 공동체 개념을 사회과학적인 관점에서 파악한다면 어떤 대안이 가능할까? 지역 방송 논의에서 지역이란 단위는 물리적, 지리적 공간을 기반으로 삼는다고 하더라도 결국 사회적으로 구성된 산물이다. 이와 마찬가지로 로컬이라는 규범적으로 구성된 무형의 공간 역시 정치적, 문화적 산물이다. 규범적 공동체로서의 지역은 물리적 실체와 관련되기는 하지만 대체로 언어적으로나 문화적으로 매개되어 생겨난 담론 구성체 discursive formation 형태로 존재한다. 기존의 공간 이론 중에서도 '공간 정치'나 '공간 감지' 관련 논의는 지역이라는 상상의 공동체가 구조적으로 형성되는 과정을 규명하는 데 유용하다는 점에서 로컬리즘 연구에도 원용해 볼 만하다(김형국, 1997). 공간 이론은 지역 개념에서 로컬리즘이라는 규범적 차원을 이론적으로 규명하는 데도 상당한 시사점을 줄 수 있다는 것이다.

우선 의사 결정(권력)의 공간적 분포, 즉 '도시 정치'나 '공간 권력' 문제는 어떤 지역의 사회적 공간 구조나 상징적 공간을 결정하는 데 중요한 요인이다. 이것은 지방 자치 단체의 정치 과정, 중앙 정부와 자치 단체 간의 역학 관계 측면으로 나타나는데, 방송 권역 형성 과정을 이해하는 데도 빠뜨릴 수 없는 핵심 요인이다. 좁은 의미에서 도시 정치는 "도시 문제에 특정한 정치현상"으로 정의할 수 있다. 국내에서 이러한 의미의 도시 정치는 지방자치제 실시 후에야 싹트기 시작했으며 아직도 강력한 중앙 정부의 존재 때문에 본격적으로 발달하지는 못했다. 하지만 넓은 의미에서 도시 정치는 "도시 문제를 둘러싼 정치현상"으로 정의할 수 있는데, 이러한 측면에서 보자면 어떤 사회에든 도시 정치는 존재한다(강명구, 1998: 352). 어떤 지역에서든 자원을 동원하고 배분하는 권한 행사의 메커니즘은 작용하기 마련이고 실제로 지역의 성장과 발전 양상에도 영향을 미친다.

지방자치제가 발달하지 못해 지역 단위의 정치 행위자가 주도적 역할을 하지 못한다고 해도 이 점은 변함이 없다.

대체로 공간 권력 문제에서 가장 흔히 부각되는 쟁점은 중앙 집권화와 분권화로 대비되는 국가 차원의 권력 분포 측면이다. 한국 사회에서 지역 방송이 제대로 발달하지 못한 것은 무엇보다 수도권 중심의 중앙 집권 구조에서 기인한다. 선거를 통해 권력을 창출하는 과정은 공간 권력이 구체화하는 데 영향을 미치는 대표적인 요인이다. 한국 사회에서 지역 언론을 포함해 거의 모든 언론이 지역 내부 문제보다는 오히려 중앙 정치 지향적으로 고착된 것은 지역 분할적인 정치권력 창출 구조와 관련이 있다(가령 강상현, 1992를 보라). 지역 언론의 보도에서도 지역구 의원이나 자치 단체장 선출 같은 지역 정치 이슈도 지역 현안을 대변하고 정책에 반영하는 문제보다는 중앙의 권력 창출 과정이나 정치 역학에 미치는 파급 효과 측면에서 평가하고 있다. 역설적이긴 하지만 지역 현안에 미치는 실질적 영향력 측면에서 보자면, 이러한 중앙 지향적 정치 보도가 지역 지향적 보도보다는 오히려 합리적인 선택인 셈이다.

이렇게 보면 지역 방송에 관한 논의에서도 넓은 의미에서의 도시 정치는 반드시 고려해야 할 핵심적인 요인이다. 지역 방송 현상에서 지역은 이처럼 매우 정치적인 단위인데도, 이 정치적 공동체가 구성되고 작동하는 정치 과정은 연구자의 체계적 논의 대상에서 거의 비껴나 있다. 지역 방송을 둘러싼 정치는 국가의 권력 중심에서 이루어질 뿐 마치 지역 단위 내부의 권력 과정과는 무관한 것처럼 다루어진다. 이 과정에서 지역이 어떻게 국가 차원의 권력 과정에서 배제, 주변화되는가 하는 문제뿐 아니라 지역의 주요 정치 행위자들이 어떻게 지역 방송을 자신에 유리하게 사유화하는가 하는 문제 역시 도시 정치의 핵심 쟁점으로서 앞으로 지역 방송 연구자가 좀 더 관심을 기울여야 할 부분이다.

두 번째로 공간 구조 이론에서는 행위자 수준에서 이루어지는 '공간 감지spatial perception'도 중요한 차원이다. 공간 감지는 "공간에 대한 지칭적이거나 평가적인 인식"(김형국, 1997: 37)을 말하는데, 공간상의 의사 결정이나 입지 형태에도 상당한 영향을 미친다. 지역 방송 문제와 관련해서 특히 주목할 만한 현상은 '지역 의식'이나 '지역 감정'의 측면이다. '중앙'과 '지방'의 상호 인식 관계도 여기에 해당한다. 개별 지역에 대한 소속감이나 편견, 나아가 지방 담론, 즉 지방이나 지역이라는 개념 자체가 어떻게 형성되는가 하는 문제 역시 지역 방송을 둘러싼 정치 과정에서 공간 감지 차원에 속하는 중요한 문제라고 할 수 있다.[10] 권력의 공간적 배치를 둘러싸고 벌어지는 사회적 투쟁은 경제적 차원이나 도시 정치뿐 아니라 상징적 자원 분포 형태로도 나타나기 마련이다. 주요 사회 기관이나 언론사가 서울에 밀집되는 것은 일차적으로는 자원 동원 측면에서 입지 조건의 우위 때문이겠지만, '중앙'이라는 상징성, 즉 공간 감지 차원에서 더 큰 영향력을 행사할 수 있다는 전략적 이점과 무관하지 않다. 이 때문에 서로 비슷한 규모의 언론사일지라도 수도권 소재 일간지는 '중앙 일간지'로 분류되어 광역 일간지보다 더 우대받는 차별화가 발생한다.

10 '지방' 담론에 관한 흥미로운 논의로는 권숙인, 1996; 전규찬, 1999를 보라.

도시 정치에서는 주민들이 자신의 지역에 대해 다른 지역과 차별화된다고 느끼는 지역 '정체성' 문제가 매우 중요하다. 이 정체성은 지역 방송사의 시장 기반을 이룰 뿐 아니라 지역 방송 정책 형성 과정에서 관련 행위자들을 압력 집단으로 동원하는 이념적 기반이자 투쟁의 상징적 자원으로 활용될 여지도 크다. 지역 정체성 문제는 주제의 성격상 문화연구와 친화성이 높은 연구 영역이지만, 지역 방송 연구에도 함의가 큰 구체적인 연구 주제들을 제시해 준다. 기존의 지역 방송 연구에서는 로컬리즘이나 '지역'이라는 규범적 개념을 마치 당연한 상식처럼 전제하는 경향이 있었다. 하지만 지역 주민의 관점에서 볼 때 지역이라는 규범적 단위는 과연 어느 정도의 지리적 범위에 근거한 공간 지각일까? 이때의 지역 단위는 경제적인 생활 범위나 지역(도시) 정치 단위, 또는 지역 거주민이 공통된 소속감을 느끼는 상징적 공동체의 공간적 범위와 어느 정도 일치, 중첩, 구분될까? 또한 주민들이 이렇게 인식하는 지역 단위는 방송 사업자의 영업 권역과 어느 정도 일치할까?

공간 감지 측면은 지역 단위를 설정하는 데 매우 중요한 요소이긴 하지만 물리적 공간에 근거한 사회적 실체로서의 지역 단위와 연관지어 논의할 필요도 있다. 가령 인구 이동의 빈도, 방향, 목적은 공간 감지에 관한 논의에서도 다각도로 해석해 볼 만한 풍부한 자료를 제공해 준다. 수도권 신도시 주민은 자신이 서울 사람이라고 느낄까, 아니면 경기도민이라고 인식할까? 인구 규모가 비슷한 지방 도시라 하더라도 정주 유형 분포는 다양할 수 있다. 대다수의 지역민이 직장을 잡고 거주하면서 뿌리를 내리는 유형의 도시도 있고, 인구의 상당 비율이 주중에만 직장에서 일하고 주말이면 다른 대도시의 주거주지로 이동해 버리는 '주말부부'형 도시도 있다. 이 두 도시의 주민에게 지역의 의미, 즉 공간 감지는 아마 상당히 다를 것이다. 물론 이러한 공간 감지는 이슈별로 다르게 나타나는 다층적이고 모순된 양태를 띨 수도 있다. 가령 수도권 위성 도시 거주자는 생활 공간 측면에서는 서울 도심 지역과 구분되는 소지역에 소속감을 느끼면서 공동체의 문제에 관심을 갖고 목소리를 내지만, 상징적 차원에서는 자신을 서울이라는 중심부이자 포괄적인 지역 구성원, 즉 '서울 사람'으로 자처하는 모순된 인식을 드러낼 수도 있다.

이렇게 보면 규범적 공간으로서의 로컬리즘은 단일한 형태가 아니라 아주 다양한 층위의 공간감지 형태에 기반을 둔다고 할 수 있다. 지금까지 지역 방송 논의에서 로컬리즘은 당연시되는 상식적 용어로서 무비판적으로 사용되었지만, 이제는 이것 역시 이론적, 비판적 검토 대상이 되어야 한다. 만일 그렇게 되면 지역은 지금처럼 항상 정책적 보호·육성 대상에 그치지 않고 이론적 검토와 비판적 조명 대상으로 떠오르게 된다. 규범적 공간 개념으로서 지역이라는 용어의 문제점은 바로 사고의 출발점인 상식적 의미를 당연시하는 바람에 이러한 성찰 작업을 어렵게 한다는 데 있다.

4. 사회적 공간으로서의 지역, 지역 방송

그렇다면 지역 방송 연구에서 공간 문제를 어떻게 접근해야 할 것인가? 지금까지 방송 관련 연구에서는 공간 문제를 주로 기술적, 지리적 차원이나 규범적 차원에서만 파악했는데, 이러한 접근은 상식적인 통념 수준을 넘어서지 못했다. 지역 방송 연구에서 공간 문제를 다룰 때에는 기존의 통념을 깨뜨리는 발상의 전환이 필요한데, 이는 이론의 힘을 활용할 때 비로소 가능해진다. 특히 방송 분야에서 새로 등장하는 다양한 현상을 제대로 설명하고 기존 현상의 의미를 새롭게 조명하려면 기술적·지리적 공간이나 규범적 공간 개념 일변도에서 벗어나 사회적 공간 개념으로 접근해야 한다. 사회적 공간은 공간을 매개로 벌어지는 사회 현상을 말하며, 이를 이해하려면 사회과학적 사고가 필요하다. 물론 방송 현상에 관한 연구에서 매체의 기술적 속성과 관련된 측면은 여전히 중요하지만, 매체를 둘러싸고 공간적 차원에서 전개되는 사회과정의 사회적, 정치적, 문화적 측면과 연계해 이러한 기술적 속성의 의미를 이해해야 한다는 것이다.

좀 더 세분화하자면 여기서 말하는 사회적 공간에는 크게 두 차원이 있다. 하나는 국가, 시민 사회, 시장처럼 방송의 구조적 환경에 해당하는 제도적 공간 차원이다. '공공 영역public sphere'처럼 규범적 이상과 제도를 공간적 실체에 비유해서 표현하기도 하고, 다양한 제도 영역에서 이루어지는 행위(예컨대 방송 시장 '진입entry')에 대해 공간적 비유를 사용하기도 한다. 이 문제 역시 매우 중요한 사회적 차원으로서 아직 더 많은 연구가 필요한 부분이다(이러한 연구로는 가령 박승관·장경섭, 2000).

하지만 이 글은 사회적 공간의 두 번째 형태, 즉 지리적 공간 분포의 사회적 차원에 주로 주목한다. 지역 방송 현상에서 지역과 지역 간의 관계는 방송 권역 문제에 그치지 않고 방송을 통해 나타나는 정치적, 경제적, 문화적 권력 관계 차원을 포함할 수밖에 없다. 이 차원의 의미를 제대로 파악하려면 공간 구조를 "단지 사회생활이 전개되는 물리적 장arena으로만 간주하지 않고 사회관계가 생산되고 재생산되게 하는 매개체"(Gregory & Urry, 1985: 3)로 보아야 한다. 이 글에서 특히 강조하는 것은 바로 공간의 이러한 차원이다. 물론 공간을 사회적 차원에서 접근한다고 해서 지리적·기술적, 물리적 공간이 의미를 상실하지는 않으며, 규범적 공간 차원이 정치적으로 용도 폐기되지도 않는다. 단지 이러한 공간 구분 문제가 던져주는 사회적 함의를 좀 더 엄밀하게 검토할 수 있도록 다양한 이론적 틀을 모색해야 하며(예컨대 박영민, 1997; 조명래, 1997; 최병두, 2001; Soja, 1993/1997을 참조하라), 규범적 논의에서도 규범의 전제와 의미를 비판적으로, 또 이론적으로 성찰해 보아야 한다는 것이다.

방송은 넓은 의미에서 정치성이 매우 강한 현상이다. 방송 영역은 다양한 이념과 가치, 사회 세력, 이해관계가 서로 갈등하고 수렴되는 장이기 때문이다. 넓게는 국가나 문화권 사이의 방송 권역 구분 문제나 지역 방송 문제는 이러한 복합적 과정이 공간적 차원에서 전개되는 사례라고 할 수 있다. 이 현상을 제대로 이해하려면 이 과정에 내재하는 다층적인 세력 간의 관계를 파악할 수 있는 정교한 이론적 틀이 필요하다. 지역 방송 연구는 대개 중앙 방송과 지방 방송 사이에 정치적, 경제적, 문화적으로 불균등한 권력 관계가 성립한다는 인식에서 출발했으며, 이러한 인식은 여전히 유효하다. 하지만 이 과정을 체계적으로 파악하려면, 방송 사업자나 정책 결정자만이 아니라 다양한 행위자가 연루된 넓은 사회적 맥락 속에, 또한 이들 간의 복합적인 관계 속에서 현상을 파악해야 한다. 그렇지만 지금까지 지역 방송 연구에서는 이처럼 복합적 차원을 제대로 다루지 못했는데, 이는 공간적 차원에 관한 이론적 인식 부족과 무관하지 않다.

지금까지 지역 방송 관련 논의에서는 '지역'이 마치 미분화된 가상의 단일체인 것처럼 가정하는 경향이 있었다. 중앙집권적 전국 방송이나 위성 방송이 로컬리즘을 위협한다는 주장이 좋은 예다. 이 주장은 언뜻 의미 관계가 자명한 명제처럼 보인다. 그런데 좀 더 분석적으로 살펴보자면 복잡한 이슈들이 문제로 남는다. 이 주장에서 위험에 처한 대상으로 규정된 로컬은 구체적인 실체인가, 아니면 사회적 이상으로 존재하는 규범적 공간에 불과한가? 실체로서의 로컬은 지역 방송을 소유하고 지역에서 기득권 층으로 자리 잡은 기업 자본을 가리키는가, 지역 방송에 종사하는 언론인/방송 종사자가 추구하는 직업적 집단 정체성을 말하는가, 아니면 지역 거주민의 욕구를 지칭하는가?

지역 방송 사업자, 종사자, 거주민은 지역 방송이라는 사회 현상을 구성하는 핵심 행위자이지만 서로 연관되면서도 갈등의 소지가 있는 이질적 존재다. 하지만 실제로 많은 지역 방송 연구는 이 요소들을 구분하지 않고 마치 서로 조화를 이루는 단일한 실체인 것처럼 가정한 채 논의를 전개한다. 지역 방송에서 비판적으로 검토해야 할 대상이자 중요한 이론적 이슈가 마치 당연한 전제처럼 간주되면서 논의에서 실종된 것이다. 이 여러 요소 간의 관계를 체계적으로 분석하려면 사회과학적인 문제의식에서 출발해 좀 더 정교한 이론적 틀을 개발할 필요가 있다.

지역 방송 정책은 결국 중앙과 지방 사이에 자원의 자유롭고 활발한 흐름을 유도할 것인가, 아니면 인위적 차단을 통해 지역이란 공적 가치 보호를 추구할 것인가 하는 공간 구분 문제로 정리할 수도 있다. 그렇다면 어느 쪽을 선택하든 이 구분은 자연히 사회적 규범성 차원을 불러오게 된다. 로컬리즘, 민족 정체성/문화 주권 따위의 용어는 이 정책 문제에서 주장의 근거를 제공하는 선험적 전제 구실을 한다. 그렇지만 많은 방송 관련 연구에서는 이 이념을 아주 당연한 것처럼 전제하고 논의를 전개하는 경향이 있다. 이 규범적 전제 역시 비판적으로 검토해 의미 구성 요소를 명료화할 필요가 있다. 좀 더 근본적으로 성찰하자면, 로컬리즘은 과연 필요한 것인지, 로컬리즘 이념을 구성하는 다양한 차원은 무엇인지, 로컬을 공간적 방송 권역과 동일시하는 것은 정당한지에 대해서도 끊임없이 의문을 제기해 볼 필요가 있다. 이는 민주주의가 사회적으로 당연시되는 보편적 가치이지만 정치 현상 연구에서 항상 논란과 비판, 분석 대상이 되는 것과 마찬가지다.

이와 더불어 방송 연구에서 지역 방송이라는 현상을 바라보는 시각 자체에도 의문을 제기해 볼 필요가 있다. 지역 방송 연구에서는 흔히 로컬리즘이 보호해야 할 소중한 사회적 가치라는 전제에서 지방과 중앙의 관계를 파악하는데, 이 관계에서는 상징적 차원만이 유난히 부각되는 경향이 있다. 이들의 논의에서 중시하는 지역 사회의 이익은 경제적, 물질적 차원이라기보다는 대개 추상성을 띠기 때문이다. 그러나 엄밀하게 보자면 지역의 욕구라는 규범적 개념은 상징적 명분 쌓기뿐 아니라 경제적, 정치적 이해관계를 포괄하는 다차원적 성격을 띤다. 지역 주민의 욕구를 제대로 반영하려면 로컬 편성을 확대해야 한다는 식으로 지역 방송 연구자는 도식화된 규범적 주장을 펼친다. 하지만 정작 지역 시청자는 재미도 없는 지역 프로그램 편성 때문에 보고 싶은 네트워크 프로그램을 시청할 수 없다는 데 불만을 쏟아낸다는 역설도 종종 발생한다. 이렇게 되면 지금까지 반복된 거의 도식화된 주장은 지역의 욕구에 관한 한 근거가 희박한데도 극히 추상화된 명제만 고집해온 셈이다.

또한 지역 방송의 문제점을 파악하는 방식에 작용하는 편향 자체도 이론적으로 조명할 필요가 있다. 지역 방송에 관한 논의에서 지역 방송은 항상 중앙과 대비하여 무엇인가 부족하고 낙후된 존재이거나 해결해야 할 문제의 대상으로만 파악된다. 지방(방송)은 주체가 아니라 대상으로, 또 중앙과 대비된 '타자'로서만 정체성을 얻는 존재라는 점에서 '지방' 방송을 보는 관점은 중앙과 지방 사이의 불균형한 권력 배분 관계를 반영한다(이러한 관점의 논의로는 임영호, 2002b; 전규찬, 1999). 에드워드 사이드Edward Said(1979)는 '오리엔탈리즘orientalism'의 시선이 서구가 동양을 바라보는 시각에 작동한다고 주장했는데, 그의 주장은 중앙이 지역을 바라보는 시각에도 비슷하게 적용된다. 중앙과 지역 사이의 불균형을 인정하자는 뜻이 아니라 기존의 관점에서는 불균형을 늘 재확인할 뿐 문제점에 대한 사회적 해답을 찾아가는 새로운 접근 방식이 나올 수 없다는 것이다. 말하자면 지방 방송 자체만이 문제가 아니라 지방 방송을 보는 관점 역시 비판적으로 검토해야 할 이론적 문제로 부각된다.

요컨대, 사회과학적 관점에서 공간을 이해한다면 지역 방송 문제에서 지역은 지리적 공간 단위나 보호해야 할 규범적 단위에 그치지 않고 사회 현상을 구성하는 다양한 요인들이 서로 교차하는 장으로 새롭게 규정된다. 지역 문제 연구자는 이 차원들이 서로 어떤 관계를 맺으면서 지역이라는 현상에 작용하는지에 주목해야 한다. 이렇게 되면 지역 방송 논의에서도 지역은 당연시되는 전제가 아니라 이론적 검토와 비판적 분석의 대상, 즉 문젯거리가 된다. 문제의 해결책 모색은 바로 문제점 자체를 직시하는 데에서 출발한다.

5. 방송 연구의 학문 정체성에 대한 반성

어떤 면에서 지식은 외부 환경과 상관없이 연구자의 자유로운 개인적 사고 활동의 산물이다. 하지만 연구자가 처한 지식 생산 구조에 대한 연구자의 대응 행위라는 관점에서 지식의 발달 과정을 파악할 수도 있다. 이렇게 보면 지식 생산 구조는 연구자의 주제 선정이나 접근 방식에도 영향을 미치고, 특정한 방향으로 관심사를 유도하는 유인으로도 작용한다. 사회 현상에 관한 어떤 지식이 학술적 성과 형태를 취했다고 해서 반드시 순수한 지적 탐구 동기의 산물이라고 할 수는 없다. 연구자 역시 나름대로 성과와 명예, 영향력, 물질적 유인을 추구하며 지식 생산 제도라는 외부 환경에 대응해 전략적으로 행동하는 행위자다. 이러한 구조적 환경이 연구자의 행위를 결정할 정도로 한정적determinate 요인이라고 볼 것인지는 논란의 여지가 있지만, 방송 연구처럼 현실 연관이 강한 분야에서 이러한 구조 결정론적 해석은 나름대로 유용하다. 만일 방송 연구자의 관심이 시의적 문제에 대한 반응이나 수요 공급 원리에서 출발하는 것이 일상적 관행이라면, 이러한 상황은 지식 생산을 어떤 특정한 방향으로 구조화할 가능성이 있다.

방송 연구 분야에서 공간 문제를 어떻게 접근하는지 살펴보면 현실을 이론화하는 방식에서 어느 정도 편향된 경향을 엿볼 수 있다. 지역 방송 연구에서도 공간 차원에 관한 이해는 흔히 기술적·지리적 공간이나 규범적 공간 개념에 근거할 뿐 사회과학적 문제의식에 따라 공간 문제를 접근하려는 시도는 매우 드물다. 정책적 논의에서는 기술적 공간과 규범적 공간의 차원을 교묘하게 배합해 공간 현상을 이해하는 시각이 지배적이다. 예컨대 방송 권역은 기술적, 경제적 효율성 차원에서 파악하거나 로컬리즘 따위의 규범적 잣대에 따라 평가한다. 그리고 많은 연구에서는 이러한 공간 개념을 어떻게, 또 어느 정도 적용할 것인지에만 초점을 두고 공간 구분의 잣대 자체(가령 로컬리즘)에 근본적인 의문을 제기하는 일은 매우 드물다. 즉 현실과 일정한 거리를 두고 이론적 성찰을 모색하려는 자세 부족은 지역 방송 연구에서 두드러진 특징인 것 같다.

공간 문제에 관한 선행 연구에서도 잘 드러나듯이 이처럼 이론적 사고의 빈곤은 방송 연구에서 일반화한 외부 수요 지향적 지식 생산 구조의 특징과 무관하지 않을 것이다. 지식 생산에서 수요와 공급 과정은 무의식적으로 방송 연구의 성격을 규정하는 중요한 특징이다. 방송 연구에 국한해 보자면 수요 공급 원리에서 생겨나는 연구의 특징으로는 '단기적,' '시의적,' '불연속적' 성격을 띤다거나 장기적인 의제보다는 단기적인 '정책 결정'과 관련된 문제에 치중하는 경향을 들 수 있다(임영호, 1998a). 방송 연구에서는 외부 수요에 따라 생산되는 지식의 비중이 매우 클 뿐 아니라 수요 공급 원리는 방송 연구의 방향을 편향되게 유도하는 요인으로 작용하면서 연구의 학문 성격에까지 뚜렷하게 영향을 미치고 있다. 이러한 특성은 다른 언론학 분야에 비해 방송 관련 연구에서 특히 두드러진다.

이처럼 방송 연구에서 사회과학적인 이론의 빈곤이 두드러지는 것은 무엇보다 방송 연구자가 현실과 지나치게 밀착한 것과 관련이 있다. 물론 방송 연구자의 현실 참여는 현실에 뿌리내린 지식 생산을 자극하기도 하며 이론화한 지식은 다시 현실의 시의적 문제를 새롭게 보는 데 도움을 주기도 한다. 문제는 이처럼 시의적인 주제에 참여하면서 현실을 보고 해석하는 관행화한 사고방식이 이론적 수준에서 문제를 접근하는 방식에도 깊이 침투해 창의적 사고를 방해한다는 점이다.

외부 현실의 수요와 밀착된 연구에서 무엇보다 심각한 문제는 현실과 일정한 거리를 두고 보는 비판적, 성찰적 자세가 결여되기 쉽다는 것이다. 이렇게 되면 현상을 좀 더 입체적으로 볼 기회를 잃기 쉽다. 우선 연구 주제와 접근 방향이 연구 당시의 쟁점이나 논란의 대립 구도를 따라 설정되는 사례가 많기 때문에 똑같은 현상이라도 주목하는 측면이나 접근 방식의 폭이 한정되는 것이 보통이다. 이러한 연구 풍토에서는 대체로 현실에 대해 의제를 주도하기보다는 이미 학계 외부에서 주어진 의제와 문제 설정 방식에 수동적으로 대응해 해답을 모색하는 경향이 있다. 이처럼 현실과 거리를 두지 못하고 매몰되는 경향은 특히 지역 방송 연구에서 전형적으로 드러나고 있다. 일찍이 라자스펠드(Lazarsfeld, 1941)가 지적한 '정책 연구'의 한계가 한국적인 형태로 나타나고 있는 셈이다.

방송 연구가 학문 영역으로서 정체성을 정립하려면 다양한 이론적 접근 방식을 모색하면서 문제를 새로운 각도에서 접근하려는 시도가 절실하다. 이론적 지식은 상식이나 통념과 비슷하면서도 체계적 성찰을 통해 한 단계 더 정화된 지식이다. 따라서 이론은 반드시 상식에 부합하지 않는 결과를 낳을 수도 있다. 지금까지 방송 연구에서 흔히 사용해온 규범적 공간 구분에서 핵심적 가치는 현실의 요구에 대응해 형성된 것으로 나름대로 중요한 의미를 지니긴 하지만 상당 부분 사회 통념과 대중적 정서를 여과 없이 반영하는 경향이 있다. 학술 작업에서 이러한 정서는 비판적으로 분석하고 검토할 재료에 불과할 뿐 아직 이론이나 철학적 이념 수준의 정당성을 확보하지는 못했다. 이러한 성찰적 작업을 게을리 하면 학술적 주장에서도 대중적 정서의 흐름이 주는 압력에서 자유롭지 못하는 이론적 포퓰리즘populism의 경향이 생겨나기 쉽다. 문화 주권이나 로컬리즘 관련 논의에서는 바로 이러한 경향이 전형적으로 잘 나타난다.

방송 연구가 현실과 거리를 두고 이론적으로 조명하는 비판적 지식 체계로 다시 태어나지 않는 한, 현실 의제를 주도할 수 있는 능력은 제한될 수밖에 없다. 오늘날 방송 연구는 현실과 밀착되어 지식 활동을 벌이며 마치 현실에 대해 큰 발언권을 행사하는 것처럼 보일지 모른다. 하지만 방송 연구는 현실 문제를 새로운 관점에서 파악해 정책 과정에 청사진을 주도적으로 제시할 만한 역량을 아직 제대로 갖추지 못했다. 이렇게 되면 일반적인 통념과 달리 방송 연구자는 현실에 깊이 참여하면서도 현실의 이해관계와 타성화된 통념에 매몰되어 사회적 영향력은 그다지 행사하지 못하게 되는 역설이 발생할 수도 있다(임미옥, 1996).[11]

방송 연구가 학문 영역으로서 정체성을 재정립해야 하는 또 다른 이유는 연구 대상으로 삼는 미디어 환경이 기존의 이론 틀로는 설명할 수 없을 정도로 빠르게 변하고 있다는 점이다. 공간 문제만 보더라도 지금까지 사용해온 공간 개념으로 설명하기 어려운 현상이 속속 등장했다. 위성 방송을 비롯해 새로운 미디어 테크놀로지는 기존의 공간 경계를 무너뜨리면서 전통적인 방송 권역 개념을 흔들어놓았다. 사이버 공간은 국경이나 거리 따위의 지리적 공간 구분과 무관하게 정보 유통을 가능하게 하면서 지리적·기술적 공간을 파괴

11 하지만 최근 방송 연구의 지식 생산 구조에서도 미세하지만 의미 있는 변화의 조짐도 싹트고 있다. 즉 연구자의 제도적 기반인 대학에서 연구 성과, 특히 학술 논문 생산의 압력이 거세졌다는 점에 주목할 필요가 있다. 아마 이러한 변화는 방송 연구자의 활동과 사고방식에도 적지 않게 파급 효과를 미칠 것이다. 하지만 이러한 구조 변화가 현상 자체에 대한 이론적 성찰 없이 단편적이고 미세한 연구만 양산하게 유도할지, 성찰적이고 이론적인 연구를 활성화하는 방향으로 작용할지는 좀 더 두고 보아야 할 듯하다.

하고 있다. 사이버 공간은 지금까지 방송 현상에서 상식이던 지리적 영역성territoriality이나 법적 관할권jurisdiction의 차원을 허물어 버렸다. 공간에 비유되면서도 기존의 공간 개념으로는 설명할 수 없는 새로운 현상이 속속 나타난 것이다. 공간 문제를 사회적, 문화적, 정치적 과정을 통해 구성된 사회 현상으로 보고 새로운 관점에서 파악할 수 있는 좀 더 정교한 이론적 틀이 필요하게 된 데는 이처럼 실질적 이유도 있다.

방송 연구에서 통용되던 이전의 공간 개념으로는 새로운 현상에 대해 의제를 제기하고 해답을 제시할 수 있는 능력은 제한적일 수밖에 없다. 하지만 어떤 면에서 이러한 이론적 난관은 순전히 새로운 현상 때문에 생겨났다고 할 수 없다. 근본적으로 보면 문제는 이미 오래전부터 방송 연구자의 직업 아비투스 자체에 내면화한 근본적인 한계에서 비롯한다. 단지 학자들이 그동안 일시적인 성취와 번영의 달콤함에 취해 자신의 문제점을 깨닫지 못했을 뿐이다.

7장

지역 언론학의 학문 정체성

● 이 장은 "지역 언론학의 학문적 정체성: 쟁점과 진단," 〈언론과학연구〉 8권 4호, 2008, pp.5~36을 수정한 것이다.

1. 지역 언론학은 무엇을 하였는가

지역 언론은 학술적으로나 정책적으로나 오랫동안 언론학의 주요한 연구 주제이자 연구 영역이었다. 언론학이 발전하면서 지역 언론 연구 역시 지난 20여 년간 양적으로 빠르게 성장했다. 특히 2001년에 지역 소재 언론학자들이 주도해 창간한 〈언론과학연구〉는 지역을 소재로 삼거나 지역에 근거를 두고 활동하면서, 지역의 관점에서 현실 문제에 접근하고자 하는 많은 연구자에게 학술적 발표 공간을 제공해 지역 언론 연구 활성화에 크게 기여했다. 이 학술지는 창간호 발간사에서 "학문의 여러 갈래를 모으는 종합의 역할과 지역간의 간극을 메우는 화합의 역할"을 하는 데 학술지가 기여하고자 한다고 선언했다(박춘서, 2001: iv).

하지만 지역 언론 연구의 양적 팽창과 함께 비판과 반성을 요구하는 움직임도 점차 등장했다. 과연 그동안 지역 언론 연구는 연구 주제나 방법, 접근 방식 등에서 어떠한 경향을 보였으며, 여기서 나타난 문제점이나 한계는 무엇인가? 학문 탐구 영역이자 현실 개입 형태로서 지역 언론을 연구한다는 것은 어떤 의미를 지니는가? 또한 글로벌화와 정보화라는 키워드로 특징지워지는 새로운 미디어 환경에서 지역 언론이란 어떤 의미가 있으며, 이 현상을 다루는 지역 언론 연구는 앞으로 어떤 방향으로 나아가야 하는가? 이 글은 그동안의 지역 언론 연구 동향을 개관하고 여기서 몇 가지 특징을 정리한 후, 이를 토대로 지역 언론 연구 또는 지역 언론학의 학문 정체성을 진단, 모색, 제언하고자 한다.

논의에 앞서 우선 지역 언론학이라는 용어의 불명확성을 지적하고 싶다. 지역 언론 연구에서는 기본적인 관련 용어의 용례 문제 역시 아직 정리되지 않은 채 남아 있다. 연구의 한 조류라는 의미에서 '지역 언론 연구'라는 용어를 사용해야 할지, 아니면 제도화된 지식 분과라는 측면을 강조하는 차원에서 '지역 언론학'이라는 단어를 사용할 지는 논란의 여지가 있다. 하지만 여기에서는 두 용어를 엄격하게 구분하지 않고 맥락에 따라 번갈아 사용하기로 한다.

이 글의 논의 방식은 연구자의 주관적인 판단에 근거해 관련 연구를 검토하는 '메타분석'의 성격을 띤다. 물론 지역 언론과 관련된 연구의 방대한 범위와 분량을 감안할 때, 이 개관 작업은 자의적 선택과 판단이라는 한계를 어느 정도 갖게 마련이다. 모든 관련 연구를 체계적이고 포괄적으로 분석하여 평가하는 일은 연구자의 역량과 일개 논문의 범위를 벗어난다. 특히 이 글은 지역 언론의 각 연구 영역을 체계화하면서 그중 심리학적 효과 연구를 상당 부분 배제했음을 밝혀둔다. 물론 총괄적 분석에 따르는 취약점이라는 한계는 발생할 수도 있지만, 그럼에도 불구하고 기존의 연구 동향에 관한 성찰을 통해 차후 연구에 주는 함의를 탐색하는 데 목적을 둔다.

기본적으로 지역 언론과 관련된 국내 선행 연구에서 흔히 보이는 경향을 키워드별로 정리한 후 세부적 특징을 살펴볼 것이다. 한국 지역 언론 연구의 특징을 이루는 세 차원은 논의의 편의를 감안해 다음과 같이 구분하였다. 즉 사회 현상으로서의 지역 언론(연구 주제의 특징), 규범성, 공간성에 대한 접근 방식 등이 여기에 해당한다. 이것들은 지역 언론 연구에서 주요한 흐름을 이루는 연구 영역이기도 하다. 이 특징들에 관한 논의를 기반으로 앞으로 연구 방향에 주는 시사점도 살펴본다.

2. 사회 현상으로서의 지역 언론

지역 언론학의 성격은 연구 대상 설정과 이에 접근하는 연구 방식 측면에서 살펴볼 수 있다.[12] 지역 언론학을 다른 지식 분과와 구분해 주는 연구 대상이나 영역의 특징은 무엇인가 하는 질문에서 시작해, 현재 이 분야의 연구 동향에서 두드러진 경향과 한계점을 진

12 이 명제는 학문 영역으로서 커뮤니케이션학의 위상에 관한 차배근(1991: 15~17)의 주장을 원용한 것이다, 그는 커뮤니케이션학이 독자적인 학문 영역으로 성립하려면 고유의 "지적 탐구대상영역"과 연구 방법, 연구 결과를 체계화한 이론들을 갖추어야 한다고 보았다.

단하는 방식으로 서술하고자 한다.

1989년 한국언론학회 창립 30주년을 맞이해 언론학 각 분야의 연구 현황을 평가하는 논문에서 김병국과 김영호는 지방(지역) 언론 연구가 그동안 "연구의 주제나 내용 그리고 방법론에 있어서 다양하지 못하고 총론 내지는 개론적 범주를 크게 벗어나지 못하고 있다"라고 비판하였다. 그러면서 이들은 지역 언론 연구가 이처럼 총론적 수준 일변도에서 벗어나 지방 언론인(커뮤니케이터), 지방 언론의 구조나 유통 문제(채널), 지방 언론 수용자 연구나 효과, 지방 언론의 역사나 비교 연구 등 좀 더 세분화된 영역별로 연구를 확대하고, 심화 발전시켜야 한다고 제언했다(김병국·김영호, 1990: 78). 이들은 학술적 관심사란 기본적으로 연구 대상인 현상에 대한 사회적 관심 정도와 비례한다고 보았다. 그동안 지역 언론에 대한 언론학계의 관심이 턱없이 부족하고 이에 따라 연구 성과 역시 빈곤하기 짝이 없었던 것은 지역 언론이라는 현상 자체가 사회 구조나 정책에서 소외된 것과 관련이 있다고 간주했다(김병국·김영호, 1990: 74, 77, 80).

하지만 이 논문이 발표된 후 불과 20년도 채 지나지 않아 지역 언론 연구에서 이들의 제언은 상당 부분 실현되었다. 무엇보다 지역 언론 관련 연구의 급격한 양적 증가를 지적할 수 있다. 우선 크게 보면 지역 언론의 커뮤니케이터 측면에 관한 연구만 하더라도 지역 언론인의 출신 배경과 직업 구조(권장원, 2006; 김성재, 2005; 임영호·김은미, 2006; 조대희, 1971), 사회적 역할과 가치관(김선남·정현욱, 2007; 김세철, 1993; 민정식, 2001; 이의정·민형배, 2004), 취재 관행(김관규·송의호, 2004; 남궁협·안주아, 2007; 남효윤, 2005; 남효윤·구교태, 2004), 지역 언론 생산 과정과 직업 문화(윤영철·홍성구, 1996; 정상윤, 1996, 2002; 정승호·박선희, 2006; 조철래, 2006; 하정화, 2010; 허명숙, 2006) 등 다양한 주제를 다루었다. 이와 더불어 지역 언론의 구조나 유통, 산업 등 구조적 측면에 초점을 맞춘 연구도 활발해졌다(권호영·김도연, 2004; 이의자·박태열, 2005; 임영호, 1995a, 1996; 임영호·김은미·박소라, 2002; 장익진, 2001; 한은경·이상돈, 1998). 이처럼 세분화된 주제별로 다양한 연구가 짧은 기간 동안 쏟아져 나왔다는 것은 주목할 만한 변화다.

이 밖에도 전통적인 SMCR(Source-Message-Channel-Receiver)식 커뮤니케이션 모델의 각 단계에 해당하는 세부 영역별(커뮤니케이터, 메시지, 채널, 수용자 등)로도 많은 연구가 축적되었다. 특히 지역 언론의 메시지 부분은 연구 자료를 확보하기 쉽고 연구 방법론을 적용하기에도 편리한 주제라는 장점 덕분에 연구가 가장 활발하게 이루어졌다. 실제로 이강형과 최현주(2008)가 1960년대 이후 지역 언론 관련 논문을 연구 주제별로 내용 분석한 결과, 메시지 내용 분석이 28.2%로서 가장 많았다. 하지만 달리 보면 다른 주제의 연구가 상대적으로 희소하다는 것은 지역 언론 산업의 낙후성과 폐쇄성, 무관심 때문에 연구자가 활용할 만한 다양한 형태의 자료가 그만큼 부족했다는 것으로도 해석할 수 있다.

메시지 연구는 크게 지역 언론의 내용 특성이나 보도 태도를 분석한 연구(강상현, 1992; 강상호, 1999; 고영철·최낙진, 2006; 구교태·김세철, 2004; 김세철, 1995; 배현석, 2002; 이상호, 2005; 정상윤, 1984; 조철래, 2001; 주정민·박복길, 2007; 최낙진, 2004)와 지역이나 지역 관련 이슈의 보도 양상을 다룬 연구(강내원, 2002; 김원용·이동훈, 2005; 나미수, 2004;

백선기, 1996; 원만해·채백, 2007; 이현우·이병관, 2005; 임영호, 2002b)로 분류할 수 있다. 메시지 분야는 연구가 축적되어 가면서 보도 경향 분석을 넘어 '프레임'(김원용·이동훈, 2005; 원만해·채백, 2007; 이현우·이병관, 2005; 최낙진, 2004)이나 텍스트의 서사적 특성(강승묵, 2007) 등 좀 더 정교한 이론적, 개념적 틀을 접목하게 되면서 이론적으로도 점차 다채로워졌다.

이 밖에도 지역 언론 수용자(강명현·홍석민, 2005; 고영철, 2003; 박재영·조수선, 2004; 송기인, 2007; 우병동·임양준, 2006; 이강형·문종대, 2006; 조성호, 2003), 지역 언론의 효과(구교태·김관규·이준웅, 2007; 박현수·오만덕·이제영, 2008; 오미영, 2008; 오미영·차동필, 2006; 한혜경·이상기·오창호, 2006) 등 과거 데이터 부족으로 거의 방치 상태에 있던 주제를 주로 실증적 방법으로 접근한 연구도 활발히 나오기 시작했다. 불과 20년 전 김병국과 김영호(1990: 78~79)는 실증적 연구의 희소성이 지역 언론 연구의 낙후성을 잘 보여 주는 한 징후라고 개탄했는데, 이에 비추어보면 실로 주목할 만한 변화였다. 이 밖에도 지역 언론의 역사(박용규, 1998, 2006), 지역 수용자 운동(채백, 1995, 2004) 등 역사적 방법으로 지역 언론의 세부 주제를 접근한 연구도 등장해 지역 언론 연구의 다변화 경향을 잘 보여 주었다. 말하자면 지역 언론학에서 세분화된 각론에 해당하는 영역에서도 적어도 소재나 주제라는 측면에서 연구의 공백은 사실상 거의 사라졌다.

이처럼 지역 언론 연구가 짧은 기간에 급속하게 활성화한 데는 지방 자치제가 정착되고 지역 균형 발전, 지역 언론 육성 등 지역 관련 현안이 국가 차원의 정책에서도 중심적인 관심사로 등장하게 된

외적 환경 요인을 들 수 있다. 이 밖에도 이 기간 동안 지역 소재 언론 연구자가 크게 늘어나 지역 언론 연구가 활성화할 수 있는 물적 토대도 확보되었다.

하지만 연구 영역의 확대 심화가 단순히 연구자가 다루는 소재의 다양성만을 의미할 수는 없으며, 이론적 체계화 역시 학문 분야 발전에서 중요한 평가 잣대가 된다. 그동안 지역 언론 분야에서는 연구 주제가 다양해지고 연구 논문 편수도 급증했음에도 불구하고 일부에서는 오히려 지역 언론학의 이론적, 질적 빈곤을 비판하는 목소리도 커졌다(김영호, 1999; 임영호, 2002a).

첫째, 무엇보다 심각한 한계점은 지역 언론 연구에서는 학술적 연구에 필수적인 이론적 틀을 갖추지 않은 문헌이 여전히 압도적으로 많다는 것이다. 이강형과 최현주(2008)의 분석에 의하면 지역 언론 관련 논문 중 어떤 형태로든 중심 이론이나 개념을 포함하지 않은 논문이 무려 62.2%에 달했다. 이는 지역 언론학이 주로 소재 다변화를 통해 다양한 정보를 기술하는 데 주력할 뿐 이론적 탐색 작업에서 여전히 두드러진 취약점을 안고 있음을 말해 준다. 이 때문에 지역 언론 연구는 언론학의 한 분과로서 대등한 대우와 인정을 받기보다는 여전히 제도적 지분을 일정 정도 보장받는 '보호 학문'이자 학문적 변방으로 간주되는 경향이 있다. 물론 어떤 학문 분야든지 초기 단계에서는 이론이나 개념 개발보다는 귀납적인 현상 기술에서 출발하더라도 점차 초보적인 개념화와 이론적 탐색을 거쳐 고차원의 이론화 단계를 지향하며 발전하게 된다. 이러한 측면에서 지역 언론 연구에서 이론이나 이론화 작업의 중요성은 다시 한 번 강조할 필요가 있다.

둘째, 많은 연구가 지역 언론 현상이나 문제를 여전히 매체 중심으로 접근할 뿐 더 넓은 맥락으로 확대해서 파악하지 못하는 경향이 두드러진다는 점이다. 오래전 김병국과 김영호(1990)는 지역 언론 연구가 현상을 지방 신문이나 방송사 등 매체 차원의 문제로만 진단하는 단견에 빠져 낙후성을 면치 못했다고 진단했다. 그간의 양적 성장에도 불구하고 지역 언론 연구가 이러한 연구 풍토에서 탈피하지는 못한 셈이다. 이는 지역 언론 연구에서 고질적인 한계로 지적되는 이론적 빈곤과도 관련이 있다. 즉 매체에 국한된 현상 기술에 치중하거나 매체 중심으로 현상을 이해하려 하는 바람에 사회적 요인 간의 관련성 속에서 현상을 접근하는 사회과학적 시각은 제대로 자리를 잡을 여지가 없었다. 이는 접근 방식이나 분석 수준이 거시적이냐 미시적이냐 하는 문제만을 지칭하지는 않는다.

예컨대, 그동안 지역 언론 연구에서 가장 중심적인 관심사인 지역 언론의 낙후성이나 제반 문제점은 단순히 지방 신문이나 지역 방송이라는 매체 차원에 국한하지 않고 한국 사회의 구조적, 정책적 맥락의 문제에서 유래하는 측면이 더 크다. 그렇지만 이 맥락과 유리된 채 지역 언론 자체의 문제점만을 부각하는 연구가 더 많았다. 김병국과 김영호(1990: 79)는 앞서 언급한 취지의 연장선에서 지역 언론 연구를 지방 미디어에 관한 연구뿐 아니라 지역 간 커뮤니케이션, 지역 내 커뮤니케이션 연구 등으로 확대하고 지역 내 연구에서는 지역 정치, 경제, 문화 등으로 세분화해서 연구해야 한다고 제안했다(김병국·김영호, 1990: 71~72). 이렇게 보자면 지금까지 지역 언론 연구 자체가 소재 확장이나 연구 주제 분화 측면에서는 괄목할 만한 성장을 이룩하였지만, 여전히 사회과학적 시각이나 이론적 문제의식 확대라는 점에서는 심각한 취약점을 안고 있다.

언론학이 '학제적interdisciplinary' 성격을 띤다는 낯익은 명제의 의미는 바로 이러한 맥락에서 새롭게 짚어볼 필요가 있다. 학제적이란 용어는 여러 가지 의미로 풀이할 수 있지만, 무엇보다 인접 학문 분야의 다양한 이론적 흐름과 접근 방식을 도입해 적용 가능성과 이론적 시사점을 타진하고, 연구 대상보다는 이론적 주제별로 지식을 재분류해 체계화를 시도할 필요가 있다는 의미로도 해석할 수 있다.

특히 지식 분류 체계는 사고 형태까지도 규정하고 한정하는 경향이 있다. 지금까지 지역 언론학에서는 매체(지상파 TV, 지역 신문) 단위로, 또 커뮤니케이션 모델의 요소(송신자, 메시지, 수용자 등) 중심으로 현상을 분류하고 파악하려는 경향이 연구자의 사고에 깊숙이 배어 있었다. 사회 맥락이나 외부 요인은 단순히 이 단위에 영향을 미치는 수많은 '맥락 요인'으로 뭉뚱그려 이해되는 경향이 있었다. 이러한 이해 방식에서는 커뮤니케이션 과정이나 구성 요소만 부각될 뿐 이 맥락과 커뮤니케이션의 연관성을 체계화하는 이론적 틀을 모색하려는 시도가 발붙이기 어렵다.

그러므로 비록 연구 소재는 미시적이고 부분적인 데 설정하더라도 이를 좀 더 거시적인 관점에서 다양한 사회적 요인과 관련지어 이해하려는 시도가 필요하다. 예컨대, 지역 언론 연구의 세부 영역을 지역 언론의 정치, 경제학, 문화정치 등의 분류 체계 속에서 새롭게 파악하는 것도 하나의 방안이 될 수 있다. 각 범주 안에서 세부 영역들을 특징짓는 것은 매체나 소재의 차별화보다는 이론적 접근 방식의 독자성이 되어야 한다. 정치 과정론, 정책 결정 모델,[13] 경제지리학의 중심지 이론(Christaller, 1980/2008), 문화 이론 등 언론학이나 인접 분야의 다양한 이론은 지역 언론 연구에서 주제별 실험에 새로운 활력을 불어넣어 줄 자원이 될 수 있을 것이다. 실제로 최근 지역 언론 연구에서는 새로운 이론적 모색 작업을 시도하는 연구도 다양하게 나왔다. 가령 경제지리학의 중심지 이론을 지역 신문 시장 분석에 적용한 임영호·김은미·박소라(2002)의 연구라든지 '오리엔탈리즘'이나 정체성 개념 등 지역 언론 연구에서 문화 이론의 가능성을 모색한 전규찬(1999)이나 염찬희(1998), 임영호(2002b) 등의 작업이 대표적인 사례다.

물론 이러한 대안적 체제 도입이 지역 언론 연구가 처한 난관에 확실한 해답이나 돌파구를 마련해 줄 것이라는 보장은 없다. 하지만 적어도 새로운 지식 분류 체제는 기존 체제에서 간과하던 현상의 측면이나 문제에 눈 뜨게 해 주고, 지금까지 무심코 지나치던 친숙한 현상의 이론적 중요성에 주목하여 새로운 관점에서 재조명할 수 있게 해 준다는 점에서 큰 장점이 있다.

13 오석홍(1992)이 편집한 《정책학의 주요이론》은 정책의 본질과 가치, 정책과 참여자, 정책 결정, 정책 집행, 정책 평가 등의 대분류 항목 하에 다양한 이론적 접근 방식을 연구자별로 소개하고 있다. 지역 언론 연구에서는 정책 문제를 늘 핵심 관심사로 다루면서도 인접 정책 연구 분야의 다양한 이론이나 분석틀을 활용하지 않고 연구자의 직관과 규범적 판단에만 의존하는 낙후성을 탈피하지 못했다는 것은 놀라운 현상이다.

좀 더 구체적으로 보자면, 지역 언론의 정치는 단순히 지상파 방송 정책에서 지역 소외와 홀대를 비판하고 지역성 육성을 주장하는 식의 천편일률적 논리 전개(가령 강상현, 1994; 이진로, 2004; 장낙인, 1992; 정상윤, 2003)에서 벗어나 이 정책의 결정과 고착화 과정, 권력 자원 배분 과정, 그리고 이 과정에 작용하는 다양한 사회적 행위자와 요인 간의 상호작용 메커니즘을 사회과학적으로 분석하려는 시도가 한 예가 될 수 있다. 특히 지역을 단일하고 동질적인 실체가 아니라 여러 행위자나 세력 간의 관계 측면에서 파악하는 것은 사회 현상을 좀 더 이론적으로 접근하는 출발점이 될 수 있다.

예컨대, 문종대와 한동섭(1999)은 지역 문제에 관한 한국 언론의 보도 편향을 내용이나 소유 구조라는 미시적인 문제를 넘어서 한국 사회의 정치 지형이나 사회 구조적 맥락 요인으로 확대해서 접근을 시도하였다(또한 문종대·이강형, 2005도 보라). 이들의 논문에서 언론의 지역 보도란 단지 외부의 사회 구조적 맥락과 격리되어 존재하는 실체(특정 미디어의 메시지)가 아니라 단지 연구가 전개되는 계기이자 소재로서 사회의 온갖 구조적 세력과 요인이 교차하는 장의 구실을 한다. 하지만 이처럼 거시적인 문제 제기에서 이론적 틀을 체계화, 정교화, 다양화하는 작업은 숙제로 남아 있다. 지역 언론 연구에서 이처럼 사회과학적 문제의식에 근거한 거시적인 접근은 매우 희소한 게 사실이다. 동일한 현상을 이전의 낡은 틀로 보는 관행이 지속하는 한 새로운 지식이 창출될 가능성은 매우 희박하다.

3. 지역 언론 연구와 규범성

지역 언론 연구의 정체성을 규정짓는 또 하나의 키워드로는 규범성을 들 수 있다. 그동안의 연구 경향을 살펴볼 때 지역 언론 연구에서는 규범성 차원이 연구의 출발점이자 중심적인 문제의식이며, 시각으로 개입하는 사례를 흔히 발견할 수 있다. 이는 지역 언론이라는 현상 기술과 이론화 과정에서 규범적 가치 판단이 중요한 요인으로 작용한다는 것이다. 지역 언론 연구에서 흔히 보이는 규범성 개입은 구체적으로 크게 두 가지 형태로 구분할 필요가 있다. 하나는 규범성 자체가 연구의 중심 대상이거나 핵심 개념 구실을 하는 경우이고, 다른 하나로는 연구 대상 선정이나 현상 접근 방식에 내재하는 규범적 가치 개입 문제를 들 수 있다.

1) 연구 주제로서의 규범성

우선 오랫동안 지역 언론 연구에서는 지역 언론의 규범적 측면이 직접적인 논의 대상이 되었으며, 이 경향은 지금도 상당 부분 지속되고 있다. 특히 지역 언론 매체의 역할이나 기능, 정책 이념, 방향과 관련된 연구는 시대와 대상을 막론하고 이처럼 정형화된 틀 안에서 이루어졌다고 해도 과언이 아니다(강상현, 1994; 권혁남, 1994; 김선남, 2001a, 2001b; 김세철 외, 1997; 김영호, 1995; 리대룡, 1978; 이진로, 2004; 장낙인, 1992; 정대수, 1990; 정상윤, 2003; 조창연, 2007; 최경진, 2004).

가령 이진로(2004)는 지역성이 지역 방송에서 핵심적이자 바람직한 가치라고 전제한 후 이 잣대에 비추어 방송 관련 정책과 제도를 검토하고 지역성의 구체적인 구현 방안을 규범적인 수준에서 제안하였다. 이강형·최현주(2008)의 조사에 따르면, 실제로 국내 지역 언론 관련 연구 중에서 이처럼 규범성 자체를 연구 주제로 삼은 논문은 25%에 달했다. 물론 연구 논문 이외에도 단행본이나 행사 발제문, 시의적인 글 등 다양한 문헌까지 포함하면 이 비율은 더 올라가기 때문에, 규범성은 지역 언론 연구의 특성을 규정짓는 핵심적인 키워드라고 간주해도 좋다.

이 유형의 연구는 대개 특정한 지역 언론 부문이나 언론사를 대상으로 이 해당 사례에 관한 현황과 문제점을 기술한 후 규범적 처방을 함께 제시하는 방식을 취한다. 예컨대 조창연(2007)의 연구에서 나타나는 논지 전개 구조가 이를 잘 예시해 준다. 즉 우선 충북·청주 지역 신문들의 실태를 살펴보니 이러저러한 문제점이 있어 지역 언론의 활성화가 잘 되지 않고 있었다고 기술한다. 그리고는 지역 사회에 대단히 중요한 지역 언론을 살리려면 이러저러한 대응책 마련이 바람직하다고 제언하는 식으로 논지가 전개된다. 지역 언론 연구에서 흔히 볼 수 있는 이러한 논의 전개 방식을 빗대어 김병국과 김영호는 그동안의 지역 언론 연구 경향을 "한마디로 표현하면 규범적 내용을 기술적descriptive인 방법으로 연구하여 당위론적인 결론에 이르고 있는 것이 대부분"(김병국·김영호, 1990: 78)이라며 꼬집었다.

사실 규범적 지역 언론 연구에 일반화한 독특한 논의 구조는 학술적 측면에서 취약하기 짝이 없다. 이 유형의 연구를 일반 언론인의 시사적인 글과 구분해 주는 주된 차이가 있다면, 이는 대개 관련 주제에 관한 해박하고 풍부한 사례(특히 해외의 관련 정책 사례)와 정보 제시일 뿐이다. 논리적 근거보다 정보의 전문성이 학술적 지식의 권위와 정당성을 대체하는 경향은 언론학에서는 정책 연구에서 흔히 발견되는 문제점인데(임영호, 1998a), 바로 이 경향은 지역 언론 연구에서도 비슷한 형태로 반복되고 있다. 이러한 방식의 연구에서 규범적 가치(대개 지역성 구현이라는 가치)는 논의의 출발점이자 결론으로서 다른 모든 논의는 이를 전제한 채 전개된다. 하지만 이 가치의 필요성이나 정당성에 대한 근거 제시라든지 이 가치 자체에 대한 비판적 논의나 검토가 함께 이루어지는 사례는 매우 드물다는 점에서 이 연구 유형은 매우 기형적인 논리 전개 구조를 갖추었다. 이처럼 규범적인 연구 방식은 지역 언론 연구를 전제에 의해 결론을 정당화하는 논리적 '동어 반복'으로 전락시키는 경향이 있다.

물론 규범성이 연구의 중심을 차지하면서도 구체적으로 이를 다루는 방식은 점차 다양해지고 있다. 앞서 언급한 것처럼 연구자의 주관적 가치에 근거해 주장을 직접 전개하는 방식이 주류를 이루지만, 다른 한편으로는 체계적인 조사 방법을 활용해 미디어 종사자나 수용자의 가치관을 조사한 후 이를 토대로 규범적인 처방을 제안하는 방식도 가능하다. 종래에는 전자의 방식이 압도적으로 많았지만 지역 언론 관련 연구가 축적되면서 후자의 연구 형태도 점차 늘어났다(안수근·이준호, 2004; 이의자·박태열, 2005). 예컨대, 안수근과 이준호(2004)는 부산·경남 지역 방송 종사자를 대상으로 설문 조사를 실시해 업계 현안인 공동 제작 문제에 대한 인식을 파악하고 이를 토대로 지역 방송 활성화 방안을 도출하였다. 이 부류의 연구는 학술 논문으로서 방법론적 분석 절차의 엄밀성을 갖추었기는 하지만, 학술 연구로서 기존의 규범적 논의와 차별화되는 이론적 함의는 제시하지 못했다는 한계가 있다.

2) 규범적 가치의 개입 형태

이 밖에도 규범적 가치가 논의에서 핵심 주제로서 전면에 부각되지 않으면서도 좀 더 교묘한 방식으로 개입되는 형태도 있다. 지역 언론 연구에서 연구 문제를 제공하는 근본적인 문제의식에는 출발점이자 전제가 되는 명제나 가치가 설정된 사례가 적지 않다. 이러한 가치 개입 형태에서 규범으로서의 성격이나 접근 방식은 다양하게 나타나지만, 이는 대개 '지역성localism'이라는 가치 추구로 집약할 수 있다.[14] 그뿐 아니라 지역성을 구현하는 기반이 되는 지역이라는 개념 자체도 베네딕트 앤더슨(Anderson, 1983)이 말한 일종의 '상상의

14 지역성의 의미에 관해서는 이를 구성하는 다양한 차원이나 속성을 체계화하려는 이론적 논의가 최근 활발히 나왔다(강명현, 2005; 윤석민·김희진·윤상길·문태준, 2004; 임영호, 2002a; 조항제, 2006). 하지만 규범적인 측면에 국한해서 볼 때 지역성은 때로는 지역 분권적 가치를 지칭하는 긍정적 의미로 사용되기도 하고, 다른 맥락에서는 지역 감정 조장처럼 보도에서 지역 편향을 비판하는 잣대로 사용되는 부정적 함의를 갖기도 한다. 이 때문에 엄기열과 이한웅(2008)은 지역주의에 관한 문헌을 비판적으로 개관하면서 부정적 의미와 긍정적 의미의 지역주의를 구분해야 한다고 주장했다. 하지만 어떤 의미에서 지역주의는 지역성의 왜곡된 형태이자 거울 이미지와 같은 개념으로서 양자는 동전의 양면과 같은 성격을 띤다.

공동체'로 설정된다는 점에서 상당 정도 규범성을 내포한다.

지역 언론 연구에서 거의 보편적인 전제가 된 규범적 가치 설정은 경제학자 에른스트 슈마허Ernst Schumacher(1973)의 표현을 빌자면 "작은 것이 아름답다small is beautiful"는 규범적 가치를 전제한 상태에서 현상에서 문제점을 제기하고, 이를 극복할 대안을 탐색하는 형태로 나타난다. 지역성이라는 가치는 지역이나 지역 언론의 현실을 이해하고 문제의식을 발견하며, 대안 모색을 정당화하는 철학적 토대이자 가치 평가의 잣대 구실을 한다. 또한 지역보다는 '지방'이라는 용어가 훨씬 더 오랫동안 통용된 데에서도 볼 수 있듯이, 여기서 지역은 늘 상대적으로 작은 부분이자 낙후된 주변부로서, 또한 전체나 중심부와 구분되는 실체로서 양자 간의 (제로섬 게임 같은) 대립적 관계라는 틀을 통해 파악되는 경향이 있다.

지역 언론 연구에서 지역성은 늘 규모의 격차와 중심과의 예속적 권력관계라는 이중적 잣대가 중첩되어 형성된 개념으로 이해되고 있다. 수도권은 지역 단위의 하나이면서도 자원 규모의 격차라는 점에서 다른 지역과 차별화된 예외적 대상으로 간주된다. 다른 지역과 마찬가지로 국가를 구성하는 하위 단위이면서도 권력관계 측면에서는 다른 지역과 중심부 대 주변부의 관계를 맺고 있기 때문이다. 수도권은 지리적으로는 다른 광역시와 마찬가지로 일개 행정 단위에 불과하다는 점에서 지역으로 다뤄볼 필요도 있지만, 지역 언론 연구에서 이러한 인식은 거의 나타나지 않았다.[15] 실제로 수도권을

15 면적 기준으로 보면 서울은 광역시 이상의 대도시 중에서 인천, 울산, 대구,

지역의 관점에서 접근한 연구는 거의 없다.

대도시와 농촌(임영호, 2002b), 수도권 내에서도 도심과 위성 도시, 강북과 강남 간의 관계 역시 중앙과 지방 간의 관계 못지않게 지역성을 구성하는 중요한 차원인데도, 지역 언론학자의 연구 주제로서 아직 거의 다뤄지지 않았다. 김남일과 백선기(2008)의 연구는 수도권 내부의 강북과 '강남권역'에 관한 보도 담론을 비교 분석한 것으로 이 점에서 매우 이례적인 사례에 속한다. 지역 문제를 늘 중심과 주변, 서울과 지방 간의 대립적 권력관계 속에서만 파악하려는 경향은 한국 지역 언론 연구의 독특한 특징으로 규정지을 만하다.

나아가 지역 문제를 보는 데는 이러한 권력관계 측면이 선악 구도의 관점과 결합되어 원용되는 경향이 있다. 즉 지역은 '작은 것'으로 권력 관계에서 소수자이자 약자이며, 약자는 곧 선이라는 논리적 등식은 대다수의 지역 언론 관련 논의에서 거의 언제나 당연시되는 전제를 이룬다. 따라서 지역 언론 연구자는 바로 선으로서의 지역성이라는 가치를 억압하는 기존 체제나 관행에 대항해 비판을 제기하는 지식인으로서의 주체 위치로 설정된다.

이는 말하자면 지식 추구의 동기와 관련된 가치로서, 하버마스(Habermas, 1968/1972)가 제시한 '지식 구성적 관심knowledge-constitutive interest,' 또는 '인지 관심'의 차원으로 규정할 수 있다. 즉 자연과학이나 공학처럼 현상을 기술적인 차원에서 설명하고 통제하

부산 다음으로 다섯 번째에 불과하다. 통계청 (2017). "도시면적," http://kosis.kr/statHtml/statHtml.do?orgId=101&tblId=DT_1YL21291&conn_path=I3

기 위한 지식을 추구하는지('기술적 관심'), 인문학처럼 현상의 의미를 이해하고 공유하기 위한 것인지('실천적 관심'), 아니면 현실을 극복하고 대안을 꿈꾸는 수단으로 지식을 인식하는지('해방적 관심')에 따라 지식을 유형화할 수 있다. 그런데 지역 언론 연구에서 규범적 가치 추구는 흔히 현실을 비판하고 대안을 모색하는 근거가 된다는 점에서 비판적 관심과 비슷하지만, 이것을 과연 지역이라는 집단의 사익이 아니라 비판적 연구처럼 해방적 관심에 근거한 지식 추구로 파악할 수 있을 것인지는 논란이 된다.

무엇보다 현실 진단에서 규범적 가치의 개입 자체가 해방적 관심으로 간주되려면 이것을 나름대로 보편적 가치로서 정당화하는 근거를 확보해야 한다는 전제가 따른다. 지역 언론 연구에서 지역성이라는 규범은 지역 공동체의 (혹은 때로는 이 중에서도 지역 언론이라는 일부 행위자의) 특수한 이익이자 공익적 가치라는 두 차원을 동시에 포함하는 모호한 성격을 띤다. 지역 언론 연구에서 지역성이라는 가치는 단순히 지역에 거주하거나 지역의 이해관계와 관련되어 있다는 점에서 특정 집단의 관점을 옹호하는 당파성partisanship을 지니는가, 아니면 지역이라는 특수한 이익의 추구 자체가 공익적 가치나 공익성처럼 사회 전체적인 보편성을 지니는 가치로 확대된다고 할 수 있을까? 그런데 지역성 규범에서 지역의 특수 이익이 어떻게 보편적으로 적용되는 가치의 위상을 주장할 수 있는지에 대한 근거는 뚜렷하게 제시된 적이 없다.

우선 지역성 옹호에서 당파성 문제와 관련해서 흥미로운 점은 지역 언론 연구자의 상당수가 지역 소재 대학 소속이라는 것이다.

실제로 지역 언론 관련 학술 논문 저자의 77.7%가 지방 대학에 재직하는 언론학자인 것으로 밝혀졌다(이강형·최현주, 2008). 물론 이 수치는 지역 언론을 연구 대상으로 선정한 문헌의 비율만 나타내며 이 현상을 보는 시각의 분포는 포함하지 않았기 때문에, 이를 반드시 연구 시각의 당파성으로 연결지어 일반화할 수는 없다. 하지만 이는 지역성이라는 규범적 가치 수용에서 적어도 행위자의 구조적 위치가 중요한 요인으로 작용할 가능성이 크다는 사실을 확인해 준다. 그리고 이 수치는 연구자가 자신이 처한 위치의 구조적 결정에서 과연 어느 정도 자유로울 수 있는가 하는 고전적인 지식 사회학의 질문을 불러오게 된다. 만일 연구자가 자신이 속한 구조적 위치(가령 소속 집단의 특수한 이익)에서 한정된 상대적 자율성만을 누린다면, 이러한 특수 이익에서 영향을 받은 이념적 가치를 보편적 가치로 정당화하려면 상당한 정도의 정당화 과정이 필요하게 된다.

지역 방송 존립의 제도적 근거가 되는 방송법에서도 지역성은 이념적으로는 단순히 특수 이익이 아니라 나름대로 보편적인 방송 이념으로서의 위상을 부여받았다. 그런데 지역 방송사가 특수한 집단 이익의 보장을 주장하는 근거로서 제시하는 지역성과 방송법에서 부여하는 보편적 이념으로서의 지역성은 과연 동일하다고 볼 수 있는가? 이와 비슷하게 지역 언론 연구에서 규범적 가치로서 설정된 지역적 시각이 당파성처럼 집단 이익에서 유래한 것인지, 아니면 하버마스가 말한 해방적 관심에 근거한 보편적인 가치 추구인지 판단할 수 있게 해 주는 철학적, 이론적 기반은 무엇인가? 지역성이 사회적으로 보존, 육성해야 할 소중한 가치이자 이념이라면 이를 향유하는 주체는 누구인지, 또한 이 가치 추구에서 지역 언론 사업자와 지역 주민, 지역 정부, 나아가 추상적인 이념으로서의 지역 공동체 간에 상충 관계가 발생할 여지는 없는지, 이러한 갈등 발생 시 이를 조정하고 해결할 수 있는 평가 잣대는 무엇인지도 검토해 볼 만한 쟁점이다.

하지만 지역 언론 연구에서는 규범성을 거의 일상적으로 다루면서도 이 문제에 의문을 제기하는 사례는 매우 드물었으며, 지역이라는 규범성은 거의 상식화된 전제로만 받아들여지는 경향이 있었다. 지역 언론 연구에서 지역성은 어떤 면에서는 지역이라는 집단 정서에 근거한 대중 통념적 가치로서, 특히 지역에 몸담고 있는 연구자가 공개적으로 비판하기 쉽지 않은 금기사항으로 작용하기도 한다. 즉 지역 언론 연구에서 지역성은 대중적 통념 수준의 이념이면서도 연구자의 자유로운 학술적 상상력과 주장을 제약할 수 있다는 점에서 "이론적 포퓰리즘"(임영호, 2002a: 297)에서 자유로울 수 없다. 어떤 면에서는 이론이나 학술적 연구에서 규범성의 개입 자체가 아니라 이에 대한 비판적 성찰 부족이야말로 지역 언론 연구가 학문 영역으로서 발전하는 데 큰 장애로 작용한다. 이 점에서 지역성 규범의 무비판적 수용은 앞으로 반드시 극복해야 할 과제라 할 수 있다.

4. 지역 언론 연구와 공간성

지역 언론 연구를 특징짓는 세 번째 키워드로는 '공간성' 개념을 꼽을 수 있다. 지역 언론 연구에서 연구 대상으로 삼는 사회 현상은 대개 지역이라는 공간적 차원을 통해 매개된 것이다. 지역이란 사회적, 규범적, 공간적 차원이 중첩되면서 교차하는 사회 영역이라 할 수 있는데(임영호, 2002a), 공간성은 지역 언론에서 중심적인 요소이면서도 역설적이게도 이론적으로 제대로 조명받지 못한 부분이다.

물론 공간 차원에 관한 이론적 논의 부족은 언론학 분야에만 국한된 특징은 아니다. 저명한 공간 이론가인 에드워드 소자Edward Soja(1993/1997)는 사회 현상을 구성하는 세 가지 차원으로 '공간,' '시간(역사),' '사회적 존재' 등을 열거하면서, 이 중에서도 공간은 사회과학에서 그동안 가장 주목받지 못한 사회적 차원이라고 지적했다. 아마 공간이란 단어의 용례가 연상시키는 물리적, 지리적 함축 때문일 것이다. 더구나 언론학 내에서도 특히 지역 언론 연구는 지역이라는 공간적 차원에서 전개되는 현상을 주된 연구 대상으로 삼는다는 점에서, 공간 문제에서 드러난 이론적 취약성은 지역 언론 분야의 학문적 발전에 그만큼 더 심각한 장애라고 할 수 있다.

지역 언론 연구에서 '지역'은 여타 사회과학 분야에서는 다소 생소한 지리적, 규범적 차원이 복합적으로 융합되어 형성된 현상이라는 점에서 이론화하기 매우 까다로운 주제다. 특히 공간성은 상식적인 수준에서 지리적, 물리적 성격과 동일시되면서, 이것이 사회적 차원을 통해 매개되어 형성된 측면은 이론적으로 제대로 규명되지 못했다.

중심부와 변두리의 관계는 단순히 물리적 위치 문제가 아니라 자원이나 권력 분포와 연계된 사회 현상인 것과 마찬가지로 지역 역시 사회성을 강하게 띠는 현상이다. 지역 언론 연구에서는 바로 이 점이 이론적으로 제대로 개념화되지 못한 채 사용되는 바람에 많은 문제점이 초래되었다고 일부 연구자는 비판한다(임영호, 2002a; 조항제, 2006).

무엇보다 지역은 이론적으로 비판적인 검토 대상이 되어야 하는데도 마치 자명한 물리적 현상에 불과한 것처럼 오랫동안 방치되었다는 것이 문제다. 지역 언론, 특히 지역 방송 관련 논의에서 지역은 논의 맥락에 따라 때로는 거리에 따라 규정되는 지리적 공간이나 '방송 권역'과 같은 기술적 공간(김대호, 2001)으로, 혹은 지역 정치 단위인 행정 구역으로, 사업자의 영업 구역이나 시장이라는 경제적 단위의 의미로 사용되었는데, 이처럼 다양한 용례는 언뜻 다양한 관점을 반영한 것처럼 보인다(임영호, 2002a). 하지만 이처럼 외관적인 다양성에도 불구하고, 이것들은 모두 지역을 개념화하는 데 논란의 여지가 있다는 점에서는 공통적인 한계점을 안고 있다. 가령, 지역 방송 정책 연구에서 지역성에 초점을 두는 의견(이하 지역성 옹호론자로 칭함)과 경제적 효율성을 중시해 광역화를 옹호하는 입장은 언뜻 상반된 주장인 것처럼 보이지만, 서로 비슷한 문제점을 갖고 있다.

우선 지역성 옹호론자는 지역성 이념을 구현하는 지리적 단위로서 지역을 전제하며, 이들의 모든 논의는 이 개념에 근거해 전개된다(강상현, 1994; 이진로, 2004; 정상윤, 2001, 2003). 하지만 여기서 지역이란 지역과 관련되거나 지역을 구성하는 구체적인 사회적 행위자 간의 관계라는 차원이 결여된 추상적인 상징적 공동체일 뿐이다(임영호, 2002a: 280~281). 지역의 범위나 단위는 대개 아무런 성찰 없이 당연한 전제처럼 받아들여지는데, 문제는 이것이 행정 단위나 지역 미디어 사업 권역과 사실상 호환해서 사용된다는 것이다. 지역성의 주체는 당연히 지역 주민인 것처럼 가정되지만, 실제로는 사업자의 관점이 지역이나 수용자의 관점과 동일시되면서 지역민은 사업자의 이익·관점이 편의에 따라 투사되어 지역 전체의 것으로 일반화되는 추상적이고 허구적인 구호로 전락했다.

일반 사회과학에서는 어떤 정치적 단위이든 국가, 시장, 시민 사회 등 서로 지향점이 다른 다양한 사회적 행위자 간의 관계라는 틀을 통해 파악하는 것이 일반적이다. 이 관계에서는 기능적 조화와 타협뿐 아니라 갈등도 중요한 차원을 이룬다. 이러한 관점을 지역 단위에 적용하자면, 지역을 구성하는 행위자는 지역 주민과 지역 정부, 의회/정치인, 시민 단체, 지역 기업, 지역 미디어 사업자 등 다양한 층으로 구성되며 이들이 추구하는 규범적인 지역관은 관점이나 이해관계 측면에서 때로는 일치하고 때로는 서로 상충, 갈등 관계에 놓일 수도 있다(임영호, 2002a: 280). 주민들만 보더라도 거주 패턴(토박이, 유동성 유형 등)이나 지역에 대한 유대감, 경제 지리적 도시 구조 등에 따라 지역 공동체는 매우 이질적인 구성으로 나타날 수 있다. 이 때문에 같은 주민이라 할지라도 지역에 대한 인식이나 기대, 이해관계는 상반되고 모순된 형태를 동시에 띨 수도 있다. 하지만 이처럼 사회 현상을 다양한 행위자 간의 관계라는 틀 속에서 파악하는 사회과학적 인식이 지역성 옹호론에서는 거의 보이지 않는다.

반면에 지역 방송 광역화론은 언뜻 이와 상당히 대립되는 주장을 펴는 것처럼 보이는데, 이들은 지역이라는 규범성과 경제적 시장으로서의 지역이라는 측면을 조화, 절충시키려 시도한다(방송위원회, 2000). 이 점에서 이들은 기존의 규범적이고 지리적인 지역 개념에 시장 논리라는 사회적 차원을 추가적으로 도입하여, 지역성 옹호론자의 추상적인 지역 개념을 어느 정도는 사회과학적 개념으로 구체화하였다고 할 수 있다. 하지만 여기서 지역은 주로 경제적 효율성이 지배하는 도구적 공간, 즉 사실상 사업자가 배타적 권리를 보장받는 영업 구역과 동일시되는데, 이러한 지역관은 지역 행위자 중 주로 사업자의 관점에서만 지역 문제를 접근하게 되는 한계를 안고 있다.

이상에서 살펴본 지역성 옹호론과 광역화론은 지역 방송 정책을 보는 두 가지 상반된 시각을 대변한다. 하지만 외관적 차이에도 불구하고 이 두 시각은 모두 통념화된 지역 개념을 무비판적으로 수용하였다는 점에서 사회과학적 인식의 결핍을 보여 주는 공통된 한계를 갖고 있다. 이는 그동안 지역 언론 연구에서 지역 개념에 대한 비판적인 논의 부족 때문에, 당연히 제기되어야 할 중요한 이론적, 정책적 쟁점이 큰 공백으로 방치되었다는 사실을 여실히 보여 준다.

이러한 이론적 성찰의 결여는 최근의 미디어 환경 변화와 더불어 그 문제점이 더 부각되고 있다. 오늘날 공간적 제약에서 어느 정도 자유로운 생소한 현상이 언론학의 연구 대상으로 점차 부상하고 있다. 지역이라는 공간적 차원에 관한 전통적인 통념은 이처럼 새로운 현상을 설명하는 데 유용성을 점차 상실해가고 있다. 예컨대, 지금까지 지역 방송 권역은 지리적, 경제적 권역이면서 정체성을 구성하는 문화 공동체 단위이기도 했지만, 이 범위가 실질적으로는 서로 비슷해 지역이라는 나름대로 단일한 실체로 수렴되었다. 하지만 테크놀로지 발달은 이 측면들을 서로 분리·재편하여 전혀 생소한 지형을 조성하고 있다.

마누엘 카스텔(Castells, 1996: 376~378)이 지적하듯이, 역사적으로 볼 때 우리의 공통적 경험이 공간적으로 조직화되는 방식이 주로 '장소의 공간the space of places'이라는 물리적 성격을 띠었다고 한다면, 최근의 사회 환경은 이 공간을 구성하는 요소 간의 분리, 사회적 관계와 흐름에 의한 구성을 특성으로 하는 '흐름의 공간the space of flows'으로 바뀌고 있다. 데이비드 하비David Harvey(1989)가 지적한 "시공간의 압축time-space compression" 현상 역시 현대 사회에서 진행되는 시대적 흐름의 한 특성을 개념화한 것이라 볼 수 있다.

정보화와 글로벌화가 대세인 현재의 환경에서 지역 간, 국가 간의 경계는 더욱 유동적이고 복합적으로 변화하면서 지역의 의미 역시 이론적으로나 정책적으로 새로운 조명이 불가피해졌다. 지역 신문과 지상파 텔레비전이 주류를 이루던 지역 언론 환경에서도 인터넷과 위성 방송이 등장한 이후에는, 지역이라는 단위는 미디어 지형에서 이전과 상당히 다른 의미를 지닐 수밖에 없다. 위성 방송 도입이 지역 방송 정책에 초래한 논란은 바로 이 점을 여실히 보여 주는 사례다(김대호, 2001; 김도연, 2001; 윤석년, 2001). 위성 방송이라는 플랫폼 자체가 지리적 공간을 초월하는 매체이기 때문에, 로컬리즘 따위의 전통적인 방송 정책 이념을 적용하기 어렵기 때문이다.

바로 이러한 취지에서 임영호(2002a)는 지역 방송의 지역 개념을 비판적으로 고찰하면서 지리적, 규범적 개념에 근거하던 지역을 사회적 공간으로 재개념화해야 한다고 주장했다. 경제지리학이나 공간 이론의 관점에서 보면 공간은 지리적 거리 차원이 아니라 '사람의 이동,' '혁신 확산,' '자본의 움직임,' '권력의 공간 분포' 등 복합적인 사회적 차원의 입체적 흐름과 관계로 구성되는 사회 현상(김형국, 1997)으로 새롭게 개념화된다. 이처럼 새로운 이론적 접근 방식의 탐색은 전통적인 지역관의 개념적 한계를 극복하는 데 유용할 뿐 아니라, 미디어 환경 변화로 생겨난 새로운 현상을 이론적으로 설명하는 데도 기여할 수 있다. 이 때문에 이미 몇몇 연구는 경제지리학적 개념이나 이론을 실제로 지역 언론 연구에 접목하려고 시도했다(임영호, 1998b; 임영호·김은미·박소라, 2002).

조항제(2006)는 이러한 사회과학적 논의의 폭을 좀 더 확대해서 지역이나 지역성을 '다층화,' '다차원적' 현상으로 새로 이해할 필요가 있다고 역설했다. 즉 흐름으로서의 공간 개념에 비추어볼 때 지역은 지역적 정체성(지역성)이라는 측면에서의 '로컬리티locality,' 개인·집단 네트워크로서의 '로케이션location,' 경제적·산업적 지역이자 지리적·물리적 지역으로서의 '로컬locale' 등의 다차원으로 구성되는 복합적 개념이 된다. 또한 이와 비슷하게 지역성 개념 역시 공간적인 측면에서 협의의 지역성 외에도, '광역적 지역성,' '국가적 지역성,' '글로벌 지역성' 등이 동시에 혼재하는 복합적 실체로 다시 파악해야 한다고 그는 주장한다.

지역 언론 연구에서 공간성을 어떻게 이론화할 것이며, 어떤 개념이나 이론이 이 작업에 기여할 것인지는 아직 탐색 수준에서 논의되고 있다. 더구나 이러한 이론적 모색을 구체적인 현상 분석에 적용하는 데 필요한 분석틀이나 방법론 개발은 더욱 초보적인 단계에 머무르고 있다. 하지만 온갖 어려움에도 불구하고 공간성은 지역 언론 현상을 구성하는 핵심적인 차원이기 때문에, 이 쟁점에 관한 탐색은 지역 언론 연구가 다른 연구 분과와 차별화된 학문 영역으로 도약하는 데 필요한 이론적 바탕을 개척해 줄 것이다.

5. 지역 언론학, 어디로 갈 것인가

지역 언론 연구는 짧은 기간 동안에 연구 범위나 생산성 측면에서 빠르게 성장하면서 학문 분과로서의 입지를 강화하고 있다. 이제는 양적 성장에서 더 나아가 질적 도약, 이론적 체계화와 더불어 무엇보다 지역 언론학이라는 학문 분과의 정체성과 방향을 점검하고 모색해야 할 단계에 도달했다고 본다. 이 탐색적 글은 추상적인 수준에서나마 이 문제를 탐구하는 데 필요한 여러 쟁점을 제기하는 방식으로 논의해 보았다. 이상의 논의를 바탕으로 이 글은 다음과 같은 제언을 도출하였다.

첫째, 지역 언론학이 사회과학의 이론적 흐름에서 동떨어진 보호 대상 학문이자 단지 정책적 배려 대상의 위상에서 벗어나려면, 역설적으로 연구 대상 선정이나 이론적 틀 모색에서 지역이나 지역 매체에 대한 집착을 과감히 버릴 필요가 있다. 비록 지역 언론학이 지역 언론을 주된 관심사로 삼는다 할지라도 매체나 언론사 중심으로 현상을 보게 되면 이 국지적인 사례에 작용하는 다양한 사회적 요인의 관련성이나 이 관계에 작용하는 사회적 메커니즘이라는 큰 흐름을 간과하게 될 우려가 있다.

둘째, 새로운 이론적 탐색(특히 문화 연구, 공간 이론, 경제지리학 등)에 좀 더 개방적이고 전향적인 자세로 전환해, 다양한 학제적, 이론적 실험을 통해 영역을 확대, 발전시켜 나가야 한다. 이론의 장점은 구체적인 사례나 경험을 통해서는 보지 못하는 큰 흐름과 요인의 중요성, 그리고 그것들 간의 관계에 주목하게 해 주는 데 있다. 지역 언론 연구는 초기에는 주로 현상 기술적인 연구나 규범적이고 원론적 수준에 머물다가, 최근에는 기존의 개념이나 명제를 검증하는 경험적인 연구로 진화했는데, 이 점은 매우 고무적이다. 하지만 수많은 학제적 접근 방식 중에는 아직 적용 가능성을 실험해 보지 않은 좀 더 거시적이고 체계적인 이론이 많이 남아 있다. 지리학이나 정치학, 경제학, 문화인류학 등 인접 분야의 관련 이론에는 지역 언론학에서 새로운 연구 주제나 접근 방식을 탐색하는 데 풍부한 함의를 주고 이론적 상상력을 자극할만한 부분이 적지 않다. 이 이론들의 학제적 탐색은 지역 언론학의 정체성을 희석하기보다는 오히려 이론적으로 풍부하게 발전시키는 데 기여할 것이다.

셋째, 지역 언론학에서 지식 분류 체계를 다시 점검해 볼 필요가 있다. 앞서 언급했듯이 지식 분류 체제는 연구자의 사고방식까지도 규정하는 측면이 있다. 지역 언론 연구가 양적으로는 이전에 비할 수 없이 엄청나게 늘어나면서 지식은 빠른 속도로 축적되고 있지만, 이를 체계화해서 새로운 이론 구축의 토대로 활용할 만한 적합한 지식 분류 체제는 아직 갖추지 못 했다. 만일 지역 언론에 관한 교과서를 집필하려 할 경우, 적용할만한 서술 체제도 아직 마련하지 못 했다. 물론 언론학의 초창기부터 자주 활용되던 SMCR 모델에 따라 송신자, 메시지, 채널, 수용자 등으로 연구 영역을 세분화하는 것도 한 방안이 될 수는 있다. 그렇지만 지역 언론 연구가 단순히 소재 중심에서 탈피해 다양한 이론적 탐색과 실험을 수용하고, 매체 중심에서 벗어나 훨씬 폭넓은 사회 맥락과의 관계 속에서 현상을 이해하려면 이론적 주제나 접근 방식 위주의 대안적 분류 체계를 도입할 필요가 있다.

지역 언론은 연구의 주된 '소재'이자 대상이지만 넓게 보면 독립된 현상으로 존재하는 게 아니라 지리적으로 매개된 복합적인 사회 현상이다. 따라서 이는 인접 사회과학 분야의 다양한 이론적 관점에서 접근해 볼 수도 있다. 지역 언론이라는 현상이 공간적으로 매개된 사회 현상이라는 점을 감안할 때, 예컨대 공간 이론의 개념에 따라 지역 언론의 제도나 정치, 즉 다양한 관련 행위자 간의 권력 자원 배분과 의사 결정 과정을 다루는 '공간 정치,' 지역 언론의 경제학적 측면을 다루는 '공간 경제,' 지역(언론)의 상징적 의미 생산과 수용 과정을 다루는 '공간 인식' 등으로도 재분류해 볼 수 있다.

넷째, 지역 언론 연구에서 비판적 시각의 필요성도 재삼 강조하고 싶다. 물론 지역 언론 연구는 지역성이라는 규범에 따라 중앙 집권적 기성 체제에 대한 비판의 성격을 담고 있다. 하지만 지역 언론은 정작 연구의 출발점이자 전제가 되는 규범에 대한 자기 비판적 성찰은 부족했다. 이강형과 최현주(2008)는 관련 문헌의 내용 분석을 통해, 비판적 시각의 부족이 실제로 지역 언론 연구에서 중요한 경향 중 하나임을 확인했다. 전통적인 규범적 지역 언론 연구는 현실 극복과 지양을 지향하면서도 사업자와 지역 엘리트 위주의 현실 체제에 안주하는 상반된 특성을 동시에 지닌다. 기존의 연구는 한편으로는 지역의 시각과 이익을 대변하면서 현실 개혁을 지향하지만, 다른 한편으로는 이 지역적 가치의 주체가 누구이며, 지역성 관련 여러 주체 간의 갈등과 권력 관계에 대해서는 침묵했다. 따라서 이렇게 파악된 지역은 대외적으로는 중앙과의 관계에서 소외되고 주변화된 단위라는 점에서 약자와 소수파를 지지하는 진보적 개념인 것처럼 보이지만, 지역 내부에서는 사회적 행위자 집단 간에 또 다른 형태의 배제 체제를 조성, 방조해 오히려 새로운 기득권 체제를 조장하는 데 기여할 우려도 있다.

지역 공동체나 지역성이라는 규범적 가치는 늘 당연한 전제로만 받아들일 뿐 그 출발점에 대한 비판적 성찰은 거의 이루어지지 않은 것도 문제다. 이 때문에 지역 언론 연구는 한편으로는 지역의 특수 이익에 근거해 파당성을 추구하는 관점과, 다른 한편으로는 보편적이고 정당성 있는 가치 추구에 근거한 비판적 시각이라는 양극단 사이를 편의에 따라 오가는 모양을 취하고 있다.

지역 언론 연구에서 비판 이론의 탐색은 바로 이러한 한계를 조명하면서 동시에 현상을 역사적이고 거시적인 관점에서 종합적으로 파악하는 데 기여할 수 있을 것이다. 또한 바로 이러한 맥락에서 볼 때 지역 언론 연구에서 그동안 핵심적인 개념이자 기본적인 전제로 당연시되던 지역이나 지역성도 새로운 시각에서 재조명할 수 있다. 특히 글로벌화와 정보화의 흐름 속에서 전통적인 형태의 지역이 사실상 해체되는 현재의 미디어 환경에서 지역 언론 연구가 존속하려면 지역에 대한 맹목적인 옹호, 집착에서 벗어나 지역 자체를 검토 대상으로 객관화하고 훨씬 더 엄밀한 사회과학적 개념으로 발전시킬 필요가 있다.

그동안 지역 언론 연구는 양적인 확대 성장에도 불구하고 비슷한 전제와 문제의식을 반복, 재생산하는 바람에 이론적 변방이자 주변부의 위상에서 벗어나지 못했다. 지역 언론 연구가 단순히 지역 거주자만의 관심사가 아니라 정당하고 가치있는 학문 연구 영역으로 거듭나기 위해 현재의 시점에 필요한 것은 바로 자기 성찰적인 작업이다. 이는 기존의 익숙한 학문 관행에서 한 발짝 뒤로 물러나 현 위치를 비판적으로 성찰, 점검하고 지금까지 걸어온 길이 어떤 의미가 있으며, 앞으로 어떤 방향으로 가야 할지 다시 숙고해 보는 일이다. 다양한 이론적 탐색은 바로 이러한 자기 성찰에 유용한 도구를 제공해 준다는 점에서 의미가 있다.

8장

저널리즘 연구의 지식사

● 이 장은 "저널리즘 연구 50년의 성찰," 한국언론학회 50년사 편찬위원회 엮음, 《한국언론학회 50년사, 1959~2009》, 한국언론학회, 2009, pp.427~454를 토대로 재구성한 것이다.

1. 저널리즘 연구를 다시 본다

저널리즘 연구의 역사는 그동안 연구자가 축적한 과거 업적과 자랑거리, 시행착오와 오류에 관한 기록이다. 저널리즘 학사 서술에서 과거에 대한 평가는 현재의 시각에서 이루어지기 마련이며, 연구자의 위치나 관점에 따라 다양한 성격의 내러티브로 구성될 수가 있다. 어떤 시각을 선택하는지에 따라 과거의 동일한 연구나 연구자에 대한 평가가 찬사와 헌정이 될 수도 있고, 폐기할 유산이나 비판 대상으로 규정되기도 한다. 이 글은 필자의 시각에서 저널리즘 연구라는 과거사를 나름대로 평가해 보고자 하는 시도다. 우리 학계에서 저널리즘 연구가 무엇이며, 어떻게 접근해야 하는지에 대한 인식이 시대나 연구 조류별로 어떻게 다르게 나타났는가 하는 측면이 서술에서 주안점이 될 것이다. 말하자면 이 글은 기본적으로 지식의 성격을 규정하는 관점의 진화, 즉 지식사의 관점에서 서술한다.

저널리즘 연구를 지식사라는 역사 서술의 관점에서 접근한다면, 긴 시간에 걸쳐 등장한 수많은 연구 성과 사이에 어떤 연속성이나 단절, 진화 등의 관계를 찾아내고 이를 토대로 하나의 이야기를 구성해야 한다. 하지만 이 작업이 저널리즘 '연구'의 발자취를 연대기 순으로 정리하는 데 치중할 필요는 없다. 연구 조류별 시기 구분은 상호 배타적으로 맞아 떨어지지도 않으며, 반드시 시간적 순서를 따르지도 않는다. 또한 수십 년 동안 축적된 자료를 짧은 글에 체계적으로 압축해서 담기도 어렵다. 따라서 전체 흐름 속에서 각 연구의 의미를 주관적으로 판단해 선택하거나 배제할 수밖에 없다. 이 글에서 언급한 여러 연구는 글 자체의 대표성이나 질적 우열에 대한 평가가 아니라 단지 내가 나름대로 구상한 지식사의 큰 내러티브 속에서 두드러진 추세를 예시하는 사례로서만 의미가 있다.

저널리즘 연구의 지식사 서술은 지식에 대한 정의에서 출발해 그 관점에서 여러 연구의 의미를 평가한다. 가장 기본적인 질문은 저널리즘 연구가 과연 무엇인가 하는 것이다. 이 글에서는 현장 지향성과 학문적 지식 규범 준수가 저널리즘 지식을 규정하는 두 축이라고 보았다. 첫째, 저널리즘 현장과 연구의 관계를 어떻게 설정했는가, 즉 현실에서의 효용성이 저널리즘 연구의 성격을 어떻게 규정했는가 하는 점이다. 이는 취업 희망자를 위한 교육용 지식일 수도 있고, 업계 현안이나 정책에 필요한 지식일 수도 있다. 둘째, 학문 영역이자 대학의 한 부문으로서 저널리즘 연구의 학문적 정체성과 위상 모색이 연구의 성격에 어떻게 작용했는지도 중요한 기준이 될 수 있다. 연구자의 지식 탐구라는 행위는 지식의 논리뿐 아니라 제도적 행위 형태로 구체화된다는 점에서 지식 생산과 전수의 제도적 공인 형태와 범위도 각 시대의 성격을 규정하는 또 한 가지 요인으로 고려해야 한다. 이 잣대들에 비추어 각 시대의 지식에 나타난 특징을 살펴보고, 이를 통해 이 지식이 저널리즘 연구의 지식사에 어떤 공과를 남겼는지 평가하고자 한다.

2. 저널리즘 연구란 무엇인가

1) 저널리즘 연구의 개념과 평가 기준

과연 학문으로서 저널리즘 연구는 무엇인가? 저널리즘 연구의 역사 서술은 이 질문에 대한 해답 제시에서 시작한다. 이 질문은 우선 논의 대상의 범위를 규정하는 행위를 포함한다. 저널리즘은 일반인에게도 익숙한 일상적 단어이지만 그 의미는 생각처럼 자명하지 않다. 저널리즘 연구란 용어는 저널리즘이라는 현상을 지칭하는 개념과 연구라는 단어를 접합해서 만든 것이다. 하지만 합성어란 단순히 여러 단어의 산술적 합산을 의미하지는 않는다. 수십 년에 걸친 기간 동안 저널리즘 연구의 역사에서 가장 심각한 난점은 이 기본 개념을 둘러싼 혼선이 계속되었다는 것이다.

우선 사전 수준에서 저널리즘을 어떻게 수용하고 있는지 살펴보는 데에서 논의를 시작할 필요가 있다. 한국언론연구원이 발간한 《매스컴 대사전》은 저널리즘을 "시사적인 문제에 대한 뉴스 등을 취재 편집해서 신문 잡지 방송 등을 통해 보도 논평 해설 등을 하는 활동 또는 이러한 활동을 전문적으로 하는 직업분야"라고 정의했다(차배근·김우룡·이기홍, 1993: 1197). 하지만 이 정의는 현실에 존재하는 저널리즘이라는 지칭 대상의 특성을 통념 수준에서 기술한 것일 뿐, 지식 영역으로서 저널리즘 연구가 이 대상에서 어떤 측면을 어떻게 접근해야 하는지에 대해 시사하는 점은 그다지 많지 않다. 일상어는 모든 이에게 친숙하기 때문에 의미가 자명하다고 착각하기 쉽다. 하지만 어떤 면에서는 이처럼 외관적인 자명함 때문에, 저널리즘이란 기본 단어는 의미에 대한 의문이나 별다른 성찰 없이 습관적으로 사용되었다.

이처럼 기초 개념이 제대로 정리되지 않았다는 사실은 저널리즘 연구가 양적 성장이나 외연 확대에도 불구하고 학문으로 체계화하는 데도 심각한 걸림돌이 되었다. 저널리즘 연구에서는 흔히 사전 수준의 정의로 저널리즘 현상의 범위를 규정하고 연구 대상도 이에 맞추어 설정했는데, 이러한 학문적 관행은 지금도 여전히 통용되고 있다. 저널리즘 연구는 뉴스 보도, 논평, 해설 등 메시지 형태나 신문, 잡지, 방송 등 매체 단위, 혹은 직업 활동 측면에서 관련 지식 영역을 정의하고 분류한다.

예컨대, 문종대(2001)는 2000년대 초 저널리즘 연구의 계보를 정리하면서, 바로 이 개념에 근거해 뉴스 연구(송신자, 메시지, 수용자 연구), 정치 커뮤니케이션, 언론사, 언론 법제와 윤리, 언론 사상 연구 등을 아우르는 학문 영역으로 저널리즘 연구의 범위를 폭넓게 설정했다. 이 정의에 따르면 언론학의 기존 연구 영역이나 분과로 분류되던 상당수가 저널리즘 연구의 범주에 포함된다. 이처럼 광범위한 정의는 일관된 지식 분류 체계에 따라 나누어진 특정 연구 분과를 지칭하는 개념이라기보다는 여러 영역을 포괄하는 하나의 편의적인 '우산 개념'에 불과하다.

이처럼 저널리즘이라는 용어 자체가 모호한 상태로 과도하게 확장되어 통용되는 바람에, '저널리즘 연구'라는 용어 역시 연구자에 따라 자의적으로 해석된다. 때로는 이 항목 자체가 거의 모든 분야를 망라하거나, 아니면 연구 영역 분류에서 아예 배제되기도 한다. 가령 1990년 한국언론학회 30년 기념 행사에서는 조직 커뮤니케이션, 정치 커뮤니케이션, 수용자 연구, 언론인과 언론사, 인간 커뮤니케이션 등 여러 분과 별로 상반된 시각을 정리하였으나 저널리즘은 포함하지 않았다(한국언론학회, 1991). 일반인이 보기에도 언론학의 출발점이자 기본 영역이라 할 수 있는 저널리즘은 왜 배제되고, 그 대신에 '뉴스 연구,' '언론사·언론인 연구'라는 구체적 영역이 추가되었는지 주목할 필요가 있다. 이는 학술적 개념 수준에서 볼 때 저널리즘 연구라는 용어가 지나치게 포괄적이고 의미가 불투명해서 언론학의 지식 영역 구분에서는 그다지 유용하지도 않을 뿐 아니라 오히려 논란거리가 될 수도 있음을 보여 주는 일화다.

연구 영역을 규정하는 또 한 가지 방안은 학술 제도 차원에서 판단하는 것이다. 하지만 어떤 면에서 학문 분과나 영역은 연구자들의 직업 활동에서 편의를 위해 설정된 제도적 장치일 뿐이다. 이 점에서 보자면 저널리즘은 학회의 독립된 연구 분과이자 대학의 학문 분과로 확고하게 자리 잡은 셈이지만, 제도적 정착 자체가 분야의 정체성 규명 문제를 해결했다고는 할 수 없다. 제도의 테두리 안에서도 저널리즘 연구는 여전히 저널리즘이란 모호한 키워드를 중심으로 성격이나 주제, 방향이 다양한 이질적 연구를 총칭하는 유동적이고 다의미적인 실체에 머무르고 있다. 이러한 난맥상에서 탈피하려면 결국 연구자가 저널리즘 연구를 규정하는 지식의 판단 기준을 나름대로 설정해서 계보를 그려볼 수밖에 없다. 나름대로 개념적 일관성과 엄밀성을 갖춘 잣대로 지식의 진화 과정을 파악해 본다면, 저널리즘 연구의 개념을 둘러싸고 벌어진 혼란을 해결하는 데 도움이 될 수 있을 것이다.

저널리즘 연구는 저널리즘 현상의 현안에 대한 관심에서 출발하는 지식 추구 활동이라 정의할 수 있다. 이처럼 언뜻 평범하고 자명해 보이는 이 진술문에는 사실 논란거리가 될 만한 이슈들이 얽혀 있다. 한편으로는 '현상의 현안에 대한 관심'이라는 구절이 시사하듯이 현실에 대한 시사점과 활용성이 지식의 가치를 판단하는 중요한 기준이라는 것이다. 다른 한편으로는 지식 추구 활동이기 때문에 학문적 지식으로서 내적 완결성을 중시하는 기준이 지식의 가치를 판단하는 데 작용한다. 문제는 지식의 활용성과 내적 완결성이라는 가치가 늘 서로 조화를 이루지 않고 때로는 상충하기도 한다는 점이다. 저널리즘 연구를 구성하는 지식의 역사는 바로 이처럼 이질적 가치들을 어떻게 평가하고 지식 활동에 반영했는가 하는 관점에서 서술할 수 있다. 다만 또 한 가지 고려 사항은 지식 활동을 결정하는 데에는 반드시 지식의 논리만이 아니라 지식 공동체의 제도적 환경 논리도 영향을 미친다는 점이다. 지식 추구 활동 역시 연구자가 속한 제도적 틀 안에서 이루어지기 때문이다.

2) 지식의 논리: 활용성과 내적 완결성의 가치

저널리즘 연구에서는 '저널리즘'이라는 구체적인 현실과의 관련성, 즉 지식의 '현실 지향성'이나 '활용성'이 분야의 정체성을 구성하는 데 중요한 축이었다. 다른 '순수' 학문과 달리 한국 저널리즘 연구는 일찍이 1960년 〈신문학보〉 창간 시절부터 현실과의 연계를 강조했다. 전문 지식을 갖추지 못한 일반인조차도 언론학은 저널리즘 현장과 밀접한 관련이 있을 것이라 생각한다. 실제로도 저널리즘 지식 분야는 연구, 교육, 정책 결정 과정에서 업계와 긴밀한 관계를 유지해왔고, 이 때문에 저널리즘 연구는 업계 현장의 수요나 정치적, 정책적, 산업적, 실용적 함의에서 자유롭기 어려웠다. 저널리즘 연구의 현실 지향성이라는 특성은 크게 세 가지 방식으로 구현되었다.

첫째, 뉴스 생산 현장, 즉 종사자에게 필요한 지식과 자질을 갖춘 인력 공급에 주력하는 형태의 지식이다. 이는 흔히 저널리즘 '교육'이라 불리는 실용적 목적의 연장선에서 저널리즘 연구의 가치가 존재한다는 인식에 근거한다. 하지만 이 지식은 저널리즘 관련 학과의 교육 내용으로만 써야 한다고 여길 뿐 '연구'로서는 적합하지 못하다고 여기는 사고가 연구자 사이에서 일반적이었다. 연구자 역시 직업 현장에서 요구하는 실무 지식의 교육자이기에 앞서 대학 사회 구성원으로서 학문 생산 규범에 맞는 지식을 생산할 책임을 지기 때문이다.

둘째, 업계 현안 토론이나 정책 수립 과정에 필요한 지식이다. 이는 저널리즘 현상이 주로 미디어 기업 등 구체적인 조직이나 업계 형태로 존재한다는 점과 무관하지 않다. 저널리즘 연구에는 순수 지식뿐 아니라 현장의 실질적 문제점 해결에 도움이 되는 지식을 제공해야 한다는 기대치가 존재한다. 하지만 또한 이해관계가 얽힌 쟁점이나 정책 결정 과정에서 학자가 특정 이해관계나 정파, 이념을 정당화하는 기제의 일부로 참여하면서 나타나기도 한다.

셋째, 현실 효용성은 여전히 높으나 단순히 현실의 수요나 이해관계를 반영하는 지식에 그치지 않고 현실과 거리를 두면서 문제점을 진단하고, 때로는 대안을 제시할 수 있는 지식 형태를 들 수 있다. 이는 실무 교육용 지식, 정책 자료, 학술 연구 등 다양한 형태를 취할 수도 있다. 이 지식은 실용성에 근거를 두면서도 개념적, 이론적 성찰을 필요로 한다는 점에서 학술적 지식의 속성을 많이 공유한다.

가령 역피라미드형 기사 작성법은 오랜 직업 관행으로서 현장 실무에 바로 써먹을 수 있다는 점에서 전통적인 저널리즘 교육에서 대표적인 '실용적' 지식이다. 하지만 객관적 보도양식의 한계가 드러나면서 이는 편리하긴 하나 사회적 기능 측면에서 많은 비판을 받고 있다. 대안적 보도 양식 개발은 현장의 필요성을 충족하는 작업이면서도 사회적으로도 의미 있는 현안이다. 특히 온라인 환경에서는 전통적인 스트레이트 뉴스 양식을 넘어서는 스토리텔링 방식의 필요성이 커졌다. 이 맥락에서 보면 기존의 관행을 넘어서는 온라인 대안적 글쓰기의 모색은 직업 교육의 일환이면서도 단순히 실용적 지식으로만 치부하긴 어렵다.

지식의 활용성이라는 가치를 중시하는 전통은 저널리즘 연구의 지식 추구 활동의 여러 측면에 영향을 미쳤다. 우선 실무적 지식은 저널리즘 연구의 존재 의의와 관련 있는 핵심적인 지식 영역이자 제도적 기반이면서도 저널리즘 '연구자'로서의 정체성과 조화되기 어려운 영역이었다. 이러한 난점은 저널리즘 연구의 역사 내내 현안으로 남았다. 이에 대한 대응은 대개 저널리즘 실무 지식과 연구 지식을 교육용과 연구용으로 분리해 보는 편의적이고 이원론적인 태도로 나타났다.

이와 더불어 업계 현안이나 정책 수립과 관련된 지식 활동 역시 상당한 문제점을 낳았다. 이 지식 활동은 분야와 연구자의 사회적 위상과 영향력을 높이는 데는 도움이 되지만, 순수한 지식의 가치와는 상충하는 상황을 조성하기도 했다. 지식 생산 방향에서 종종 특정한 이익 단체나 정파의 입장을 일방적으로 옹호하고 정당화하는 목적으로도 활용되었기 때문이다. 이 때문에 이 유형의 지식 활동은 지식이나 생산자의 권위, 신뢰성, 자율성을 훼손하기도 했고, 때로는 저널리즘 연구라는 지식 영역 자체의 정당성을 위협하기도 했다.

이처럼 지식의 현실 지향성이란 관점에서 저널리즘 연구의 정체성을 이해하는 방식은 연구 주제나 지식 형태를 특정한 방향으로 유도해 학문적 연구에도 영향을 미치게 된다. 실제로 저널리즘 연구에서는 현장성을 중시하는 관행 때문에 뉴스를 통해 전개되는 커뮤니케이션 과정보다는 주로 매체라는 구체적인 제도 형태에 맞추어 현상을 보는 경향이 있었다. 1970년대까지는 신문이 주된 저널리즘 매체로서 연구자의 관심사였다면, 이후 연구 대상이 텔레비전으로 확대되고, 1990년대 후반에는 인터넷과 모바일 중심으로 옮아간 것이 그 예다. 저널리즘 연구를 이해하는 방식이 시대별로 계속 변화해온 것도 연구 주제 설정에서 이론적 관심사의 진화보다는 구체적인 연구 대상인 매체 현상과 맥락이 급속하게 변화한 것과 무관하지 않다. 이처럼 매체 중심적인 시각은 시류에 따라 부침하는 의제나 표면적인 현상에만 집착해 자칫 현상을 다양한 요인 간의 체계적인 관계나 이론 체계 안에서 이해하는 사회과학적 사고의 결핍으로 이어질 우려가 있다. 저널리즘 연구의 존재 의미가 현실의 실용성에 기반을 둔다는 점을 부인하는 순수 학술주의자에게도 업계 현장의 존재는 연구 설계나 주제 선택에 큰 영향을 미친 것이다.

지식의 활용성과 더불어 지식 내적 완결성 추구라는 가치는 저널리즘 연구에서 지식의 논리를 지배하는 또 하나의 축이었다. 다른 지식 영역과 달리 저널리즘 연구는 좀 독특한 지식 추구 동기에서 출발한다. 하지만 지식 추구 동기나 학문 영역 고유의 특성과 무관하게 모든 지식 영역은 엄연히 학문 공동체 내에서 존재한다. 학문의 장으로서 자신의 정체성을 설정하기 위해서는 순수한 지식 자체의 논리, 가령 개념적 엄밀성, 논리, 지식의 체계성 등 '학문화'의 정도가 지식 생산 원리로 자리 잡아야 한다. 이는 현실에 대한 함의나 유용성과 무관하게 지식의 장에서 독자적인 중요성을 지니며, 이 기준을 어느 정도 충족하는지에 따라 어떤 지식 분야가 학문의 장에서 차지하는 권위의 정도나 위상이 결정된다.

지식의 활용성이라는 지식 추구 동기와 지식 내적 완결성 추구가 반드시 상충하는 가치라고 여길 필요는 없다. 이 점에서 지식의 동기와 지식 형태의 관계에 관한 하버마스의 주장에 귀 기울여 볼 필요가 있다. 하버마스(Habermas, 1968/1972: 308~311)는 현실과 맺는 관계의 측면에서 지식 형태를 정의할 수 있다고 보았다. 그에 따르면 지식은 실용성과 효용성에 주력할 수도 있고, 인간 생활에 대한 해석학적 이해를 목적으로 삼을 수도 있으며, 주어진 현실의 극복, 초월과 대안적 현실을 꿈꾸는 방안으로 수행될 수도 있다. 저널리즘 현실의 요구에 대한 관심이 반드시 실용적 관심에 따른 실무적 지식으로만 국한될 필요는 없다는 뜻이다. 물론 현실과 어떤 형태로 관계를 설정하든 모든 지식은 학문 영역에 머무르는 한 나름대로 개념적 엄밀성과 논리, 체계 등 학술적 언어 규칙을 준수해 설득 체계를 갖추어야 한다는 점에서는 공통점을 지닌다.

이 평가 잣대에 비추어보면, 저널리즘 연구는 업계의 수요와 밀접한 관련성을 염두에 두고 출발해 지식 고유의 비판적, 성찰적 자세가 부족했다는 점에서 태생적으로 한계가 있었다. 적어도 저널리즘 연구 초기에는 관련 지식의 상당 부분이 현실의 수요에 대한 적합성, 실용적 함의에 따라 평가되는 경향이 있어 학문적 지식으로서는 다소 허술했으며, 이 추세는 아직도 완전히 사라지지 않았다. 또한 저널리즘 연구는 지식의 현장성이라는 성격 덕분에 현실에 대한 영향력과 대중성을 확보하며 상대적으로 높은 제도적 위상도 누린다. 그런데 이처럼 현실 수요에 지식의 준거틀을 부여하는 저널리즘 연구의 특성은 정작 학문의 장에서는 치명적인 결함으로 작용할 수도 있다. 학문이 요구하는 지식 규범에 미치지 못한다면 언론학 역시 학문 제도 안에서 자리를 유지하기 어렵다. 이 때문에 실제로 저널리즘 연구는 1970년대 이후에는 현실적 유용성보다는 지식 생산의 엄밀성과 순수 학문적 성격을 강화하는 방향으로 선회해 현실 지향성이라는 가치를 사실상 상당 부분 희생했다. 이 때문에 공식적으로는 저널리즘 연구가 언론 현실과 밀착을 표방하면서도, 실제로는 이와 동떨어진 지식을 위한 지식이라는 비난을 면치 못하게 됐다.

물론 지식의 현장 수요 지향성과 학문화는 때때로 상극 관계의 가치가 될 수도 있다. 저널리즘 연구가 몸담은 학문의 장 역시 현실에 지식의 근거를 두기는 하지만, 현실 수요와 무관하게 지식의 내재적 발전과 체계를 중시한다. 학문적 지식은 현실의 요구를 수용하고 따르기보다는 현실과 거리를 두고 비판하며 대안적 현실을 모색하는 것이 원칙이다. 하지만 엄격히 말하자면 지금까지 저널리즘 연구의 현장 수요 지향성은 현장에 뿌리내린 지식을 추구해 왔다기보다는 종종 지식의 학문적 빈곤성, 혹은 엄밀성의 태만에 손쉬운 알리바이를 제공하는 기능도 해왔다.

한국 저널리즘 연구의 역사는 바로 상황이나 시기에 따라 이처럼 상반된 양극단의 가치(현장 지향성과 학문 내적 완결성) 사이를 오가며 정체성을 정립해온 과정으로 파악할 수도 있다. 이 잣대들은 저널리즘 연구가 무엇이며, 어떻게 접근해야 하는가 하는 문제에 대해 다양한 해답을 유도할 가능성이 크며, 실제로도 시기별로나 접근 방식별로 여러 가지 해답이 모습을 바꾸어가며 제시되었다.

3) 제도의 논리와 지식의 성격 변화

지식 영역의 발전은 오로지 지식의 논리만으로 규정되지는 않는다. 지식 추구 활동 역시 연구자라는 구체적인 사회적 존재를 통해 이루어지고, 이들은 자신이 소속해 활동하는 제도적 환경에서 영향을 받기 때문이다. 이 점에서 저널리즘 연구의 발전 과정은 학문적 제도로서의 정체성 추구라는 측면에서 파악할 수도 있다. 구체적으로 저널리즘 분야의 역사는 지식의 완결성과 활용성이라는 지식 논리의 진화 과정일 뿐 아니라 학문적 제도로서의 정착, 즉 지식 생산·유통 방식의 제도화 과정이기도 하다. 지식의 역사와 지식 제도의 역사는 서로 관련이 있기는 하지만 반드시 일치하지는 않는다.

지식의 제도화 과정이란 측면에서, 저널리즘 연구의 발전은 관련 연구자의 활동 공간인 학회나 연구 분과의 정립 과정을 통해 파악할 수 있다. 이렇게 보면 한국 저널리즘 연구의 출발점은 1959년 한국신문학회 창설, 더 세부적으로는 저널리즘 연구 기관이나 분과의 창립이 기점이 된다. 학문 분야의 권위 평가에서는 지식 전수 방식 역시 중요한 요인이라는 점을 감안하면, 관련 학과가 대학에 창설되어 언론학 교육이 시작된 시점 역시 중요한 이정표가 된다. 2009년 한국언론학회가 주도한 《한국언론학 50년사》 집필이라는 프로젝트 역시 지식의 제도화라는 틀에 근거해 학문 발전 과정을 파악하려는 시도인데, 여기서 주목할 점은 역사적 기간을 50년으로 설정했다는 점이다. 이는 하나의 학문 분야로서 저널리즘 연구의 발생, 진화, 발전 과정을 연구의 제도적 중심인 학회 창설을 기준으로 삼은 데에서 기인한다. 이는 학회라는 제도적 권위가 지식 영역의 존재 이유를 정당화하는 핵심적인 요인이라고 보았기 때문이다.

이처럼 제도화라는 틀에 따라 저널리즘 연구의 '기원'이나 범위가 설정되고 나면, 이 분야는 탄생, 성장, 발전이라는 전기biographical

구조를 저절로 갖추게 된다. 다시 말해 저널리즘 연구가 초창기의 학문적으로 불완전하고 미숙한 상태에서 점차 엄밀성과 체계성, 권위를 갖추어가는 진화, 발전 과정으로 지식사의 내러티브가 구성된다.[16] 하지만 이 관점은 어떤 현상이 등장하게 된 배경을 보지 못하게 할 뿐 아니라, 체계적으로 편향된 틀을 통해서 지식사 서술에 임하도록 조장한다는 한계가 있다.

실제로 저널리즘 연구 분야의 역사를 보면 지식의 진화 과정이 순수한 지식 논리에 의해서만 움직인 것은 아니었다. 학문 분야뿐 아니라 대학 내에서 학과라는 조직을 형성하는 데에서 발생하는 필요성 역시 저널리즘 지식관 형성에도 크게 고려되었다. 저널리즘 연구가 학계와 대학에서 자리 잡게 된 데는 업계의 수요가 학과 창설의 필요성을 주장하는 근거로 크게 작용했다. 그 후에도 장차 저널리즘 관련 업계 진출을 희망하는 학생들의 존재는 언론 관련 학과가 대학에서 존속할 수 있게 하는 바탕이 되었다. 물론 여기에는 맹점도 있다. 언론 관련 학과에서 실무 교육은 차후에 현직 진출과 연계될 것이라는 기대치에 근거한다. 하지만 실질적으로 노동 시장에서 이러한 교육 배

16 제임스 케리(Carey, 1974)는 미국 주류 저널리즘 역사관을 비판하면서 허버트 버터필드Herbert Butterfield의 용어를 빌어 "위인 사관a whig interpretation of history"이라고 불렀다. 이는 역사관에 진보라는 교의를 접목한 시각으로, 저널리즘의 역사를 우여곡절 속에서도 자유와 지식이 점진적으로 꾸준히 확장되는 과정으로 보는 관점으로 체계화되었다. 언론학사의 서술에 드러난 역사관은 지식 영역의 점진적인 발전이라는 측면에서 역사를 파악한다는 점에서 미국 저널리즘의 역사 기술에 흔히 보이는 위인사관과 비슷한 점이 많다.

경은 별다른 요건도 되지 못했고 현장에서도 대외적인 주장과 달리 그다지 필요성을 느끼지 못하는 묘한 상황이 지속되었다. 더구나 저널리즘이 대학에 수용되면서 연구자는 교육에 필요한 지식 축적보다는 연구자로서 학문적 작업에 주력해야 한다는 압박을 받았다. 이 때문에 형식적으로는 저널리즘 실무 교육을 분야에 핵심적인 부분으로 표방하면서도 실질적으로는 이를 일부 전현직 언론인에게 맡기고 연구에만 가치를 두는 편의적 분리주의가 굳어졌다.

이러한 분리주의적 시각은 학계 초기 분야에 대한 자기 인식에서도 잘 드러난다. 1976년에 초판이 나온 차배근의 《커뮤니케이션학개론》(1976a)은 당시 언론학을 독자적인 학문 영역으로 체계화하려는 대표적인 시도였다. 그의 책에서 특히 주목할 만한 부분은 독립된 학문 영역으로서 언론학의 범위를 과학적(이론적) 지식뿐 아니라 기술적(실용적) 차원, 정책적 혹은 규범적 차원의 지식까지 아울러 설정했다는 것이다(차배근, 1991: 100~101). 이후의 학자들도 이와 비슷한 영토 구획을 수용했다. 그런데 기술적(실용적) 지식은 언론학의 영역으로 포섭되기는 했으나 실무 교육용이라는 용도 외에는 연구자 사이에서 거의 외면 당했을 뿐, 실제로 연구를 통해 생산된 지식은 다른 차원에만 집중되었음을 볼 수 있다. 교육용에 불과한 실용적 지식을 공식적으로 언론학(그리고 저널리즘 연구)의 핵심 영역으로 인정한 것은 바로 이 부분이 학문으로서 보다는 지식 제도와 대학 내 제도로서 정체성을 정립하는 데 중요한 요소이기 때문은 아닌가 하는 의문을 품어볼 수 있다.

저널리즘 연구의 정체성 형성에 영향을 미친 또 한 가지 제도적 차원은 바로 지식 활동의 산물에 대한 위계화와 배제 과정이다. 저널리즘 연구자는 대외적 수요나 자발적 관심사에 따라 현실적 활용성이 높은 지식 생산에 다양한 형태로 참여한다. 그러나 연구자가 직업 활동의 일환으로 참여해 생산한 지식이 모두 지적 활동으로 인정받지는 않으며, 이 과정에서 지식을 평가하고 가려내는 잣대가 작동한다. 말하자면 이 틀은 정당한 지식('공식적 지식')과 그렇지 못한 지식('비공식적 지식') 사이에 선을 긋고, 한쪽에만 권위를 부여하는 배제 기제를 작동시킨다(임영호, 1998a). 가령 저널리즘 연구의 역사를 오로지 제도화된 지식 발표의 장인 학술지 논문이나 연구서 축적을 중심으로 파악하게 된다.

하지만 이 경우 〈신문학보〉(1960년 창간)나 〈신문연구소학보〉(1964년 창간) 등의 '학술지'가 출현하기 전이나 이후에 관련 지식의 발표 공간 구실을 하던 여러 언론 관련 단체 발간물의 의미를 축소하거나 배제하게 된다. 이처럼 제도적 권위에 의해 공인된 지식과 다양한 형태의 비공식적 지식 간에 경계 긋기는 몇 가지 문제점을 초래한다. 우선 다양한 지식 유형 사이에 존재하는 연속성을 간과하게 된다. 두 지식이 모두 현실을 이해하는 지식 형태로 생산된 것이며 모두 현실을 이해하는 데 실질적 영향을 미친다는 점이 은폐될 우려가 있다는 것이다. 또한 발표 형태의 차이를 제외하면, 공인된 학술적 지식이 단지 '잡글'로 규정된 다른 형태의 글에 비해 개념적 엄밀성과 현실 적실성에서 과연 어느 정도 우위에 있는가 하는 근본적인 문제 제기도 원천적으로 차단된다.

지식의 제도화라는 측면에서 보면, 저널리즘 연구는 이처럼 공식적 지식의 성격과 범위를 규정하는 잣대가 어떻게 진화해 왔으며, 이 변화는 어떤 제도적 배경이나 미디어 환경의 영향에 대응해 이루어졌는가 하는 관점에서 지식의 진화 과정을 평가할 수도 있을 것이다.

3. '학문의 사생아적' 기원과 그 유산

지식 발생학 측면에서 볼 때, 한국의 저널리즘 연구는 저널리즘 현장에 관한 직업적 지식의 연장선에서 싹텄다. 말하자면 앞서 언급한 지식의 현장 수요 지향성은 특히 초창기 저널리즘 연구의 성격과 방향을 결정짓는 중요한 요인이자 오늘날 언론학 전반의 성격에도 적지 않은 영향을 남겼다고 할 수 있다.

특히 초창기 저널리즘 연구는 관심사나 연구 주체에서 학계와 현장이 서로 구분되지 않을 정도로 밀접한 연관성을 맺고 있었다. 한국언론학회의 전신인 한국신문학회는 1960년 〈신문학보〉 창간호 권두언에서 다음과 같이 밝혔다. 즉 신문학이 기성 과학 못지않은 새로운 학문 분야이자 교육 과정으로 주목받는 것은 "오늘날 사회 전반에 절대적인 영향력을 끼치고 있는 현대신문 그 자체에 어떠한 기준을 세워줄 수 있는 하나의 학리적 기초를 갖게함에 있는 것"(곽복산, 1960a: 2)이라고 밝혔다. 학계의 의미는 언론이라는 현실의 중요성과 영향력에서 유래한다고 본 것이다. 나아가 이 창간사는 세계 신문학계의 새로운 동향에 비추어 보면서 한국 신문학 지식의 방향을 다음과 같은 맥락에서 찾고 있다.

"컴뮤니케이션 매체의 과학적인 기술의 급속한 발달에 따라 신문학의 대상과 연구범위가 신문지에서 라듸오, 텔레비전존등으로 확대되는 것이요. 그 또 하나는 〈신문의 자유〉의 명제가 유네스코 또는 I.P.I등에 의하여 공동과제로서 검토연구되고 있는 것입니다"(곽복산, 1960a: 2).

이 구절은 학문의 목적이자 의의를 매체의 급속한 발달이나 언론 자유 문제 같은 업계 현안의 해결책 모색에 맞추어 설정하고 있다. 초창기 신문학이 신생 학문 분야로서 방향을 모색하면서 언론 현장에 대한 기여도나 현실 직업과의 연계성이라는 측면에서 학문적 정체성을 정립하려 한 흔적을 이 취지문에서 생생하게 엿볼 수 있다.

바로 이러한 인식 때문에 초기 언론학 연구자 사이에서는 저널리즘 현장의 직업 관심사가 상당 부분 그대로 연구 주제로 옮겨졌고, 이 때문에 일반적인 학문 잣대로 보면 주제나 접근 방식에서 논란이 될 만한 연구도 많았다. 저널리즘 연구를 주도한 인적 토대 역시 언론인과 학자 양쪽에 걸쳐 형성되어 있어 서로 구분이 되지 않았다. 학회 활동에는 대학 소속 연구자뿐 아니라 전현직 언론인도 깊숙이 참여하였다. 당시 한국신문학회는 규약에 "본회는 저널리즘에 관한 연구와 조사를 목표로 한다"고 명시할(박영상, 1990: 117 재인용) 정도로 저널리즘을 주된 관심사로 삼았기 때문에, 저널리즘 연구의 현장 지향성은 언론학 전체의 성격을 규정하는 중요한 특징이 되었다.

이처럼 학계와 업계 간의 경계가 뚜렷하지 않은 초기 학계의 특징은 저널리즘 연구의 기원을 설정하는 데에서도 논란거리를 남겨둔다. 물론 한국신문학회라는 학술 단체 설립을 통해 저널리즘 연구는 공식적인 학술 제도 측면에서는 모양새를 갖추었다. 하지만 공식적인 지식 발표 창구의 성과인 〈신문학보〉 게재 논문조차 아직 엄격하게 학술적 형태를 갖추지 않은 상황이어서, 학술적 제도화 정착 이전에 나온 글도 저널리즘 연구로 볼 수 있는가 하는 문제가 발생한다. 바로 이 문제에 대한 해답에 따라 저널리즘 학사의 '기원' 역시 달라질 수가 있다.

만일 저널리즘 연구의 범위를 제도화된 지식 형태가 아니라 현실 이해 방식이라는 인류학적 측면에서 파악하면, 저널리즘 연구의 실질적 출발점은 1920년대에까지 거슬러 올라간다. 가령 김동성의 《신문학》(1924). 고영환의 《신문학》(1931), 임경일의 《신문》(1938) 등 일찍이 식민지 시절에 출간된 저술 역시 저널리즘 연구의 조상으로 위상을 부여받게 된다. 당시의 저술이라고 해서 모두 저널리즘 연구의 '전사前史' 수준에 불과한 것은 아니다. 훗날의 기준에서 보면 대다수의 저작이 질적으로 초보적 수준이며 주로 언론인의 직업 관심사를 소개하는 차원에서 정리한 데 불과했다. 하지만 김동성처럼 독일에 유학해 정식 교육을 받고 신문사에 관한 학위 논문까지 쓴 후 집필한 저술도 있었다. 이렇게 보면 기원 설정 문제는 단지 연대기식 추적이 아니라 훨씬 체계적인 평가를 요구하는 이론적 문제라는 것을 알 수 있다. 따라서 저널리즘 연구의 역사가 언제 시작되었는가 하는 문제보다는 이 영역의 역사가 이처럼 복잡한 맥락과 연관성 속에서 형성되었다는 점을 이해하는 게 더 중요하다.

저널리즘 연구의 기원 설정은 기원이라는 시간적 차원뿐 아니라 동시대 내에서도 범위 설정 측면에서 논란이 된다. 한국신문학회가 설립되고 저널리즘 연구가 제도적 차원에서 학문 영역으로 자리 잡은 이후에도 저널리즘 관련 지식은 학계 공식 학술지 외에도 다양한 경로로 생산되었다. 〈저널리즘〉(1969년 창간), 〈신문평론〉(《신문과 방송》의 전신. 1964년 창간), 〈신문연구〉(《관훈저널》의 전신. 1959년 창간), 〈언론중재〉(1981년 창간) 등 언론인 단체 발간물은 저널리즘 업계 동향뿐 아니라 관련 연구의 흐름을 소개, 발표하는 중요한 장 구실을 해 왔다. 여기서는 전현직 언론인뿐 아니라 언론학자도 많이 참여하여, 지식 생산의 주체라는 측면에서 주류 학술지와 뚜렷한 차이를 발견하기 어렵다. 이것 역시 당시의 저널리즘 연구에서 학술적 지식과 업계의 (준)현장 지식이 서로 밀접한 관계를 맺으며 경계를 넘나들었다는 사실을 잘 보여 준다.

요컨대 저널리즘 연구의 기원과 범위를 어디에 설정하든 초기에는 학술적 연구와 비학술적 지식의 경계가 그리 뚜렷하지 않았으며, 양자 간의 중첩성은 이후에도 한국 저널리즘 연구에서 어느 정도 유지된 특징이었다. 이처럼 경계의 모호성이 함축하는 바는 적어도 두 가지로 정리할 수 있다. 우선 연구를 담당하는 '학계'와 현업의 '실무' 간에 상당 부분 공통된 관심사가 존재했다. 초창기 저널리즘 연구의 상당 부분은 현장에서 필요로 하는 현안에 어떻게 기여할 것인가 하는 동기에서 시작되었다. 또 하나는 저널리즘 연구가 등장한 이후 오랫동안 두 지식 유형 사이에는 형태적인 작성 방식을 제외하면 엄밀성이나 논증 구조 측면에서 경계를 뚜렷이 긋기 어려웠다는 것이다. 양자 모두 현실의 현안에 대한 해답 모색 차원에서 비슷한 형식으로 등장했기 때문이다.

현장 수요 지향성이란 특징은 저널리즘 연구에서 오랫동안 지속되는 몇 가지 경향을 낳았다. 연구 주제 측면에서 취재 보도 관련 원칙이나 개념, 기법 등 저널리즘의 직업적 기초와 관련된 주제를 중시하는 경향이 뚜렷했으며, 언론 현장에서 발생하는 직업 현안(취재 관행, 법적 문제, 언론사 경영, 정책 등)도 연구자의 주요 관심사가 되었다. 현상을 이론적으로 정리하는 방식에서는 학문적 논증 구조보다는 저널리즘 글쓰기처럼 경험과 직관에 근거한 것이 주류를 이루었다. 이 두 연구 주제는 방향은 비록 다를지라도 어느 정도는 현장의 관심사를 일차적으로 반영하는 데 주력했다는 공통점이 있다.

실용성이나 현장 지향성이라는 특성은 사실상 한국 저널리즘 연구의 선구라 할 수 있는 김동성(1924)의 《신문학》에서 이미 엿보였다. 이 책은 오늘날의 관점에서 보면 신문사 조직, 신문 기사, 기사 종류, 편집 등 언론인 직업을 이해하는 데 유용한 입문서에 가깝다. 김동성의 책처럼 언론 현장의 직업 관심사에 초점을 두는 경향은 저널리즘 연구에서 그 후에도 계속된다. 한국언론학회가 창설된 지 근 30년이 지난 시점에서 박영상(1990)이 1982~1987년 사이 저널리즘 관련 4개 잡지에 게재된 글의 주제를 분석해 본 결과, 뉴스 개념, 취재 보도, 편집에 관한 글이 전체의 36.7%를 차지했다. 좀 더 '학술적인' 논문 역시 뉴스나 언론계 현황을 현상 기술적인descriptive 수준에서 정리한 글이 많았다. 저널리즘 연구자의 관심은 여전히 현장의 실용적 문제에 편중되어 있었다는 것이다.

하지만 이러한 실용적 연구가 학술적 가치는 물론이고 현장에 실질적으로 기여할 만한 업적을 남겼는지에 대해 학계 안팎의 평가는 대체로 냉정하다. 저널리즘 현장을 다룬 글은 넘쳐나는데, 학술적 문헌에서조차 정작 저널리즘의 기본인 뉴스 정의라든지 개념 정의 문제에 관해 기초적인 연구조차 도외시되거나 부족했다는 지적이 나왔다(송정민의 토론문; 박영상, 1990: 111). 학술적 엄밀성은 물론이고 현장의 수요를 반영하려는 노력도 미흡했다. 심지어 취재 보도론은 저널리즘 교육에서 가장 보편적인 과목인데도 수십 년간 제대로 된 교과서조차 나오지 않을 정도로 방치되었다는 비판도 있었다(박영상, 1990: 123). 한마디로 말해 초기 저널리즘 연구는 현장의 경험과 지식을 모방하여 정리하는 수준에 그쳤을 뿐 이를 학술적, 이론적 차원에서 한 단계 업그레이드해 제시하는 수준에는 미치지 못했다.

저널리즘 연구가 현장을 어설프게 흉내내는 방식으로 진행되는 바람에 저널리즘 교육은 업계 시각을 무비판적으로 추종하는 직업학교 교육으로 흘렀다. 하지만 현장을 지식의 기준으로 삼는 한 저널리즘 연구와 교육에서 제공하는 지식은 종사자의 경험적 지식에 한발 뒤떨어진 아류 신세를 벗어나지 못했다. 당시 업계 종사자의 경험은 아무런 체계적인 사전 훈련 없이도 일정 기간 현장의 도제식 경험 쌓기를 통해 획득되었다는 점은 저널리즘 교육의 존재 이유를 부정하는 치명적 근거였다. 현실에 근거하고 그 수요를 반영하면서도 현실을 뛰어넘고 주도하는 것이 학문적 지식의 본질인데, 저널리즘 연구는 어느 쪽도 제대로 수행하지 못한 셈이다.

물론 최근에 와서는 이러한 공백을 메워 주는 저술이 점차 늘어나면서 비판의 목소리 역시 다소 누그러지고 있다. 하지만 저널리즘 연구가 시작된 지 수십 년이 경과하는 동안 현장의 직업 현안에 연구의 초점을 두면서도 정작 가장 기본적인 문제에 관해 학계 성과가 거의 없었다는 점에서 이 비판은 여전히 유효하다. 저널리즘 현상은 저널리즘 연구의 연구 대상이자 준거틀인데도, 연구자는 현실을 도외시한 연구, 즉 저널리즘 없는 저널리즘 연구에만 몰드했다는 비판은 지속되었다.

저널리즘 연구가 현장 지향성을 핵심 가치로 삼으면서도 정작 현장에 필요한 지식을 공급하지 못한 역설적 현상이 발생한 데는 대학 제도 내에서 연구용 지식과 연구 외적 지식(교육용 지식이나 사회활동용 지식) 간의 분리가 철저하게 고착화했다는 점을 한 가지 이유로 들 수 있다. 학문 분야에서 대개 연구와 교육은 연계되어 있다. 그런데 저널리즘 연구와 교육은 서로 다른 지식 규범에 따라 이루어지고 있어 양립하기 어려웠다. 저널리즘 학계에서는 늘 교육을 통한 지식 전수에서 현장이 요구하는 인력 공급을 소홀히 해왔다는 자기 반성을 되풀이하면서도, 연구는 이러한 교육과 사실상 무관한 별개의 지식 영역으로 간주했다.

'실무' 교육이란 다소 비하적인 용어에서 볼 수 있듯이, 교육은 연구의 연장이 아니라 '직업 훈련' 영역으로만 간주하는 이중적인 지식관이 학계에서 지배적이었다. 가령 뉴스 구조나 기사 작성 방법에 관한 지식은 저널리즘에서 가장 기본적인 요소이지만, 본격적인 연구를 통해 심화, 발전시킬 대상이라기보다는 현장 실습용 글쓰기 요령이나 기술 문제로서 언론인 출신에게 떠맡길 과목으로만 치부되었다. 따라서 학자들은 기존의 기사 작성 관행을 비판하면서도, 정작 교육 과정에서 기사 작성법은 기존 언론의 해묵은 관행을 답습

하는 악순환이 지속되었다.

현장 지향적인 성격의 지식과 더불어 추상적이고 규범적, 관념적인 논의는 초기 저널리즘 연구의 또 다른 축을 이루었다. 현장 경험에 근거하되 현실의 개선을 지향하는 규범성(자유, 책임, 윤리 등)도 초기 저널리즘 연구를 규정짓는 키워드였다. 예컨대 〈신문학보〉 창간호에 실린 저널리즘 관련 논문 4편 중 3편은 이 부류에 속한다. 여기서 박동운(1960)은 한국, 일본, 중국 등 동북아 3개국의 특수 조건을 배경으로 신문 자유와 윤리 강령 문제를 다루었다. 최준(1960)의 "한국신문사 서설"이나 곽복산(1960b)의 "한국신문의 구조와 과제"라는 논문 역시 언론 현장에 관한 매우 추상적이고 원론적인 수준의 시론이었다.

대학에서 가르치는 실무 교육 지식이 현장의 아류에 불과하다는 비아냥 속에서, 규범적 차원의 거시적 논의는 그나마 저널리즘 연구자가 주로 다루는 고유의 영역처럼 자리 잡았다. 저널리즘 연구 초창기부터 자주 등장한 규범적이고 시론적인 연구는 이후에도 계속 이어지면서 이 분야의 연구 경향을 규정하는 주요 특성으로 굳어졌다. 한편으로는 다소 느슨한 철학적, 이론적 탐색이 전개되고, 다른 한편에서는 업계의 잡글과 구분하기 어려운 '상식적' 접근도 동시에 나왔다. 개념적 엄밀성이나 논리적 체계에서 여타 저널리즘 업계 잡지와 질적 수준 차이가 별로 없는 글도 적지 않았다. 이 때문에 규범적 접근 방식에 속하는 연구에 대해 이후의 학문적 평가는 대체로 가혹했다. 이 중 상당수는 저널리즘 연구에서 선행 연구로서의 가치를 인정받지 못해 거의 인용조차 되지 않는다.

그렇지만 초기의 규범적 접근 방식이 갖고 있던 잠재력도 무시할 수는 없다. 우선 상식적이고 질적으로 거친 수준이기는 하지만 저널리즘과 관련된 중요한 쟁점을 폭넓게 제기했다는 것이다. 학문적 엄밀성의 한계는 두드러졌지만 이것이 과연 이들의 접근 방식 자체가 갖는 한계인지, 당시 연구자의 자질이나 학문 수준이 아직 미성숙한 단계에 있었기 때문인지는 판단하기 어렵다. 이 때문에 초기 저널리즘 연구의 규범적 연구 전통에 주목하면서, 그 잠재력을 높이 평가하는 견해도 있다. 예컨대 강명구는 초기의 저널리즘 연구 경향을 인문학 전통의 연장선에서 파악하고 문학이나 예술 분야의 연구와 접목시켜 앞으로 발전시켜야 나가야 할 미완의 유산으로 평가했다(강명구의 발언; 박영상, 1990: 117).

이처럼 주제나 접근 방식 측면에서 초창기 저널리즘 연구에는 실용성과 규범성 등 복합적인 특징이 혼재했으며, 학술적 논지 구조와 절차의 엄밀성에서는 취약했다. 당시 저널리즘 연구가 추구한 현장 수요 지향성은 학문 영역으로서 요구되는 엄격한 잣대와 상충하는 부분이 적지 않았다. 초기 저널리즘 연구가 추구한 지식 가치의 이중적 성격은 저널리즘 연구가 현장과 학문의 장에서 모두 환영받지 못하는 참담한 결과를 초래했다. 업계에서는 저널리즘 연구를 현장 경험의 모방이자 현실에서 한 걸음 뒤떨어진 한가한 논의로 평가절하했다. 반면 대학 내에서는 저널리즘 분야를 은연중에 엄격한 학문적 잣대에 미치지 못하는 '열등재'이자 학계 '이등 시민'으로 여기는 경향이 있었다. 저널리즘 연구가 현실과의 연계성 덕분에 대중성이라는 장점은 어느 정도 누렸지만, 반면에 현실에 기반을 두면서도 새로운 관점에서 큰 그림과 해답을 제시하는 사회과학 특유의 장점을 살리지 못한 것도 이러한 부정적 인식의 단초를 제공했다.

1960년대 말 이후 미국 커뮤니케이션 연구의 영향으로 경험적인 사회과학 연구 방법이 대안으로 등장하면서, 초창기 저널리즘 연구 전통은 엄밀성과 체계성을 갖춘 학문적 지식으로 발전하기도 전에 점차 쇠퇴했다. 하지만 1980년대 이후 저널리즘 현상을 사회 체제와 언론의 관계라는 거시적인 틀 안에서 비판적으로 접근하려는 움직임이 등장하고 인접 사회과학이나 인문학 분야의 풍부한 지적 흐름이 저널리즘 연구에도 폭넓게 수용되면서, 이 초창기 연구 전통은 일부 부활되어 재조명될 기회를 맞게 된다.

4. 경험주의 연구의 등장과 학문적 편향화

1970년대에 이르러 국내 언론학계에서는 미국의 매스 커뮤니케이션 연구에서 한창 유행하던 실증적이고 경험적인 연구 방법이 수입되기 시작했다. 이에 따라 저널리즘 연구도 초기의 직업 훈련소식 분위기에서 실증적 사회과학 중심으로 옮아가는 전환기를 맞았다. 이에 대해 박영상은 차배근, 서정우, 오인환 등의 신진 학자가 잇따라 대학 강단에 서게 되면서 "저널리즘 연구는 커뮤니케이션 연구로 대체되는 경향을 보이기도 했다"고 표현했다(박영상, 1990: 100). 학문적 사생아라는 편견에 움츠러들었던 저널리즘 연구자들은 이를 학문적 '신분 상승'의 한 계기로 활용했다.

이와 비슷한 맥락에서 차배근은 김규환이 1968년 서울대학교에 신문대학원을 창설하면서, 내용분석 방법을 처음으로 한국 언론학계에 도입하였다고 회고했다. 1970년대 초반 신문대학원에서 나온 석사논문의 거의 절반이 내용분석 방법을 적용할 정도로 이는 큰 인기를 끌었다. 연구방법론의 도입은 기존의 신문학을 경험적 연구 방법에 근거한 새로운 커뮤니케이션학으로 발전시키는 데 결정적인 영향을 미쳤다(차배근, 1999: 399). 이 회고는 당시 저널리즘 연구에 일어난 연구 경향의 변화를 잘 증언해 준다. 실제로 김규환(1969)은 1969년에 속간된 〈신문학보〉 2호에 "커뮤니케이션 과학연구의 현황과 전망"이라는 논문을 기고하면서 새로운 경험적 접근 방식의 흐름을 소개하였다. 당시 새로운 방법론은 단순히 도구로서가 아니라 저널리즘 연구의 학문적 성격까지 바꿔놓았다. 저널리즘 연구가 직업학교식 지식에서 학문적 엄밀성을 갖춘 지식으로 진화하는 과정에서 실증적 방법론 도입이 중요한 계기를 제공한 것이다.

당시 〈신문학보〉 게재 논문들은 저널리즘 연구에서 새로운 추세를 잘 보여준다. 당시 학보 논문 중 이처럼 경험적인 연구 방법에 근거한 연구로는 이상희(1969)와 한병구(1969)의 논문을 들 수 있다. 이상희(1969)는 한국 신문이 제2차 경제개발 5개년 계획을 어떻게 보도했는지를 지면 내용 분석으로 살펴보았는데, 이 논문은 이후 경험적인 저널리즘 연구에서 일반화한 특징을 전형적으로 보여 준다. 즉 저널리즘이라는 커뮤니케이션 과정에서 주로 메시지에 초점을 두고, 지면 내용 분석 방법으로 특정 주제나 항목의 양적 빈도 분포를 살펴보았다.

경험적인 저널리즘 연구는 메시지 내용 분석 외에도 여러 가지 형태로 진행되었다. 서베이 조사나 실험 연구도 잇따라 등장하여 연구 방법이나 연구 주제를 다원화하는 데 기여했다. 실증적 방법론은 수용자 연구에 먼저 도입되었는데, 오주환·임상원(1971)의 "신문의 한글전용이 독자의 독서행위에 미치는 영향"은 〈신문학보〉에 처음으로 실린 수용자 연구이자 실험 연구였다. 대체로 이론적 함의가 모호한 단편적인 연구가 저널리즘 연구에서 주류를 이루는 가운데, 몇몇 연구는 뉴스 유통 과정이라는 다소 거시적인 현상에도 방법론을 적용했다. 이강수·홍기선·권오훈(1979)은 수용자 서베이를 통해 박대통령 저격 사건에 관한 뉴스 확산 과정을 분석했다.

메시지와 수용자 연구 외에도 뉴스 생산자인 언론인이나 언론사 조직에 관한 경험적인 연구도 〈신문학보〉에 실리기 시작했다(오인환·Won·이상희, 1974; 오진환, 1972; 장두성, 1971; 조대희, 1971). 특히 조대희(1971)의 "지방 언론인의 직업실태와 의식구조"는 언론인 종사자를 대상으로 하고 서베이 자료에 근거한 최초의 경험적 연구다. 장두성(1971)의 외신 보도 게이트키핑 연구는 통신사 외신 뉴스 중에서 채택된 기사 건수를 양적으로 비교하여 보도 관행을 간접적으로 추정했다. 이 방식으로 그는 뉴스 생산 과정에 관한 최초의 연구를 선보였다. 오진환(1972)은 대학 신문 학생 편집장을 대상으로 Q방법론이라는 새로운 방법론을 활용해 자유, 책임 등 언론의 직업적 가치에 대한 종사자의 인식을 조사한 연구 결과를 내놓았다.

경험적인 생산 과정 연구는 이후에도 비슷한 형태로 나왔는데, 이것들은 뉴스 생산 과정을 이해하는 데도 중요한 기초 자료이자 출발점이 되었다. 하지만 생산 과정 연구는 편수 자체가 많지 않을 뿐 아니라 어떤 이론적 문제의식에 근거해 그 과정의 의미를 파악하려는 시도도 부족했다(이민웅의 토론. 박영상, 1990; 강준만, 1991). 이는 많은 연구자가 지적하듯이 생산 과정이나 조직에 연구자가 접근하기 쉽지 않다는 실제적인 난점과 관련이 있다. 그래서 자료 취득이나 접근이 상대적으로 쉬운 주제, 방법론적으로 용이한 주제가 선호되는 경향이 있었고, 이는 곧 생산자 연구에서 연구 대상과 주제의 편중으로 나타났을 가능성이 있다. 그나마 그리 많지 않은 연구조차도 연구 주제나 연구 방법에서 이론적 관심보다는 주제의 시의성 같은 편의적 요인에 의한 선택이 많았다는 점도 지적하고 싶다.

경험적인 저널리즘 연구의 부상은 대체로 초기 저널리즘 연구가 학문 제도에 편입되면서 안고 있던 태생적 한계에 대한 하나의 반작용이자 대안적 흐름의 등장으로 이해할 수 있다. 경험적이고 실증적인 연구 방법에 근거한 과학적 지식의 확산은 좁게는 저널리즘 연구, 넓게는 언론학 전반의 낮은 학문적 위상을 제고하는 데 기여했다. 과학적인 커뮤니케이션 이론의 관점에서 초창기의 실용적, 규범적 지식까지 아울러 언론학의 종합적 체계를 확립하려 한 차배근의 저작(차배근, 1976a)은 바로 이처럼 언론학의 학문적 위상 정립에 유난히 집착하던 시대 분위기를 잘 증거해 준다. 이 저서에서 그는 (당시로서는 천대받던) 커뮤니케이션 연구가 독자적인 연구 대상과 연구 방법을 갖춘 어엿한 학문 분야의 위상을 지녔음을 체계적으로 입증하려 했다는 점에 주목할 필요가 있다.

경험적 연구 방법이 정착되고 '학술적 형태를 갖춘' 저널리즘 연구가 점차 증가하기 시작한 이 무렵에는 초창기 저널리즘 학계와 현장 간에 형성된 교류나 긴밀한 관계가 점차 느슨해졌다. 저널리즘 연구를 담당한 언론학계가 경험적 연구를 비롯해 학문적 엄밀성을 강화해가는 동안 저널리즘 실무 교육이나 현장과의 연계성을 중시하던 초기 저널리즘 스쿨식의 정체성은 점차 희석되었다. 이 무렵의 저널리즘 연구는 학문적 위상의 강화를 추구하면서, 점차 저널리즘 현장에 대한 관심을 사실상 포기하였다.

하지만 이처럼 메시지와 수용자, 생산자 등 다양한 주제에 관해 경험적 연구가 쏟아져 나오기 시작했지만 학문 영역으로서 지식 추구 방식에는 여전히 근본적인 문제가 남아 있었다. 당시의 연구가 '저널리즘 연구'의 일부로서 커뮤니케이션 과정을 이해하는 데 어떤 이론적 함의를 지니는지가 모호했다는 것이다. 저널리즘 연구의 한 흐름으로 정착한 경험적 연구에서 가장 근본적인 문제는 연구 절차의 완결성을 갖춘 단편적인 연구는 넘쳐난 반면, 이 연구들의 저변을 관통하는 이론적 문제의식은 제대로 구비되지 않았다는 점으로 요약할 수 있다. 이론적 흐름 안에서 미시적인 경험적 연구들에게 의미를 부여하는 체계적인 문제의식이 제대로 정립되지 않았다는 점에서 이 무렵 저널리즘 연구는 학문적 지식으로 도약하는 데 한계가 있었다.

초창기의 현장 지향적 저널리즘 연구는 다양한 문제의식과 현실에 대한 폭넓은 관심을 갖추었던 데 비해 개념의 치밀성이나 방법론의 엄밀성이 부족하다는 결정적인 결함이 있었다. 이 때문에 대학 학과나 학문 제도의 권위 위계 내에서 위상이 늘 불안정했다. 반면에 1970년대의 경험적 연구는 또 다른 형태의 극단적 문제점을 안고 있었다. 방법론적 엄밀성이 지식의 이론적 가치보다 사실상 더 중시되면서 다른 형태의 의문이 제기되었다. 외부의 학문적 비판에 대비해 방법론적 보호막은 잘 갖추었지만, 연구의 이론적 가치에 제기되는 의문에 대해서는 여전히 대답이 궁색했다. 방법론적 '재탕'이자 연습이라 할 정도로 수많은 단편적인 연구가 양산되었지만, 미시적이고 구체적인 연구 결과를 축적하는 수준을 넘어 체계적인 이론으로 가는 길은 아직 잘 보이지 않았다.

더구나 이 다양한 연구 성과는 단지 저널리즘이라는 사회 현상을 대상으로 삼는다는 공통점만 지닐 뿐, 이들의 연구를 '저널리즘 연구'라는 키워드로 규정할만한 개념적, 이론적 특성이 모호했다. 당시의 연구를 다른 연구 영역과 구분지어 저널리즘 연구라고 부를 수 있는 차별화된 특성이 무엇인지도 뚜렷이 제시되지 않았다. 저널리즘 연구는 미시적이고 단편적 연구를 넘어서는 중범위mid-scale 혹은 대범위large-scale 이론 구축은 고사하고 지식 체계나 심지어 기초 개념 정립조차 제대로 시도하지 못하는 등 많은 한계를 안고 있었다. 1970년대 경험적 연구의 부상으로 저널리즘 연구는 학문의 장에서 당당히 시민권을 얻었지만, 이에 걸맞은 내실은 갖추지 못했다. 학문의 장에서 통용되는 권위의 위계에서는 이등시민에 불과하다는 평가를 벗어나기까지에는 아직 갈 길이 멀었다.

특히 뼈아픈 부분은 당시의 저널리즘 연구에서 과연 '저널리즘'은 어디에 있는가 하는 비판이었다. 방법론적 타당성과 연구 절차의 엄밀성을 우선시하는 분위기 때문에 지금까지 저널리즘 연구의 주된 관심사이던 많은 주제가 단순히 (준)학술적인 '규범적' 연구나 사변적인 '잡글' 범주로 간주되어 연구의 변방으로 밀려났다. 방법론 중심주의를 통해 학문적 시민권 취득에 몰두하는 바람에 정작 저널리즘 현상에서 핵심적인 관심사 중 상당 부분이 저널리즘 연구에서 밀려나 사실상 폐기되어 버린 셈이다.

5. 비판 이론의 등장과 저널리즘의 '해체'

학문 분야에서는 어떤 시기에든 늘 다양한 이론 조류나 접근 방식이 공존하기 마련이며, 다양성 자체가 학문 분야의 본질적 특성을 이룬다. 이러한 다양성을 자의적으로 단순화해서 어떤 시기의 학문적 시대정신Zeitgeist을 단정하자면, 1980년대 후반은 저널리즘 연구에서 비판 이론이 득세한 시기로 규정할 수 있다. 이 시기에는 저널리즘 연구 대상인 언론 현장뿐 아니라 한국 사회 전반에서도 혁명적인 변화가 이어졌다. 미디어 산업의 급속한 성장, 1980년대 대학사회를 휩쓴 급진적 이념과 사회 변혁 운동, 1987년 6월 항쟁 이후 언론 민주화, 동구권 사회주의 체제 붕괴 등이 대표적인 예다. 저널리즘 분야의 구체적인 연구 흐름에서도 이러한 사회적 변화의 영향을 받아 사회 현상에 대한 '비판적' 시각이 확대되었다.

이 시기의 저널리즘 연구에 비판적 시각이 도입되면서 나타난 가장 두드러진 특징은 무엇보다 거시적 시각의 확대다. 이제 단순히 언론사 조직과 뉴스라는 메시지 차원을 넘어 사회 체제와의 관계나 맥락 속에서 저널리즘 현상을 폭넓고 거시적으로 파악하려는 시도가 나오기 시작했다. 이전의 저널리즘 연구에서는 "신문이나 방송이라는 매체 자체를 사회의 어떤 특수 목적을 가지고 존재하는 것으로 인정하고"(송정민의 토론, 박영상, 1990: 109) 문제를 접근한다는 비판을 받을 정도로, 사회를 보는 시각 자체가 편협하거나 기능주의식 사고로 흐르는 경향이 있었다. 저널리즘 연구의 주 관심사인 뉴스 현상은 정치 체제나 사회 구조에 의해 규정되는 측면이 강한데도 이러한 구조적 특성과 분리해 미시적으로 미디어나 메시지 자체에만 초점을 두고 분석 절차의 엄밀성만 강조하는 한계가 있었다. 하지만 1980년대에는 뉴스 연구에서도 국가나 언론 간의 관계를 규정하는 사회 체제를 당연한 전제로 여기지 않고 이 관계 자체를 검토 대상으로 주목하기 시작했다.

물론 언론과 사회 체제의 관계를 파악하는 이론적 접근 방식이나 연구 방법은 매우 다채로웠다. 이전처럼 규범적이고 사변적인 방식이긴 하나 이론적 틀에 따라 유형화를 시도하기도 하고(홍기선, 1979), 국가별로 사회 환경 요인과 언론 관련 요인 간의 통계적 분석에 근거한 경험적 연구(추광영, 1981)도 있었으며, 마르크스주의나 비판 이론의 틀을 수용해 언론 현상을 거시적인 관점에서 이해하려는 시도도 등장했다(방정배, 1981). 특히 비판 이론적 접근은 1980년대 중반 이후 주류 학계보다는 대학원생이나 소장 학자를 중심으로 번지기 시작해 한동안 이 관점에 근거한 학위 논문이 대거 쏟아져 나왔다. 물론 이것들을 모두 저널리즘 연구로 분류할 수는 없지만, 새로운 조류의 등장은 저널리즘 현상을 보는 시각에도 크게 영향을 미쳤다. 당시의 '대안적' 학술 운동 자체가 낳은 구체적인 연구 성과는 질적으로는 미흡했지만, 1990년대 이후의 이론 지형에도 뚜렷한 흔적을 남겼다.

이처럼 거시적, 혹은 비판적 시각이 저널리즘 연구에 유입하면서 일어난 구체적인 변화로는 다음 몇 가지를 들 수 있다. 첫째, 저널리즘 연구의 중심 현상인 뉴스 양식과 현실의 관계에 관한 근본적인 성찰이 활발해졌다. 뉴스는 이제 현실의 사건에 관한 객관적 정보이자 충실한 보도가 아니라 현실을 재현하는 한 가지 방식으로 의문과 비판적 검토 대상으로 떠올랐다. 따라서 언론 현장의 실질적 관심사인 '좋은 보도' 모색을 넘어서, 철학적이고 인식론적인 문제의식 위에서 재현과 신화, 이데올로기 등의 개념을 적용해 보려는 시도가 뉴스 연구에서도 부상했다(강명구, 1994a; 1994b; 김승현·이종숙, 1994; 송정민, 1992). 가령 강명구(1994a)는 제임스 이테마James Ettema(1987)의 용어를 차용해 "탈사실의 시대post-factual age"에 뉴스 공정성 개념 자체가 어떤 본질적 한계를 안고 있는지를 논의했다. 여기서 그는 현실 인식에서 '뉴스 언어'가 수행하는 역할이나 텔레비전 뉴스의 '현실 구성' 방식을 규명하는 대안으로 담론 분석의 유용성을 강조하였다.

이 시도들은 당연히 언론 현장에서 상식으로 받아들여지던 객관주의나 뉴스 취재 관행 자체의 비판적 성찰과 해체가 필요하다는 주장으로 이어졌다. 이러한 문제의식이 점차 수용되자 저널리즘 연구에서 통용되던 개념이나 용어에 대해서도 활발하게 문제 제기가 이루어졌다. 정보와 의견/해석, 오락과 뉴스라는 전통적인 구분에 대한 의문 제기가 대표적인 예다. 그 대신 문화연구에서 즐겨 사용하던 의미론, 담론, 접합, 이데올로기 등이 이제 저널리즘 연구에서도 낯설지 않은 용어로 자리 잡았다.

비판적 시각의 도입으로 일어난 두 번째 변화로는, 뉴스 재현 양식의 재개념화는 저널리즘의 체제 유지 기능, 혹은 뉴스의 정치성에 주목하는 비판 이론적 시각과 접목해 자본주의 체제 비판의 성격을 강하게 띠게 되었다는 점을 들 수 있다(가령 김혜순, 1995). 특히 객관주의 뉴스 양식이 수행하는 정치적, 이데올로기적 효과 연구는 영국의 글래스고대학교 미디어그룹Glasgow University Media Group(1976; 1980; 1985; Philo, 1982)이나 버밍엄학파의 저작(Hall, 1981; Hall, et al., 1978)에서 큰 영향을 받았다.

이처럼 거시적인 문제의식과 새로운 이론적 자원의 유입은 학문의 장 내에서 저널리즘 연구의 위상이나 성격에도 적지 않은 변화를 가져왔다. 저널리즘 연구자는 늘 응용 학문이자 실용적 학문에 몸담고 있으면서 무비판적으로 미시적 지식 양산에만 주력한다는 부정적 인식에서 벗어나 이제 사회 현상을 이해하는 종합적이고 거시적인 안목을 제공하고 이론적 자원 생산에도 기여한다는 자부심을 갖게 되었다. 이러한 인식 변화는 이 무렵의 연구 흐름이 미친 영향과 무관하지 않다.

저널리즘 관련 학과에서 비판적 시각이 손쉽게 수용된 데는 제도적인 맥락 측면도 크게 작용했다. 한국의 저널리즘 관련 학과는 현장의 수요 충족, 특히 미래의 언론 종사 인력 배양을 지향했다는 점에서 초창기 미국 저널리즘 스쿨과 어느 정도 비슷한 성격을 띠었다. 하지만 미국에 비해 언론인과 업계의 시각에 동화되어 현실을 기성 체제의 관점에서 보는 '직업 준비 학교trade school'식 시각은 미약했다. 여기에는 한국 대학과 업계 간의 연계성이 현저하게 느슨했다는 점도 한 가지 원인이다. 미국과 달리 국내 언론계에서는 직무 관련 지식 중심이 아니라 일반 소양 위주의 공채 제도가 주류를 이루는 바람에, 저널리즘 교육은 노동 시장의 수요와 무관하게 순수 인문·사회과학의 전통 속에서 이루어졌다. 이 덕분에 학생들이 현실과 거리를 두는 비판적인 시각을 배양하기엔 상대적으로 용이했다. 이 점을 감안할 때 비판 이론을 통해 인접 사회과학의 지적 흐름이 수용되면서 일어난 지적 풍토 변화는 이 분야 전공자에게 심각한 정체성 혼란을 초래한 것 같지는 않다.

하지만 1980년대 이후 비판 이론의 흐름이 저널리즘 연구에 남긴 유산은 대단히 복합적이며 의도하지 않은 부작용 역시 적지 않다. 우선 겉으로는 강한 이론적 지향성을 표방했으나, 정작 개념의 엄밀성이나 용어 사용의 자의성 등의 한계는 현실 분석의 엄밀성을 떨어뜨렸다. 이 때문에 현상 분석보다 이론적 시각, 해석이 우선해 이론에 현실을 끼워 맞추려는 바람직하지 못한 현상도 나타났다. 당시 이론적 흐름의 간판 격인 '비판 이론'이라는 용어 역시 주류 커뮤니케이션 연구의 분류 체계에 잘 포착되지 않는 다양하고 이질적인 방법론, 정치 성향, 이론적 접근 방식을 편의에 따라 '잡탕'식으로 포괄한 것이다(임영호, 1992a). 이러한 용례는 원래 출처인 '프랑크푸르트학파'라는 고유 명사에서 지나칠 정도로 확대된 것으로, 사실상 개념적 적실성이나 엄밀성과는 거리가 있다. 비판 이론에서 이론적 엄밀성의 부족은 이 흐름의 전성기이던 1980년대 이래로 정작 이 시각에 입각해 생산된 이렇다 할 업적이 많지 않다는 점에서도 드러난다. 1980년대나 1990년대 초반의 연구 성과 중 상당수는 학위 논문 형태로 학생이나 소장 연구자 사이에서만 유통되고 읽혔을 뿐이다.

또 한 가지 문제점은 원래 비판 이론의 취지이던 현실 해부와 정치적 함의 도출에서 지나칠 정도로 앞서 나가 현장 저널리즘에 대해서도 대안 제시 부재와 '불가지론,' '정치적 허무주의'로 흐르는 경향이 나타났다는 것이다. 만일 '탈사실의 시대'에 사실성이 달성 불가능한 가치라면 언론인은 어떤 직업적 가치를 추구해야 하며, 저널리즘의 존재 의의는 어디에 있는가? 객관적 보도의 전통이 오래된 영미권 언론과는 달리, 한국 언론 보도에서는 여전히 사실성 존중이라는 직업 가치가 정착되지 않고, 자의적인 취사선택에 의한 왜곡 보도가 판치는 풍토에서 탈사실의 시대정신을 강조하는 것은 시대를 너무 앞서 나간 주장일 수도 있다. 이는 어쩌면 노골적인 정파성을 용인하고 부추겨 더 큰 사회적 악영향을 초래할 수도 있다. 뉴스에 대한 비판적 분석이 현실 개혁에 기여하기 보다는 언론의 정파성과 상업적 선정주의에 손쉽게 이론적 알리바이를 부여하는 것은 아닌가 하는 의문이 남는다.

더 근본적으로는 거시적 관점에서 미디어와 사회 체제 간의 관계를 조명하다보니, 정작 미디어 자체는 부수적인 문제로 축소되고 자본주의 사회 전체의 작동 방식을 규명하는 데로만 관심이 쏠렸다. 더구나 뉴스나 저널리즘은 이데올로기나 문화 등 추상적이고 거시적 개념을 예시할 때 잠깐 언급되는 각주 수준의 용어로 전락했다.

6. 이론적 다원화와 저널리즘의 귀환

1990년대 이후 저널리즘 연구 분야는 다시 한 번 전환기를 맞이한다. 이 무렵의 저널리즘 연구에서는 점차 이론적 접근 방식이나 방법론, 문제의식이 더 다양한 차원으로 확대되어, 이 시기의 특징을 한 가지 색깔로 규정하기 어려워졌다. 이 시기에는 연구 주제나 접근 방식, 연구 방법 측면에서 다양성이 키워드로 자리 잡았다. 말하자면 이전의 지배적인 연구 경향이 쇠퇴하면서 새로운 흐름이 대체한 게 아니라 낡은 것과 새것이 공존, 경합, 상호 진화하면서 여러 갈래의 새로운 궤도를 만들어 내는 복잡한 양상이 가시화했다. 그리고 지식의 산발적 축적에 치중하던 데에서 벗어나 분야를 아우르는 지식 체계나 분야의 지도 그리기를 모색하는 움직임도 싹텄다.

이론적으로 저널리즘 연구의 질적 수준이 높아지고 외연은 넓어졌지만, 저널리즘 현장과 무관한 순수한 학술적 지식에 편중되었다는 문제점은 여전히 남아 있었다. 하지만 이 시기에는 저널리즘 현장의 관심사를 반영하는 작업도 활발해지기 시작했다. 저널리즘의 기초를 정리한 다양한 실용서가 출간되었고, 특히 신문 정책이 현안으로 떠오르면서 업계의 산업적, 정책적 쟁점을 정리하는 데도 학자들이 적극 참여하기 시작했다.

1) 이론적 다원화와 저널리즘의 귀환

이 시기에는 이론적 접근이나 방법론 측면에서 온갖 다양한 조류가 저널리즘 연구에 도입되면서, 그 어떤 시기보다 풍부한 연구 성과가 쏟아져 나왔다. 저널리즘 연구의 초기 형태로 시작된 규범적인 접근은 (독립된 분과로 발전한 법제, 윤리 영역 외에도) 철학적 엄밀성을 강화하고 하버마스나 부르디외 등 새로운 사상적, 지적 자원을 탐색하면서 더욱 풍부해졌다(김성재, 1993). 메시지 분석이나 수용자 연구(정태철, 1995) 역시 여전히 저널리즘 현상에서 주된 요소로 다양한 질적, 양적 방법론에 근거한 연구가 쏟아져 나왔다. 한국언론학회 초창기에 시작된 생산 과정 연구는 참여 관찰 등 새로운 질적 연구 방법을 보강해 더 폭넓게 정착되었다(김균·이은주·장은미, 2008; 박지훈·류경화, 2010; 박천일, 1995).

연구 방법론에서도 전통적인 실증적 방법은 내용 분석이나 서베이 외에도 네트워크 분석(장하용, 1997) 등 고급 통계 기법을 활용해 연구 영역을 넓혀갔다. 참여 관찰(남재일, 2008; 박천일, 1995; 윤영철·홍성구, 1996)이나 담론 분석, 기호학(김혜순, 1995; 박기순·백선기, 1994; 백선기, 1993) 등이 다양하게 적용되면서 질적 방법의 외연 역시 더 넓어졌다. 나아가 전통적 구분을 넘어 양적, 질적 연구 방법을 접목한 연구(김연종, 1994; 윤영철, 1992)도 점차 늘어났다.

특히 1990년대 말 이후 저널리즘 연구에서는 학술지 논문 형태의 성과가 급증하면서 양적, 질적 성장이 두드러지는데, 이는 주로 대학 사회에서 연구 업적 평가가 강화되던 추세와 관련이 있다. 저널리즘 연구 성과가 한국학술진흥재단(현재 한국연구재단) 등재 학술지에 게재되고 인용 지표도 상승함에 따라, 저널리즘 연구의 학문적 위상도 높아졌다. 이처럼 지식의 엄밀성과 체계성 추구를 통한 학문적 순수성 강화 추세는 연구의 출발점이던 저널리즘 현장과 연계성을 점차 약화시키는 듯했다.

하지만 다른 한편으로 연구자 일각에서는 저널리즘 현장에 필요한 지식을 정리하는 저술 작업도 활발하게 이루어졌다. 주로 기자 지망생들을 대상으로 신문 기사 작성이나 방송 보도 등 취재 보도의 기본 원칙과 실무 지식을 정리한 책이 다수를 이루었다. 과거에도 이러한 취재 실무서는 간간이 나왔지만 특히 이 시기에는 저술 활동이 더욱 활발하게 이루어졌다는 점이 주목할 만하다. 주로 기자 경력이 있는 저널리즘 전공 언론학자들이 주도적인 역할을 했지만 (김숙현, 1994; 김창룡, 2007; 유일상, 2004; 이재경, 1998; 이재경·김학희, 1998; 최영재·양영철, 2007), 상당수의 전현직 기자들도 저술 작업에 뛰어들었다(고영신, 2007; 김창희, 2017; 양용철, 2009; 이현구, 2002). 이는 관련 교과목 교재용이나 취업 준비용 실무서에 대한 사회적 수요가 높았을 뿐 아니라 한국언론진흥재단이나 관훈클럽, 뉴스통신진흥회 등 언론 관련 단체에서 전현직 언론인을 대상으로 저술 지원 사업을 꾸준하게 시행한 데에서도 힘입은 바 컸다.

이러한 실무적 지식 생산 작업의 공과에 대한 평가를 내리기는 쉽지 않다. 한편으로는 저널리즘 연구가 현실에서 동떨어진 탁상공론으로 흐른다는 비판에 대응해 현장에서 요구하는 지식 생산에 기여한다는 점에서는 높이 살만하다. 특히 언론학에서 거의 취약 분야로 남아 있던 저널리즘 교육 분야에 실질적으로 기여할 수 있다는 점은 높이 평가할만하다. 다만, 저널리즘 연구자와 전현직 기자의 저술이 내용에서 별다른 차별성이 없다는 점은 한계로 지적된다. 저널리즘 실무서가 학계의 독자적 성과에 기반을 둔 것이 아니라 학계 이전에 쌓은 현장 경험을 정리한 데 불과하다면 과연 저널리즘 연구자의 역할은 어디에 있는가 하는 근본적인 의문이 가능하기 때문이다.

이러한 의문은 학계 차원의 작업으로도 이어졌다. 한국언론학회는 미래위원회를 구성해 2006년부터 3년 동안 언론학 교육 문제를 집중적으로 탐구해 결과 보고서를 내놓았다(한국언론학회 미래위원회, 2009). 이는 그간 학계가 학부 교육 문제를 사실상 방치해온 데 비해 대단히 이례적인 사건으로, 그만큼 저널리즘을 비롯해 학부 교육 문제를 심각하게 받아들이기 시작했음을 보여 준다.

1990년대 이후 시기에는 언론학자들이 저널리즘 산업과 관련된 현안이나 정책 수립 과정에 관여하는 빈도도 부쩍 늘어났다. 이전에는 저널리즘 관련 정책은 국가적 관심사에서 대개 비껴나 있었으나 특히 2000년 전후에 뜨거운 쟁점으로 부상하기 시작했다. 한편으로는 포털의 등장으로 뉴스 유통의 중심이 온라인으로 옮아가는 추세가 두드러져 특히 신문 산업 자체가 위기를 맞았고, 다른 한편으로는 노무현 정권 출범 이후 언론 개혁, 신문 지원 제도 등과 관련된 정책이 줄줄이 도입되었다. 이에 대응해 언론학자들의 참여도 늘어났고 논문뿐 아니라 정책 보고서, 단행본 형태의 관련 저술도 쏟아져 나왔다.

이 무렵에는 새로운 디지털 생태계에서 업계의 핵심 현안을 다룬 연구가 속속 등장해 눈길을 끌었다. '뉴스 생산 모델'(김사승, 2011)이나, 새로운 환경에 맞는 '기자상'(손태규, 2011), 포털과 언론사 간의 갈등 문제(신동희, 2014), 콘텐츠 유료화 모델(이정기, 2013; 황상석, 2003),

웹2.0 시대의 미디어 경영(김택환, 2008), 인터넷 저널리즘 관련 현안(김경희, 2009) 같은 주제가 저널리즘 연구자의 핵심 관심사로 떠올랐다. 전통적인 취재 실무 관련 분야에서도 컴퓨터를 활용한 취재(권만우, 2003; 이병철, 2006), 인터넷 취재 보도(김경희·이재경·임영호, 2003) 등 해외 언론계의 새로운 취재 기법을 소개하는 책이 연이어 나왔다. 새로운 흐름에 자극받아 기존의 실무서에서도 '디지털 시대'나 '인터넷 시대,' '멀티미디어 시대'라는 제목을 붙이는 관행이 유행하였다(고영신, 2007; 김창룡, 2007; 김창희, 2017). 이 저술들은 저널리즘 업계에서 새로운 추세와 기법을 소개하고, 기존의 저널리즘 관행에 다양한 형태로 접목을 시도하였다.

저널리즘 정책과 관련해서도 다양한 현안에 연구자의 참여가 두드러졌다. 특히 2000년대 이후 연구자들은 단순히 학술적 형태의 의견 표명에 그치지 않고 실제 정책 과정에서 초안을 마련하는 작업에도 깊숙이 관여했다. 특히 노무현 정권에서 신문 지원 정책과 관련 기구 설립이 현안으로 부상하면서 정책 보고서나 토론회, 논문 형태로 관련 연구가 이어졌다. 여기에는 신문 업계 전반에 대한 진단(강미선 외, 2003; 김영욱 외, 2005), 정책 수립 방향이나 법안 마련(김덕모·강철수, 2012; 문종대, 2004; 이수범·장성준·강연곤, 2013; 이승선, 2012; 최경진, 2004), 해외 정책 사례 소개(차재영·강미은, 2004), 정책 효과 측정과 평가(금현수·이화행·이정기, 2012; 김덕모·우희창, 2008; 이정기, 2013; 이정기·김정기·김동규, 2013; 정성호·이화행·이정기, 2016) 등 정책 현안의 다양한 측면을 분석, 진단하고 방안을 제시하는 노력이 이어졌다.

이 시기에는 방송 저널리즘에서도 주목을 끄는 정치적 쟁점이 많았다. 다양성(김남두, 2017; 정인숙, 2013)과 지역성(이은미 외, 2006; 임영호, 2002a; 조항제, 2006), 공정성 등 방송 정책 이념이 관심사로 부상하면서 정책 차원의 연구가 많이 이루어졌다. 특히 2004년 3월 노무현 대통령 탄핵을 둘러싼 보도, 2005년 11월 MBC 〈PD수첩〉의 황우석 사태 보도, 2008년 MBC 〈PD수첩〉의 광우병 보도 등으로 방송의 공정성 문제가 정치적 이슈로 부상한 후, 정책 기구나 연구자 집단 차원에서 공정성 문제를 진단하는 연구가 연이어 나왔다(김민환 외, 2008; 원용진·전규찬, 2006; 윤석민, 2015; 이민웅 외, 2006; 임영호 외, 2011). 특히 이 사안들은 연구자 성향에 따라 정파성 논란과 얽히면서 정치적 갈등 사안으로까지 확대되었다.

2) 개념화와 학문 체제의 모색

1990년대 이후 저널리즘 관련 연구가 비약적으로 성장하고, 담당 영역이나 연구 방법, 현상을 보는 시각과 문제의식도 다양화하면서, 저널리즘 연구는 새로운 과제와 직면하게 되었다. 바로 저널리즘 연구가 방대하고 이질적인 성과를 어떻게 자리매김, 계보화하고 이론적 의미를 부여해 지식 체계로 체계화하는가 하는 문제였다. 만일 이러한 작업이 따르지 않는다면 저널리즘 연구란 저널리즘 현상을 직간접적으로 다룬다는 하나의 공통점을 제외하면 서로 연관성조차 희박한 수많은 문헌 저장소로 전락할 가능성이 있다.

그동안 저널리즘 연구는 정의나 범위가 모호할 뿐 아니라, 지식 분류 방식 역시 개념적 엄밀성과 체계성이 비미한 상태의 연구 분야라는 비판에 시달렸다. 저널리즘 연구의 정체성 규정에서는 관련 지식 간의 연계성과 분류 체계가 중요한 역할을 한다. 하지만 저널리즘 연구는 이처럼 관련 지식을 조직적으로 분류, 배치하여 이론적 의미를 부여하는 체계를 아직 갖추지 못했다.

예컨대 흔히 신문, 방송, 인터넷 등 매체 단위로 관련 연구를 분류하는 방식은 이러한 한계를 잘 보여 주는 대표적인 사례다. 문종대(2001)의 분석에 따르면 주요 학회지에 게재된 저널리즘 관련 논문 중에서 신문, 방송, 뉴 미디어 등 매체를 다룬 것은 75%에 달한 반면에, 순수한 이론적 논의로 간주할 만한 연구는 19%에 불과했다. 이 결과의 의미는 두 가지 방식으로 해석해 볼 수 있다. 우선 다른 분야에 비해 저널리즘 연구에서는 매체나 기업 단위에 상대적으로 큰 비중을 두었다는 것으로 풀이할 수 있다. 저널리즘 연구는 저널리즘 현상을 다룬다면서도 실제로는 매체에 주력하는 '매체 중심성'의 경향을 지속적으로 보였다는 것이다(임영호, 1998a). 하지만 달리 보면 저널리즘 연구의 이 특성은 지금까지의 연구 경향을 개념적 체계가 아니라 매체 중심의 상식적 분류 체계에 의존해 파악하려 했기 때문에 나타난 것은 아닌가 하는 해석도 가능하다.

이론적 체계 미비는 연구 주제 선정 등에서도 문제점을 낳았다. 저널리즘 연구는 이론적 중요성보다는 자의적인 이론 외적 잣대, 즉 변덕스런 시의적 관심사에 따라 연구 주제를 선정하는 경향이 있다는 비판을 받았다. 일찍이 박영상(1990: 107)은 저널리즘 연구가 학술적 의미가 있고 잘 보이지 않는 주제보다는 (학계 외부의) 수요가 많은 주제, 눈에 잘 띠고 대중성이 높은 주제에 편중되는 '해바라기식'

경향이 있었다고 비판했다. 이러한 한계는 단지 연구자가 연구비나 사회적 유행에 따라 부화뇌동하는 시류 영합적 태도에 빠진 탓이기도 하겠지만, 더 중요하게는 여러 연구의 저변을 관통하는 정리된 이론적 체계 결여라는 좀 더 근본적인 문제에서 발생한다.

따라서 저널리즘 연구 영역의 학문적 위상을 제고하려견 (서로 연관성이 희박한) 지식의 단순한 축적에서 더 나아가, 어떻게 이를 체계화하고 계보화해서 일관된 지식 체계로서의 정체성을 부여할 것인지가 시급한 과제다. 비록 해외의 연구이긴 하지만 바비 젤리저 Barbie Zelizer(2004)의 《저널리즘 진지하게 살펴보기*Taking Journalism Seriously*》는 저널리즘 연구가 처한 고민이자 시대정신에 대해 해답을 제시하려는 시도였다. 젤리저는 사회학, 역사학, 언어 연구, 정치학, 문화 분석 등 다섯 가지 학문적 분류틀에 따라 기존의 연구 성과를 분류, 계보화하여 저널리즘 연구의 체계화를 시도했다. 마르틴 뢰펠홀츠 Martin Löffelholz와 데이비드 위버David Weaver(2008)가 편집한 《글로벌 저널리즘 연구*Global Journalism Research*》 역시 또 다른 방식으로 저널리즘 연구에 체계와 정체성을 부여하려고 시도하였다. 이들은 세계 각국의 저널리즘 연구 현황을 정리하여 연구 성과의 지도 그리기를 시도하였으며, 이를 통해 저널리즘 연구를 글로벌한 차원에서 하나의 체계화된 학문 분야로 자리매김하는 작업을 시도했다.

국내 저널리즘 연구 역시 바로 이 작업이 절실하게 필요한 시점에 도달했으나, 구체적인 성과는 아직 미진한 상태다. 다만 여러 저널리즘 연구자가 공동으로 펴낸 《저널리즘의 이해》도 이 점에서 주목할 만한 저작이다(강내원 외, 2010; 가장 최근의 사례로는 박재영 외,

2016). 이 개론서는 '저널리즘이란 무엇인가,' '뉴스의 생산과 유통,' '저널리즘과 사회,' '언론법제와 윤리' 등의 체제에 따라 관련 주제의 연구 성과를 체계적으로 정리하였다. 이 교과서식 서술은 한국 저널리즘 연구사에서 해당 분야의 종합적인 지도 그리기를 처음 시도하였다는 점에서 의미가 있다. 더 나아가 김성해와 진민정(2016)는 디지털 혁명으로 초래된 새로운 미디어 환경에서 기존 학문과 차별화된 뉴스학newsology의 가능성을 탐색했는데, 이는 저널리즘 연구 자체의 방향과 정체성에 관한 고민이 이제는 국내 학계에서도 중요한 화두로 떠올랐음을 시사해 준다.

7. 탈저널리즘 시대와 저널리즘 연구의 미래

한국 저널리즘 연구에서 현상을 접근하는 시각이나 방법은 지식관의 변화에 따라, 때로는 시류에 휩쓸려 부침을 거듭했다. 그렇지만 연구자들에게 변함없이 유지되던 전제가 하나 있었다. 저널리즘은 직업 언론인의 영역이자 중요한 공적 기능을 수행하는 사회 제도라는 인식이었다. 지식 추구의 동기는 달라도 저널리즘 연구 역시 구체적인 제도로서 존재하는 저널리즘 현상을 연구 대상이자 지식의 준거틀로 삼아왔다. 하지만 최근 미디어 환경의 혁명적 변화로 이 전제가 흔들리기 시작했다. 학계에서도 저널리즘 연구의 성격이나 방향에 대해 근본적인 의문이 제기되었다. 이러한 변화에 대응해 연구자의 선택은 상반된 방향으로 나타났다.

저널리즘 연구는 우선 새로운 기술 환경이 전통적인 저널리즘 양식을 어떻게 '해체'하고 있는지 추적하였다. 초기에는 이 변화가 언론인의 직업에 미치는 영향 차원에 초점을 맞추었다(임영호, 1998c). 하지만 점차 전통적인 저널리즘 개념 자체를 혁명적으로 바꿔놓는 변화에 주목하기 시작했다. 무엇보다도 웹2.0 기반의 환경에서는 뉴스 생산자와 소비자의 구분이 사라지고 이용자 참여와 공유 중심으로 뉴스 지형이 바뀌고 있다는 점이다(임종수, 2006). 전통적인 저널리즘이 독점하던 의제 설정agenda setting 기능이 쇠퇴하고, 이용자가 제기한 의제를 미디어가 뒤따라가는 '역의제 설정reversed agenda-setting' 현상이 좋은 예다(김성태·이영환, 2006; Im, Kim, Kim, & Kim, 2011). 나아가 이용자 중심의 환경에서 대중 매체와 대인 매체, 생산자와 소비자, 정보와 오락, 소비와 참여 간의 경계가 희석되고 허물어지는 새로운 추이를 조명하는 연구도 잇달아 나왔다(김은미·이동후·임영호·정일권, 2011; 황용석, 2006). 전통적인 저널리즘 연구의 고유 영역이 점차 사라지고 그 대신 이전의 잣대로 포착되지 않는 새로운 현상이 조명되고 있는 것이다. 이제 저널리즘에는 사망 선고가 내려졌다는 인식이 점차 묵시적으로 퍼져 나갔다.

하지만 저널리즘의 시대가 끝났다는 비관적 전망 속에서도 새로운 환경에 대응해 전통과 혁신을 결합한 대안적 저널리즘 모델을 모색하는 연구자들도 나왔다. 한편으로는 저널리즘의 차별성이 사라지는 지금 오히려 저널리즘의 기본으로 돌아가 권위와 품질, 책임 등 고전적인 저널리즘의 가치를 현대 상황에 맞게 재검토하고 복원하려는 노력이 진행되었다. 저널리즘의 기본인 뉴스 개념에 대한 천착과 체계화, 좋은 기사 양식의 모색, 뉴스 품질 평가 기준의 마련 등이 여기에 속한다(송상근·박재영, 2009; 이민웅, 2003; 2008; 이재경, 2003, 2013).

다른 한편으로는 전통적인 저널리즘에서 탈피해 온라인 환경에 맞는 새로운 양식을 모색하려는 시도도 있었다. 텍스트 기반의 역피라미드형 기사 작성에서 벗어나 멀티미디어 속성을 활용하는 디지털 스토리텔링 방식의 모색(김익현, 2003), 뉴스 선정에서 알고리즘 적용과 관련된 쟁점(임종수, 2017), 넓게는 전통적 저널리즘과 탈저널리즘 운동을 뒷받침하는 정책 모색 등 현장에 시사점을 주는 연구 영역은 엄청나게 늘었고 학계에 대한 기대치도 높아졌다. 이에 따라 저널리즘 연구에서 지식의 활용성과 학문적 순수성을 오랫동안 분리하던 장벽은 서서히 무너지고 있다.

저널리즘 연구의 진화 과정을 살펴보면 최근의 변화된 환경에서 저널리즘 연구가 어떤 성격을 지향해야 하는지에 대한 시사점을 얻을 수 있다. 현실 문제에 대한 해답 제시와 학문적 지식의 완결성 추구는 저널리즘 연구의 전 역사를 관통하는 두 가지 핵심적 관심사였다. 저널리즘 지식을 규정하는 이 양면성을 이해하는 방식은 시기별로나 연구자 성향별로 편차가 있지만, 대체로 양자를 상충하는 가치로만 간주하는 경향이 있었다. 저널리즘 연구는 원래 저널리즘 현장의 목소리를 반영하고 이들이 필요로 하는 지식을 공급하기 위해 출발했지만, 이처럼 소박한 시작의 의미가 학계에서 오랫동안 잊혀져 있었다. 현장에 대한 관심과 학문적 지식 추구는 저널리즘 연구의 지식을 규정하는 핵심적 속성이면서도, 오랫동안 서로 대화가 단절된 별개 영역으로 각자 불균등한 발전 과정을 거쳐 왔다.

하지만 이 두 가치를 반드시 대립 관계로만 볼 필요는 없다고 보고, 지식의 엄밀성과 체계성을 추구하면서도 현실 문제에 성찰과 대안을 제공하려는 노력도 싹트고 있다. 저널리즘 환경의 변화로 이제 학자가 현장에 개입할 여지는 갈수록 넓어지고 있다. 저널리즘 연구는 오랫동안 학문적 순수성과 독자성을 주로 중시하던 데에서 탈피해 새로운 추이의 폭발적 잠재력에 주목하면서 현실로 다시 눈을 돌리고 있다. 저널리즘 지식의 두 축을 아우르는 지식의 생산 가능성이 높아진 것이다. 특히 지금까지 우리에게 친숙하며 저널리즘 연구가 기반으로 삼던 저널리즘이라는 직업 문화가 21세기 이후에도 존속할 것인지가 불투명해진 지금 이러한 모색 작업은 학문이나 업계에 모두 절실한 과제가 되었다.

지금까지 학계나 업계 모두 실용적 지식에 냉소적 태도를 보인 이유는 이것이 현장의 경험에만 근거한 과거 지향적 지식이라는 점에서 저널리즘 연구자가 독자적으로 기여할 부분이 그다지 많지 않다고 여겼기 때문이다. 하지만 지금처럼 급변하는 미디어 환경에서 과거의 경험에 근거한 관행은 무용지물로 바뀌고 있으며, 그보다는 미래의 흐름을 읽어 내는 거시적 안목과 분석력, 창의적 상상력이 필요하다. 이처럼 변화된 여건에서 현장의 문제에 대한 해답을 제공할 수 있는가, 더 나아가 새로운 의제와 방향을 제시할 능력을 갖추었는가 하는 질문은 오늘날 저널리즘 연구가 단지 연구를 위한 연구에서 벗어나 현실 적실성과 존재 의미를 평가하는 가늠대가 될 것이다.

이 점에서 보면 현재 시점에서 서술하는 저널리즘 연구의 지식사는 단지 과거 업적에 대한 '묘비명' 쓰기가 아니라 현재 저널리즘 연구의 모습을 짚어보고 이 분야의 미래를 모색하는 데 시사점을 얻을 수 있는 생산적인 작업이다. 특히 지금처럼 급변하는 미디어 환경 속에서 저널리즘 연구가 어떤 방향으로 가야 할지 갈피를 잡기 어려운 상황에서는 과거를 돌이켜 보면 미래를 보는 안목을 얻는 데도 도움이 된다. 저널리즘 연구의 과거에 대한 평가는 바로 현재의 문제점에 어떻게 대처할 것인지 대해 연구자의 다양한 자기 고백이자 진단을 자극할 수도 있을 것이다.

9장

텔레비전 생산 연구의 진단

● 이 장은 "한국 텔레비전 생산 연구의 실태 진단: 성과, 한계와 가능성," 〈언론정보연구〉, 52권 1호, 2015, pp.5~32를 수정한 것이다.

1. 왜 생산 연구인가

텔레비전이라는 대중 현상은 메시지 생산과 유통, 소비를 아우르는 복합적인 사회 과정이다. 텔레비전에서 연구자에게 특히 주목받은 부분은 메시지와 이용자의 소비 측면이다. 연구 방법이 실증적이든 질적 연구이든 이 두 부분에 관해서는 상당히 많은 연구 성과가 축적되었다. 이에 비해 생산 부분은 연구자 사이에서도 상대적으로 덜 조명된 게 사실이다. 이 때문에 최근 유행하기 시작한 이른바 '생산자 연구'는 대개 이러한 취약성에서 연구의 의의를 찾는다.

돌이켜보면 오랫동안 한국 언론학 분야에서 생산 과정 연구는 눈에 띄게 낙후되고 방치된 일종의 학문적 맹점으로까지 간주되었다. 생산 과정 연구는 특히 수행하기에 까다로운 주제였기 때문이다. 1989년 한국언론학회에서 학회 30년을 회고하면서 발간한 〈한국언론학연구 30년: 성찰과 전망〉이라는 기획서에서 토론자들은 저널리즘 연구 영역 중 특히 "거의 완전히 누락"되다시피 한 부분으로 제작 과정에 관한 연구를 지목하면서, 대표적인 원인으로 외부 연구자의 시선에 대한 언론사 조직의 배타성이라는 현실적 어려움을 거론했다(강준만, 1991: 242; 박영상, 1990: 120~121).

하지만 그로부터 불과 20여 년이 지난 지금 언론학 분야에서 생산 과정 연구는 몰라볼 정도로 크게 발전하였다. 적어도 외형적인 주제의 다양성이나 양적 편수로 판단할 때, 매스 커뮤니케이션의 순환 과정의 다양한 측면 중에서 생산 과정 연구가 더 이상 공백 상태로 남은 분야라고 단정할 수는 없게 되었다. 하지만 다른 한편으로 생각해 보면, 20여 년 전 연구자들은 생산 과정 연구에서 늘 부닥칠 수밖에 없는 고질적인 장애 요인을 지적했고, 실제로 이는 지금까지도 생산 (과정) 연구가 활성화하는 데 걸림돌로 작용했다. 이러한 연구 환경이 이후에도 크게 개선되지 않은 상황에서도 생산 연구는 이처럼 양적으로 크게 성장했다.

만일 생산 연구가 이처럼 연구를 수행하기 까다로운 분야라면 이 연구 분야에는 과연 어떤 구조적 한계가 있었으며, 여기서 연구 경향의 기형화나 '왜곡' 현상은 발생하지 않았을까 하는 의문을 품어볼 수가 있다. 이 글은 바로 이러한 단순한 의문에서 시작한다. 연구 범위에서는 주로 텔레비전 매체를 중심으로 생산 과정이나 생산자에 관한 국내 문헌을 검토해, 연구 추이의 특징과 한계를 살펴보고 몇 가지 시사점과 제안을 덧붙이고자 한다.

2. 텔레비전 생산 연구란 무엇인가

텔레비전 생산 연구의 현 상황을 진단하려면 먼저 이 연구의 의미를 어떻게 규정할 것인가 하는 질문에서 출발해야 한다. 이기형은 '미디어 생산자 연구'를 정의하면서, 특정한 생산물이 만들어지는 과정의 특징, 이 과정에 작용하는 다양한 '제도적인 영향력,' 그리고 종사자들이 생산 과정에 적용하는 특정한 가치에 관한 관심과 탐색이라고 규정했다(이기형, 2010: 111). 하지만 기존 문헌에서 흔히 통용되는 '생산자 연구'라는 용어는 원래 취지와 달리 주로 행의자 측면만 강조하는 경향이 있어 개념적으로 엄밀성과는 거리가 있다. 따라서 이 글에서는 생산 과정에 작용하는 다양한 측면을 포괄한다는 취지에서 '생산 연구production studies'라는 용어로 대체해서 사용하고자 한다. 어떤 용어를 채택하든, 이 정의를 구체적인 연구에 적용하려면 선행해서 규명해야 할 몇 가지 쟁점이 남아 있다.

첫째, 미디어라는 용어의 의미 문제다. 이는 곧 어떤 '매체'나 콘텐츠 장르를 분석 대상으로 할 것이며, 이러한 범위 설정에 따라 논의의 성격이 어떻게 달라질수 있는가 하는 문제다. 그동안 흔히 사용된 '미디어 생산자 연구'라는 용어는 성격이 이질적인 다양한 현상을 포괄한다. 예컨대, 신문사 조직에서 뉴스 생산 과정은 드라마 제작 과정과 논의의 관심사나 논의 방식이 상당히 다를 수밖에 없다. 뉴스 종사자들은 직업 관행과 문화를 공유하는 대규모 조직에 소속된 채 위계적 의사 결정 과정을 거쳐야 하지만, 기본적으로 개인 단위로 일상적 작업을 수행한다. '게이트키핑'(White, 1950)이라는 은유적 표현이 시사하듯이 뉴스 생산에서 조직 차원의 영향력은 외관적으로는 단기 작업의 산물인 뉴스 '선별'에서 주로 작동한다.

반면에 텔레비전 프로그램은 상대적으로 장기간에 걸친 공동 작업을 거쳐 제작된다. 여기서는 내용을 기획하고 작업을 진행하는 프로듀서뿐 아니라 카메라, 조명 등 온갖 지원 기능을 분담하는 스태프, 대본을 집필하는 작가 등 다양한 직군의 행위자가 팀을 이루어 작업한다. 이 직군들은 직업 문화나 구조적 위상, 역할이 이질적이며, 프로듀서는 프로젝트 단위에서 이들을 총괄하는 리더 구실을 한다. 물론 이 과정에서도 종종 조직 차원의 관료 위계적 영향력이 작용하지만, 작업 과정의 특성을 감안할 때 그 영향력은 뉴스 조직과는 성격을 달리할 수밖에 없다. 나아가 제작자의 독립성과 창의성이 이보다 훨씬 더 강조되는 직종도 있다. 가령 음반 산업의 생산 과정은 아티스트 특유의 창의적, 자발적 직업 문화를 강조하기 때문에, 신문사나 방송사에 비해 적어도 외관상으로는 더 독립적이고 자율적인 양상을 취한다(문화 산업 여러 부문에서 생산 과정의 특성을 비교한 논의로는 Ryan, 1991, chap. 4를 보라).

다양한 연구 대상 사이에 존재하는 이러한 특성 차이를 감안하면 '미디어' 생산 연구의 의미를 일반화해서 규정하기란 쉽지 않다. 신문사와 방송사 등 매체마다 생산 과정의 특성이 다르고, 텔레비전 방송사 내에서도 뉴스와 드라마처럼 콘텐츠 장르에 따라 편차가 있다. 이 점을 감안하면 생산 연구에 관한 일반적인 논의 수준이 지금보다 더 축적, 발전될 때까지는 비교적 유사한 특성을 공유하는 사례끼리 묶어서 제한적 수준에서 논의하는 게 훨씬 더 유용하고 생산적일 것 같다. 그래서 이 글에서는 텔레비전 관련 매체로 논의 대상을 좁히고, 그중에서도 상대적으로 이질적인 직종 간의 집단 작업의 성격이 두드러진 장르(드라마, 다큐멘터리, 연예 오락 프로그램 등)에 국한해 논의를 전개하려 한다.

둘째, 생산 연구라는 개념에서는 분석이나 논의의 '단위'나 '수준' 역시 중요한 쟁점이 된다. 생산 연구는 비록 동일한 매체나 장르를 연구 대상으로 삼는다 하더라도 여러 가지 수준에서 분석을 진행할 수도 있다. 예를 들자면 호레이스 뉴컴Horace Newcomb과 어맨다 로츠Amanda Lotz(2002)는 미디어 픽션fiction 생산에 관한 연구를 분석 수준에 따라 다음과 같이 분류했다. 국가나 국제 단위의 정치경제학과 정책 수준(Schiller, 1969), 특정 산업 수준(Bordwell, Staiger, & Thompson, 1985; Hilmes, 1997), 조직(스튜디오, 제작사, 네트워크) 수준(Feuer, Kerr, & Vahamagi, 1984), 개별 프로그램 제작 수준(Alvarado & Buscombe, 1978; Elliott, 1972; Gitlin, 1983), 개별 행위자(프로듀서) 수준의 연구(Cantor, 1971; Newcomb & Alley, 1983) 등이 이에 해당한다. 이 기준에 따르면 그동안 국내에서 나온 생산 연구 역시 이러한 유형별로 비교적 골고루 분포되어 있다는 점에서 연구 성과가 이미 상당히 축적된 수준이라 할 수 있다.

그런데 그동안 흔히 사용된 '생산자 연구'라는 용어가 이처럼 다양한 연구를 아우르는 개념으로 과연 적합한지 의문을 제기할 필요가 있다. 이 용어는 다분히 개인 단위의 행위자 중심적인 인상을 풍기면서도 개념적으로는 조직 단위의 생산물에 작용하는 다양한 요인과 과정을 강조한다는 점에서 혼동을 줄 우려가 있다. 따라서 용어 선정에서 자칫 생산 연구가 생산 과정의 행위자에만 초점을 맞춘다는 인상을 피하도록 주의할 필요가 있다. 물론 연구자의 관심사나 접근 방식에 따라 실제 연구 대상은 조직 단위가 될 수도 있고, 종사자 집단, 나아가 산업 전체 단위가 되기도 한다. 지금까지 통용된 생산자라는 단어 자체는 행위 주체라는 의미를 함축하지만, 이 단위는 단순히 행위자 개인의 특성뿐 아니라 조직, 산업, 체제 등 다양한 세력이 교차하면서 영향을 미치는 장으로 파악한다. 생산 연구에서는 분석 단위를 어떤 수준으로 설정할 것인가 하는 문제보다는 이 단위에서 교차하는 복합적인 세력 간의 관계를 어떠한 문제의식과 관점에서, 어느 정도 치밀하게 파악할 수 있는지가 더 중요한 문제다. 바로 이 점을 감안해 이 글에서는 생산자 연구라는 관습화한 용어 대신에 생산 연구라는 단어를 대신 사용한다.

셋째, 생산 연구는 논의 주제와 관심사 측면에서 정의할 수도 있다. 단순히 텔레비전이라는 특정 매체나 특정 기업, 장르를 연구 소재로 삼는다는 사실만으로 생산 연구라고 간주할 수는 없다는 뜻이다. 말하자면 단순히 관음증적인 호기심 차원의 동기가 아니라면 외부인의 접근성이 그다지 높지 않은 현상의 탐구를 통해 과연 어떤 이슈를 규명할 것인지가 생산 연구의 의의를 가늠하는 잣대가 된다. 이러한 이론적 관심사는 생산의 장에 작용하는 권력 관계의 작동 기제일 수도 있고, 외부 압력의 내면화나 정체성 형성 방식 규명을 통해 직업 문화의 특성을 밝히는 작업이 될 수도 있다.

생산 연구의 의미를 규정하는 데는 앞서 언급한 세 가지 차원이 모두 중요하지만, 생산 연구를 생산 연구답게 만드는 핵심적인 특징은 다름 아니라 연구에서 제기되는 쟁점과 관심사라 할 수 있다. 연구자가 제기하는 관심사에 따라 대상 매체나 범위, 논의 수준은 가변적이며, 현상에 접근하는 연구 전략으로서 연구 방법 역시 달라질 수 있기 때문이다.

3. 한국 텔레비전 생산 연구의 주요 흐름과 특징

방송 조직의 생산 과정은 다양한 요인이 작용해서 메시지라는 특정한 산물을 만들어 내는 과정이다. 생산 연구는 이처럼 복수의 요인이나 특정한 요인이 어떻게 메시지 생산 과정이나 그 결과물에 영향을 미치는지를 연구의 주 관심사로 설정해 탐구한다. 물론 연구 대상으로서 텔레비전 생산 현장은 작은 단위에 불과하지만, 이 작은 현상에 어떻게 크고 작은 힘이 작용, 혹은 상호 작용하는지를 종합적으로 압축해서 관찰해 볼 기회를 제공한다. 연구자가 관찰하는 대상은 물리적으로 행위자가 작업하는 아주 좁은 공간에 불과할 수도 있고, 산업처럼 대규모 단위가 될 수도 있으며, 주 논의 대상이 되는 요인 역시 다양한 방식으로 선택해서 살펴볼 수 있다. 하지만 논의의 편의를 위해 기존의 생산 연구를 현상에서 주로 초점을 두는 측면이나 연구 관심사에 따라 다음과 같이 몇 가지로 유형화해 볼 수 있다.

첫째로는, 생산 과정에 영향을 미치는 조직 내외부의 구조적 맥락에 초점을 둔 연구가 있다. 정치적 통제(김상균·한희정, 2014; 박인규, 2010)나 시장 구조, 테크놀로지(김경희·정희선, 2003), 수용자 의견(조의

진, 2005) 등의 요인이 생산 과정에 어떻게 압력 요인으로 작용하는지 살펴본 연구가 여기에 해당한다. KBS 시사 프로그램의 변화를 다룬 박인규(2010)의 연구는 이러한 경향을 전형적으로 보여 주는 사례다. 그는 제작진과 인터뷰한 자료를 근거로 시사 프로그램에 대한 사장의 인식이나 편성, 지원 축소 등 경영 정책, 경영진 개입, 간부진을 통한 통제 등 직접적인 통제가 제작 과정에 가해지는 양상을 기술하고, 이 때문에 조직 내에서 신뢰 하락, 제작진의 위기의식에 따라 노동조합 결성과 저항이 발생했다고 결론지었다.

이 연구는 특정 프로그램이라는 작은 단위를 선택해 분석하면서도 시사 프로그램 생산 과정에 작용하는 요인 중 가장 두드러진 정치적 통제라는 외적 요인을 강조했다. 하지만 오히려 이 때문에 그러한 미시적 장에 작용하는 복합적 요인이나 조직 내부 행위자 간의 역동적 관계를 섬세하게 읽어 내기는 어렵게 된다. 어떤 점에서 이 연구는 조직 내의 생산 과정에 관한 미시적 연구이면서도 정작 행위자는 사라지고 큰 구조적 맥락적 요인에 관한 기술로 흐르는 경향이 있었다. 그렇다면 과연 생산 과정 내부의 행위자들은 외부의 구조적 압력과 강제하에서 수동적으로 순응하는 존재에 불과한지, 이 행위자들을 포섭하고 묵시적인 동의를 창출하는 일종의 헤게모니 메커니즘은 작동하지 않는 것인지, 행위자에 대한 압력과 통제를 통한 길들이기 기제가 오로지 외부에서만 유래하는가 하는 의문이 남는다.

이와 달리 조직의 구조적 맥락에 관한 일부 연구는 조직 외적인 환경, 혹은 환경 변화가 조직 내부 요인과 상호 작용하면서 구체적인 생산 과정의 특성이나 산물에 어떻게 영향을 미치는지 좀 더 세밀하게 추적하려고 시도했다. 예컨대 이오현(2007a)은 KBS 시사 프로그램인 〈인물현대사〉를 대상으로 방송사 조직 안팎의 권력 관계 변화가 프로그램의 부침에 어떻게 작용하는지 살펴보았다. 이 시사 프로그램의 출현과 위축은 크게는 정치적 탈권위주의화와 진보 정권 집권 등 조직 외부 환경의 변화와 밀접한 관련이 있지만, 조직 내부 차원에서는 경영진과 노동조합, 공채 기수 간의 역학 관계 역시 중요한 요인으로 작용한다고 지적했다. 하지만 이처럼 다양한 영향 요인을 동시에 고려하려는 노력에도 불구하고 이 연구의 접근 방식은 여전히 어느 정도 한계를 드러냈다. 이 연구에서는 조직 내부의 역학 관계를 부분적으로 고려하여 상대적으로 행위자의 역동성을 강조하면서도 여전히 주로 조직 외부의 권력 역학 관계를 통해 프로그램 생산 과정의 특징을 해석하려는 경향이 두드러졌다.

둘째, 생산 연구에서 두드러지는 또 하나의 흐름은 주된 행위자인 직업 생산자에 초점을 두고 다양한 직종의 고용 구조나 커리어 패턴, 노동 시장의 특성 등을 다룬다(강익희, 2004; 김동원, 2010; 김미숙·이기형, 2013; 김병선·김건용, 2011; 김순영, 2005; 김영한, 2008; 김현미, 2005; 연정모·김영찬, 2008; 이상길·이정현·김지현, 2013; 이종구, 2009; 임영호, 2008a). 이 부류에 속하는 연구는 프로듀서뿐 아니라 방송 작가, 스태프 등 다양한 방송 생산 관련 직종을 아우른다. 그뿐 아니라 논의하는 주제 역시 고용 구조의 추이(김병선·김건용, 2011), 산업 유연화에 따른 비정규직 증가(김동원, 2010; 김영한, 2008), 노동 조건과 노동 생활의 특성(김순영, 2005; 송용한, 2011), 특정 직종의 젠더화(김현미, 2005), 드라마 제작 주체 간의 사회적 네트워크 형성 패턴(오경석 외,

2010) 등으로 다변화하고 있다. 물론 이러한 부류의 연구를 모두 생산 연구라는 분류 틀 속에 포함할 수 있을 것인지는 논란의 여지가 있다. 대다수의 연구는 특정 부문 종사자의 직업 특성에 관한 기술적인 논의에 그칠 뿐 이를 생산 과정과 직접 관련지어 분석하지는 못했기 때문이다. 그렇지만 이러한 직업적 특성 요인은 생산 과정의 구체적 양상에 영향을 미치는 중요한 요인으로서 고려해야 할 부분이기 때문에 넓은 의미에서 생산 연구로 분류할 수 있다.

일부 연구는 바로 이러한 측면에서 흥미로우면서도 앞으로 연구 방향에 많은 시사점을 준다. 예컨대 송용한(2011)은 법적 제도, 방송 시장 구조, 기술 변화라는 외부 환경 변화 차원, 생산 방식과 분업 구조 차원, 종사자의 노동 여건과 일상생활, 경력 패턴 등 여러 거시적, 미시적 차원을 서로 연계지으면서 입체적으로 비정규 연출직의 삶을 묘사했다. 이상길·이정현·김지현(2013)의 연구 역시 이와 비슷하게 방송사 비정규직 종사자의 구조적 삶의 여건을 대상으로 하면서도 행위자의 관점에서 문제를 접근했다. 심층 인터뷰 자료를 토대로 한편으로는 비정규직 진입 계기, 실제 업무, 노동 환경, 차별과 불평등 등의 구조적 환경을 기술하면서도, 다른 한편으로는 이처럼 객관적으로 열악한 환경에도 불구하고 비정규직 종사자에게 헌신적으로 작업을 지속하도록 유도하는 심리적, 상징적 기제와 전략을 기술해 거시적이면서도 섬세한 그림을 그려냈다. 하지만 이처럼 방송 관련 직업의 구조적 환경과 행위자 차원을 동시에 아우르면서 양자 간의 상호 작용이 이루어지는 방식을 입체적으로 분석한 연구는 그리 흔치 않다.

셋째는, 특정한 텔레비전 장르나 프로그램의 생산 구조나 과정, 시스템 특징(김호영·윤태진, 2012; 노동렬, 2009; 박은희·이정훈, 2007; 육서영·윤석민, 2013)을 기술하거나, 아니면 좀 더 미시적으로 작업 관행(양정혜, 2004; 김예란·박주연, 2006)에 초점을 맞춘 연구다. 국내에서도 방송 유관 산업의 경계가 확장되고 다변화함에 따라 이 유형에 속하는 연구 역시 점차 늘어나고 있다. 이 유형의 연구는 방송 관련 특정 업종, 조직, 프로그램 등을 대상으로 생산 과정의 특징을 다양한 측면에서 기술한다.

이 중 특정 프로그램에 관한 사례 연구로는 개그(노동렬, 2009), 리얼리티 예능(김예란·박주연, 2006; 장용호·노동렬, 2010), 서바이벌 포맷(류웅재·박진우, 2012), 국제 시사(박지훈·류경화, 2010), 다큐멘터리(김경희·정희선, 2003; 박지훈, 2013; 박지훈·이진, 2012), 교양 프로그램(강진숙·이광우, 2012; 이영주·김진혁, 2009) 등 특정 프로그램 장르를 대상으로 삼거나, 지역 방송사의 지역 프로그램(한선·이오현, 2012, 2013) 등 특정한 성격의 콘텐츠를 묶어서 다루는 등 다양한 소재로 확대되었다. 이를 테면 장용호와 노동렬(2010)은 리얼리티 예능 프로그램 생산 과정의 특징을 기술하면서 프로그램의 창의성이 어떤 방식으로 자기 조직화되는지를 분석하였다.

프로그램 관련 연구에 비해 사례가 더 적기는 하지만 나아가 기업이나 조직 단위 수준에서 연예 매니지먼트사(박은희·이정훈, 2007), 문화 산업 전문 회사(유건식·문상현, 2014) 등 방송 관련 특정 업종에 초점을 맞춘 연구도 일부 나왔다. 또한 범위를 이보다 좀 더 확대하여 방송사 드라마 제작 시스템(배진아, 2006; 윤태진, 2005), 한국 대중

문화의 아이돌 시스템과 같은 생산 체제 전반을 살펴본 연구(김호영·윤태진, 2012)도 등장했다.

이 연구들은 대개 종사자 인터뷰와 부분적인 관찰을 근거로 특정 업종이나 프로그램의 생산 구조나 과정의 특징을 기술해 업계 외부인의 이해를 도와준다는 점에서 나름대로 장점이 있다. 하지만 대다수의 연구는 그간 잘 소개되지 않은 조직이나 업종에서 생산 과정의 구조나 특징을 평면적으로 기술해 소개하는 수준에 그쳤다. 그래서 실제로 "생산 단위를 둘러싼 외부의 거시적인 영역과의 관계가 생산 단위라는 매개를 거쳐 구체적인 관행으로 형성되고 고착되어 생산자들의 생산 실천을 한정짓게"(연정모·김영찬, 2008: 86) 되는 과정을 좀 더 미시적이고 분석적으로 관찰한 연구는 매우 드물다.

이 점에서 뮤직 비디오의 스타일과 정형성을 음반 산업의 구조적 성격과 연계지어 해석한 양정혜(2004)의 논문은 이 부류의 연구에서는 다소 예외적인 사례로서 주목할 만하다. 흔히 뮤직 비디오는 창의적이고 포스트모던한 대중문화 양식의 전형으로 인식되지만 실제로는 나름대로 규칙성을 띠는 텍스트 양식을 보여 주는데, 이는 제작 과정에 가해지는 여러 제한 요소의 산물이라는 것이다. 즉 기획사의 재정적 통제, 제작진의 직업 사회화 과정, 비주얼 강조, 스토리 전달력 극대화를 위한 임팩트 강조 등의 요인이 작용해 텍스트 형식과 내용의 동질화가 달성된다고 설명한다. 이 연구는 제한적이기는 하지만, 생산 과정의 특징을 단순히 기술하는 데 머무르지 않고, 여러 측면이 어떻게 서로 연계되면서 특정한 산물을 낳게 되는지를 탐구하려 했다는 점에서 생산 연구의 취지에 좀 더 근접한 연구 사례로 꼽을 만하다.

넷째 유형은 가장 미시적인 수준의 연구로서, 특정한 생산자 직업 집단 내부의 가치나 규범, 직업 문화를 다루거나 이 직업 문화가 생산 과정에서 수행하는 역할을 다룬 연구다(김미숙·이기형, 2013; 김연식, 2011; 김예란, 2003, 2007; 백미숙, 2012; 이오현, 2007b; 임영호·김은진·홍찬이, 2008; 임영호·김정아, 2011; 임영호·홍찬이·김은진, 2009; 조욱희·권상희, 2012). 물론 해당 직업 세계에 해박하지 않은 외부 관찰자가 짧은 조사 기간 동안에 이처럼 종사자의 내면적 가치와 주관성에 관해서 세심하고 통찰력 있는 연구 결과를 도출해내기란 결코 쉽지 않다. 그래서 이 유형의 생산 연구는 불가피하게 주제나 접근 방식, 질적 완성도에서 폭넓은 편차를 보여 준다.

이 유형의 연구에서는 우선 특정한 직종의 가치관이나 인식 패턴을 기술하는 작업이 가장 기초적인 단계에 해당한다. 예를 들면, 심홍진과 김세은(2009)은 심층 인터뷰를 통해 텔레비전 예능 PD의 의견과 인식을 파악하고자 하였다. 직업에 필요한 자질과 성향, 제작 동기는 무엇이고, 제작 동기 간에 형성되는 심리적 기제는 어떤 것이며, 시청률에 대한 인식은 어떤 층위로 구성되는지 등의 주제별로 패턴을 도출하려 하였다. 박인규(2004)의 조사에 의하면 KBS 제작 부서원들은 공익성과 함께 시청률 추구라는 이중적인 가치 지향성을 갖고 있었으며, 조직 구성원 간의 친밀성과 연대성에서도 담당 장르와 채널에 따라 부서별로 차이가 있었다. 이 밖에도 방송사 '미드' 편성 담당자의 역할 인식을 조사한 결과, 예상과 달리 이들은 수입 드라마의 편성 행위를 단순히 '매개자' 역할이 아니라 일종의 '문화 생산자'로 이해하려는 경향이 있었다(김영찬, 2007). 또한 김예란(2003)의 연구에 의하면 방송 제작인의 직업 담론에서는 협업과 혼성의 가치가 강조되고, 젊음과 창의성 규범이 두드러진 경향이 있었다.

위에서 언급한 연구들은 주제나 연구 방법에서는 차이가 있지만, 프로그램 제작자의 '직업관'을 엿볼 수 있게 해 준다는 점에서 공통점이 있다. 직업관 연구는 생산 과정 종사자의 인식이 생산 과정이나 산물에 어떻게 작용하면서 영향을 미치는지 규명하는 데 크게 기여할 수 있다. 생산 연구는 직업인의 주관성 차원이 다른 구조적 요인과 연계되어 상호 작용하는 과정을 탐구하는 작업이라 할 수 있기 때문이다. 어떻게 보면 이 유형에 속하는 연구 사례의 희소성 자체가 생산 연구의 어려움을 잘 보여 준다.

하지만 이러한 측면에서 볼 때 몇몇 연구는 특히 모범적인 사례로 언급할 만한 가치가 있다(김미숙·이기형, 2013; 백미숙, 2012; 연정모·김영찬, 2008; 이오현, 2005). 예컨대, 연정모와 김영찬(2008)은 텔레비전 연예 정보 프로그램 생산 과정에서 직군별 집단 정체성과 의미화 실천 등 집단 문화가 어떻게 작용하는지에 관해 흥미로운 연구 사례를 보여 준다. 가령 프로그램 생산 과정의 분업 구조에서 PD 직업군이 수행하는 기능적 역할을 기술하는 데 그치지 않고, PD 직업에서 '창조적 능력을 발휘하는 직업'이란 인식, '갑의 위치'에 대한 애착이라는 정체성의 두 축을 통해 다양한 실천을 해석하면서 이러한 정체성이 어떻게 작업 팀 전체의 가족주의 의식과 관리직 PD에 대한 반감, 냉소주의 등의 다양한 형태로 구현되는지를 고찰했다. 또한 김미숙과 이기형(2013)은 드라마 작가의 구조적 노동 조건을 탐구하면서 주어진 환경과 상호 작용 속에서 이들의 직업 정체성이나 관행이 어떻게 형성되고, 작업 과정에서 어떠한 방식으로 기능하는지를 분석하였다.

4. 문제 제기와 대상 설정에서의 문제점

지금까지 살펴본 것처럼 국내에서도 텔레비전 생산 연구는 편수도 빠르게 늘어났고, 주제나 접근 방식도 다양해지고 있다. 그러나 질적 수준 측면에서는 관련 연구자 사이에서 비판과 자성의 목소리가 나오고 있을 정도로 아직 갈 길이 멀다(가령 이기형·임도경, 2007). 생산 연구에서 이러한 비판을 초래하는 문제점은 무엇이며 어떤 대안이 가능할까?

기존 생산 연구의 경향을 훑어보면 연구 소재나 주제는 매우 다양해진 반면에 생산 과정의 특징을 잘 짚어내어 개념화하는 깊이 있는 연구는 의외로 희소하다는 점을 발견하게 된다. 가령 게이 터크만Gaye Tuchman(1972)이 뉴스 생산 과정에 관한 구체적인 사례 연구를 통해 '전략적 의례strategic ritual'와 같은 개념화를 시도한 것이 가장 모범적인 사례이겠지만, 분석의 치밀성(혹은 민속지학적 수준에서는 '진한 묘사thick description') 측면에서는 수십 년 전에 나온 터크만의 연구에 필적할 만한 심층적인 분석은 국내에서는 매우 드물다. 외형적으로 볼 때, 짧은 연구 논문 형식의 연구는 비교적 많아졌지만, 단행본 분량의 본격적인 심층 연구는 거의 없다는 점도 이러한 추이를 단적으로 보여 준다.

앞서 생산 연구란 조직 내외부의 구조적 맥락, 종사자의 직업 특성, 생산 과정의 특성이나 작업 관행, 종사자 집단의 직업 문화나 가치 등 다양한 세력과 요인이 생산 현장에 작용해 어떻게 특정한 산물이 만들어지는지에 관한 탐구라고 규정했다. 여기서 언급한 다양한 개별 요인에 관한 단편적이고 기술적인 연구는 그간 적지 않게 축적되었지만, 이 요인들이 서로 교차, 접합, 관계를 맺으면서 구체적인 산물을 만들어 내는 과정에 관해서는 상대적으로 성과가 미진했다.

생산 연구는 어떤 제한된 현상, 즉 분명한 경계를 갖춘 특정 사례에 작용하는 다양한 역학 관계를 읽어 내려 한다는 점에서 '사례 연구case study'와 성격이 비슷하다. 양적 방법론이 특정한 변인의 역할을 발견하기 위해 다양한 사례를 분석한다면, 질적 방법론 중에서 특히 사례 연구는 단일 혹은 소수의 사례에 작용하는 다양한 변인을 분석하는 데 초점을 둔다(Yin, 2009/2011). 그래서 연구 전략에서도 가능하면 광범위한 유형의 자료를 활용하고 오랜 관찰을 통해 연구 대상에서 폭넓은 요인이 작용하는 양상을 읽어 내는 끈기 있고 세심한 자세가 필요하다.

말하자면 생산 연구는 생산 현장이라는 국지적 사례에 작용하는 수많은 요인 간의 관계를 읽어 내고 의미를 부여하는 작업이라 할 수 있다. 물론 이 현장은 온갖 요인이 서로 교차하는 복합적 현상으로서 여기에는 다양한 층위 간의 모순, 불일치 등 논리적으로 설명하기 어려운 부분도 존재할 것이다. 이러한 관계 읽어 내기는 마치 퍼즐 맞추기처럼 생산에 작용하는 여러 세력이나 요인을 연계해서 정교하면서도 큰 그림을 만들어나가는 작업과 유사하다. 여기에는 넓은 시각에서 현장을 바라보면서도 미시적이고 비가시적인 부분의 역할에도 주목하는 세심한 관찰력과 분석력도 필요하다.

생산 연구를 이러한 관점에서 파악한다면 생산 연구의 분석 대상은 어떻게 보면 생산 현장이라는 '단위'에 국한된다고 할 수도 있고, 달리 보면 그 단위를 넘어서는 종합적 시각이 필요한 거시적인 작업으로 볼 수도 있다. 기존 연구의 한계점 중 하나는 바로 연구 대상 설정에서 경계 지워진 특정한 단위에 지나치게 집착하는 바람에 그 바깥을 보지 못하는 사례가 종종 발생한다는 점이다. 연구 대상으로 삼는 조직, 프로그램, 산업을 그 경계 내부에서만 들여다보려는 경향이 있어 생산에 수많은 요인이 작용하는 역동적 과정을 간과하는 오류를 범한다는 것이다. 생산 연구의 대상을 특정한 경계 내로 한정해서 보면 그러한 조직의 작동 방식에서 배경이 되는 크고 작은 맥락을 놓치기 쉽다. 생산 연구가 대상으로 삼는 것은 현실의 제한된 한 부문이나 단위 자체가 아니라 이 부문을 통해 들여다본 현실 세계의 축소판이자 다양한 세력 관계의 교차점이다.

크게는 생산 과정에 작용하는 구조적 맥락, 조직 위계, 직업 구조에서 시작해, 미시적으로는 상식이나 종사자의 일상 직업 문화에 이르기까지 폭넓은 세력과 요인이 집약해서 작용하는 장이 바로 생산 현장이다. 특히 텔레비전 생산은 여러 이질적인 직종 간의 협업 형태로 전개되기 때문에, 전체 작업 과정을 통괄하는 프로듀서 중심의 시각에서 벗어나 여러 이질적 부문, 직종 간의 상호 작용 관계를 읽어 내는 섬세한 관찰도 필요하다. 하지만 이처럼 텔레비전 생산 연구에서 거시와 미시 수준을 넘나들면서 입체적인 조명을 하기란 매우 어렵다. 그래서 자칫 가장 두드러진 구조적인 권력 관계에만 집중하여 생산 과정의 메커니즘을 지나치게 단순화해서 도식화하거나(김상균·한의정, 2014; 박인규, 2010), 반대로 미시적 직업 문화에만 초점을 두는 바람에 구조적 맥락을 도외시하고 현장을 낭만적 시각에서 채색하는 극단적 사례가 발생하기도 한다(가령 코미디 프로그램 생산 과정을 '카니발' 개념으로 파악한 이오현, 2007b를 보라).

이러한 맥락에서 볼 때 이기형과 임도경의 지적은 흥미로우면서도 시의적인 시사점을 제공해 준다. 이들은 그간 미디어 문화연구자가 지나치게 영역과 관습의 자장 안에 관성적으로 안주해 왔다고 비판했다. 문화 현상 탐구에서도 늘 미디어를 중심으로 파악하는 미디어 중심주의의 프레임을 벗어나서 "그 바깥의 세계와 그 세계 속에 존재하는 다양한 경험과 현실을 다면적으로 탐색하고 해석하는 작업"(이기형·임도경, 2007: 192)이 필요하다고 주장했다. 미디어 현상을 탐구할 때에도 미디어와 관련된 사안에만 천착해서는 안 되며, 연구 대상을 미디어 현상 외에도 다른 사회적 이슈와 쟁점이 교차하는 접경 지역으로 파악해 시야를 확대해야 한다고 보았다.

이렇게 보면 생산 연구에서도 연구 대상의 경계 구분에 현혹되어서는 곤란하며 그 경계와 무관하게 연구 관심사나 쟁점과 관련된 주제를 폭넓게 고려해야 한다. 따라서 생산 연구에서는 어떤 대상을 선정하는지보다는 이 선정된 대상을 통해 어떤 문제의식을 규명하려고 하는지가 더 중요하다. 특히 외부인에게 잘 소개되지 않은 생소하고 폐쇄적인 조직을 연구할수록 이러한 문제의식을 확고하게 하지 않으면 일종의 새로운 '소재주의'에 매몰되어 의미 있는 결과를 도출해내기 어렵다.

5. 연구방법론의 문제점

앞의 기준에 비추어 보자면 기존의 생산 연구는 많은 한계가 있었다고 평가할 수밖에 없다. 좀더 실질적인 문제 측면에서 보면 이러한 문제점은 대개 연구자가 야심찬 의욕이나 문제의식으로 연구를 시작한 데 비해 이를 뒷받침할 구체적인 연구 전략이나 방법론은 취약했던 것과 관련이 있다.

그동안 대다수의 생산 연구는 특정한 조직 단위로 대상 범위를 설정하고 방법론에서는 주로 참여 관찰과 심층 인터뷰를 활용하였다. 그러나 극소수의 연구를 제외하면 대부분 생산 현장에 대한 접근이 제한적이라는 본질적 한계를 안고 연구를 진행했기 때문에, 외부인으로서 현상에 대한 이해가 피상적인 수준에 머물 가능성이 컸다. 더구나 연구가 단기간에 이루어지기 때문에 표피적 수준에서 관찰, 수집한 내용을 평면적으로 기술하는 데 그치거나, 때로는 관찰 결과를 과도하게 확대 해석하는 사례가 많았다. 이는 크게는 연구자에게 친숙하지 않은 주제, 현장 접근의 제약 등 연구 설계에서의 근본적인 한계와 관련이 있지만, 좁게는 연구자가 현장 사례나 구술자의 진술을 다루는 역량의 편차가 컸다는 점도 작용했다. 실제로 같은 대상이라도 어떻게 접근하는지에 따라, 또 어떤 질문을 어떻게 던지는지에 따라서 인터뷰 대상자의 진술 내용이나 깊이는 크게 달라지고 연구의 질적 수준 역시 큰 편차를 보이게 된다.

표현 방식은 차이가 있지만, 몇몇 연구자 역시 기존 생산 연구의 한계가 바로 이 부분에서 유래한다고 지적한다. 이기형과 임도경은 그간의 문화연구가 단순히 서구 이론의 틀을 한국의 새로운 문화 현상에 '외삽'하거나 "예시적으로, 혹은 표피적인 수준에서 주로 스케치하고 서술하는 선"(이기형·임도경, 2007: 165)에 머무는 바람에 "표피적 차원의 '읽기'나 일회적 관찰에 근거한 '인상주의적' 탐방기"(167)에 그치는 경향이 있었다고 비판했다. 이러한 한계는 미디어 문화연구가 주로 인터뷰나 포커스 그룹, 자기기술지 등의 단일한 방법론에 의존하고, 연구 기간 역시 6개월에서 1년을 넘지 않는 단기간의 작업에 그치기 때문이라고 보았다. 이 점에서 이들은 조은과 조옥라(1992)의 《도시빈민의 삶과 공간》을 사례로 들면서 장기간에 걸친 현장 연구, 다양한 방법론과 자료 활용, 공동 작업을 통해 연구 대상인 현장을 충분히 이해한 후 입체적이고 두껍게 기술해야 한다고 주장한다. 하지만 연구 전략 차원에서 보면 기존 생산 연구의 한계는 이 두 연구자가 지적한 것처럼 접근의 제한점에서만 유래하지 않으며, 근본적으로는 데이터를 대하는 연구자의 태도와도 관련이 있다.

우선, 연구자가 현장에서 채록한 자료를 어떻게 해석할 것인가 하는 문제가 있다. 예컨대 수집한 내용이 연구 목적에 적합한 것인가, 어떤 점에서 관련성이 있는가, 데이터의 진정성은 있는가 하는 문제가 제기될 수 있다. 말하자면 연구자가 보고 들은 내용은 현장의 현실 그 자체가 아니라 여러 가지 측면에서 비판적인 해독이 필요한 대상이라는 것이다. 생산 현장에서 연구자의 관찰 내용이 지니는 편향성은 무엇보다도 이 내용이 외부 관찰자나 면접자의 존재에서 영향을 받기 때문이다. 물론 장기간의 참여 관찰로 이 한계를 어느 정도 해소할 수는 있겠지만, 여전히 근본적인 문제점은 남는다. 어빙 고프만Erving Goffman(1959)의 용어로 표현하자면, 연구자의 관찰은 어디까지나 현장의 행위자가 외부인인 연구자에게 보여 주는 '자기표현self-presentation'에 가깝다. 이는 관찰 대상인 생산자가 연구자에게 자신의 진정한 모습을 축소, 은폐, 위장한다는 차원의 문제만은 아니다. 이러한 보여 주기는 외부인에 대한 생산자의 진술일 뿐 아니라 어떤 점에서는 생산자가 자신의 직업 활동에 의미를 부여하는 방식, 즉 자기 자신에 대한 진술의 성격도 띠기 때문이다.

한선과 이오현(2012)의 연구는 이러한 경향을 잘 보여 주는 좋은 사례다. 이 연구는 광주 지역의 방송 생산에서 지역성 개념이 어떻게 수용, 구현되는지를 탐구하면서, 관련 종사자의 주장과 진술 내용을 정리해 제시하고 이를 근거로 지역성 개념의 정립을 모색했다. 즉 현장 종사자의 주장, 생각, 인식을 추상적인 명제 형태로 정리하는데, 주장을 액면 그대로 정리해 제시할 뿐 이 진술 자체에서 드러나는 특이성이나 모순을 비판적으로 재해석하거나 맥락화하지는 않았다. 어떻게 보면 연구 대상인 종사자의 진술에는 지역성 이념에 대한 전문적 식견과 열악한 현실에 대한 비판적 인식뿐 아니라 때로는 스스로 표명한 주장과 괴리된 실제 행위에 대한 자기 합리화와 정당화, 개인 차원의 직업적 야망과 좌절, 그리고 지역 소재 언론인으로서의 직업 정체성에까지 이르는 복합적 측면들이 반영된다. 그런데도 이들의 진술만을 근거로 과연 지역성이라는 규범적 담론을 도출해내는 방법이 과연 타당한가 하는 의문이 떠오른다.

연구자의 관찰은 또 다른 측면에서 비판적 성찰이 필요하다. 관찰이란 생소한 현상에 연구자의 '시선'을 들이대는 개입 행위에 비유할 수 있다. 그런데 이 시선 자체가 나름대로 편향성과 왜곡을 포함할 가능성이 있다. 연구자는 폐쇄되고 은밀한 현장에 들어가 새로운 현상을 목격하면서 관찰 내용을 선별하거나 나름대로 의미를 부여하게 된다. 이때 이들의 눈에 가장 먼저 띄는 것은 복잡한 현상의 다양한 측면 중에서 '흥미로운' 부분, 극적이거나 '새로운' 부분, 즉 외부인에게 가시성이 높은 측면이 될 가능성이 크다. 물론 이러한 선별 과정은 정보 수집에 시간적 제약이 있고, 연구에 모든 내용을 담을 수 없다는 점에서 어느 정도 합리화될 여지는 있다. 하지만 '일상적'이고 '비가시적'인 요소 중에서도 연구자의 문제의식에 따라서 때로는 더 중요하고 의미 있는 데이터가 될 만한 요소도 존재한다. 문제는 이 부분이 중요도의 선별 장치를 통과하는 과정에서 누락될 우려가 있다는 점이다. 어떤 시각에서 어떻게 볼 것인지에 따라 그 시선의 틀이 규정되기 때문에, 연구자가 현장에 가서 직접 들여다본다는 사실만으로 현상의 의미가 반드시 자명해지지는 않는다.

연구자는 관찰자로서 현장에서 많은 부분을 목격하게 되는데, 이때 눈에 보이는 게 전부가 아니며, 연구자가 보지 못한 부분, 보고도 스쳐 지나간 사소한 일상적 부분도 중요성을 띨 수 있다. 이른바 중요한 부분, 일상적인 부분, 간과되는 부분 등 가능한 한 다양한 요소를 관련짓고 맥락화해서 그 속에서 의미를 발견해내는 작업이야말로 아마 생산 연구의 취지에 부합한 분석 방법일 것이다. 그렇다면 여기서 다소 역설적인 문제가 제기될 수 있다. 연구자가 현장의 생산 과정을 입체적으로 '진하게' 파악하려면 어떤 사전 편견도 없이 열린 자세로 관찰 결과를 수용할 필요가 있지만 이는 불가능한 일이다. 하지만 달리 보면 어떤 체계적인 문제의식을 갖고 접근할 때에는 평소 눈에 들어오지 않던 일상적이고 잘 드러나지 않는 부분까지 세심하게 관찰할 수 있게 된다. 어떤 점에서는 연구자가 아는 만큼 볼 수 있는 셈이다. 물론 이 경우 이러한 관찰과정 자체에 일종의 주관적인 여과 장치가 작동하게 된다. 이러한 상황은 숙련된 연구자가 아니면 통제하기 쉽지 않은 딜레마를 던져 준다. 만일 인간의 인지적 속성상 관찰에서 주관적 여과 과정을 완전히 배제할 수 없다면, 이론에 입각한 체계적인 문제틀을 통해 이 여과 과정을 좀 더 의미 있게 만드는 수밖에 없다.

만일 단기적 관찰과 인터뷰에 의존하는 종래의 방식으로 심층적인 자료를 확보하기 어렵다면 어떤 방법론적 대안이 존재하는가? 만일 생산 현장에 대한 연구자의 접근이 앞으로도 대폭 개선되기 어렵다면, 실제로 선택 가능한 대안은 무엇인가? 제한된 인터뷰나 관찰을 통해 얻은 발견 결과를 비판적으로 재해석하고 맥락화해서 이론적으로 가치 있는 심층적 의미를 도출하려면 구체적으로 어떤 연구 전략이 필요하고 또 가능한가?

첫째로는 현장 종사자의 진술이나 보여 주는 모습을 일종의 의도적이고 동기화된 자기 서사 전략으로 간주하고 비판적으로 해독하는 것이다. 즉 이는 진술 내용의 진실성이나 신빙성을 문제시하고 확인하여 판단 근거를 찾는 비생산적인 경로를 선택하기보다는 오히려 진술 방식에서 나타나는 특징 분석에 초점을 두어 이를 통해 간접적으로 생산 현장의 특성을 규명하려는 전략이다. 가령 임영호·김은진·홍찬이(2008)는 에로물 제작자의 진술에서 드러나는 특징을 분석해 중립화 전략, 정당성 구축, 양면성 전략으로 유형화하고, 이를 토대로 이들의 직업 정체성의 특성을 도출하였다. 이 종사자들은 자기 업계에서는 나름대로 성공한 사람으로서 자부심을 과시하고 싶어 하면서도, 동시에 주류 문화 산업에서는 비난이나 비하 대상이라는 점을 부끄러워하며 자기 은폐나 합리화를 시도하려는 모순된 태도를 취한다는 데 착안한 것이다. 비록 이들의 진술 자체를 통해 해당 직업의 '진정한' 면모를 파악하기는 어려울지라도 어떤 면에서는 진술 자체에서 드러나는 특징, 모순, 양가성이야말로 이 직업의 특수성을 잘 대변해 준다고 해석할 수 있다.

둘째로는 생산 과정에 대한 본격적인 접근이 어려울 경우, 훨씬 국지적이고 제한된 사례 분석을 통한 우회 전략도 가능하다. 어떤 대규모 조직에 대해 장기간에 걸친 참여 관찰 기회가 확보되지 않는다면, 해당 부문의 생산 과정에 관해 신뢰성 있고 입체적이며 심층적인 데이터를 확보하기란 사실상 불가능하다. 이러한 난점은 앞으로도 쉽사리 개선될 전망도 보이지 않는다. 그렇다면 그 대안으로 해당 부문에 종사하는 특정 개인에 관한 사례 연구나 생애사 연구를 모색해 볼 수도 있다(예컨대, 백미숙, 2012; 손병우, 2006; 임영호·홍찬이·김은진, 2009). 이 경우 연구 대상을 섭외하기도 훨씬 수월하고, 일단 라포가 형성되고 나면 장기적인 심층 인터뷰를 통해 세부적이면서도 폭넓은 자료를 축적할 수도 있다.

이러한 연구의 한 사례로는 임영호·홍찬이·김은진(2009)이 에로물 감독을 대상으로 수행한 생애사 연구를 들 수 있다. 이 연구는 에로물 감독의 개인사를 통해서 에로물 제작 부문, 넓게는 이른바 B급 비주류 장르 직업 세계의 특성을 탐구했다. 물론 한 개인의 생애는 수많은 상황 요인이 복합적으로 작용해 형성된 특수한 사례로서 이러한 사례 연구를 통해 어떤 산업 부문이나 장르의 특성에 관해 일반화된 결과를 도출할 수 있을 것이라고 장담할 수는 없다. 하지만 질적 연구의 특성이 대표성보다는 전형성에 있다는 점을 감안하면 특정 개인이나 사례에 관한 연구는 시사점이 풍부한 결과를 도출할 수도 있다. 특히 한국 사회에서는 현장 접근성의 부족으로 질적 연구의 기회가 원천적으로 차단되기 쉽기 때문에, 함의가 풍부한 사례 연구가 때로는 해당 현상을 심층적으로 이해하는 데 훨씬 더 효과적인 연구 전략이 될 수도 있다.

셋째, 비유적으로 말하자면 방법론 측면에서 생산 과정 내부에서의 접근뿐 아니라 외부에서 동시에 접근을 시도해 볼 필요가 있다. 설혹 생산 현장 접근 기회를 어렵사리 확보하더라도 내부의 역학 관계와 문화를 섬세하게 파악하고 묘사하는 일은 그리 쉽지 않다. 생산 연구의 고전적인 연구 방법인 참여 관찰과 심층 인터뷰는 숙련된 전문 연구자조차도 다루기 쉽지 않은 도구로서, 이를 통해 의미 있는 발견을 이끌어낼 수 있다는 보장은 없다. 하지만 발상을 전환하여 생산 현장 외부에서 접근할 때 의외로 손쉽게 발견해낼 수 있는 부분도 적지 않다. 미디어 현장의 생산 과정은 외부인에게 모습을 잘 드러내지 않은 수수께끼와 같은 존재다. 하지만 이처럼 은폐되고 신비로운 블랙박스 같은 존재 역시 항상 미디어 텍스트라는 생산물을 남김없이 외부에 공개할 수밖에 없다. 미디어 텍스트에는 생산 현장에 작용하는 다양하고 입체적인 힘의 역학과 작동 과정이 그대로 투영된다. 따라서 축적된 미디어 텍스트를 시간 경과에 따라 세심하게 추적, 분석해 보면 생산 과정에 관해 많은 단서를 발견할 수 있다. 이 단서는 양적인 내용 분석이나 질적인 담론 분석 등 다양한 경로로 확보할 수 있다.

또한 앞서 언급했듯이 생산 연구에서는 똑같은 현상을 들여다보더라도 아는 만큼 보이며, 이해하는 만큼 질문을 던질 수 있다. 생산 현장에서 참여 관찰에 들어가거나 종사자와 심층 인터뷰를 시작하기 전에 핵심적이면서도 효율적인 질문이나 체크리스트를 설계하는 일이 중요하다. 하지만 생산 과정을 충분히 파악하기 전에는 외부 연구자가 이처럼 시의적절하고 의미 있는 질문을 만들어 내기가 쉽지 않다. 인터뷰 대상인 종사자 역시 연구자의 이해 수준에 맞추어 대답해 주는 경향이 있다. 말하자면 연구자가 현장에 관해 더 깊이 파악하고 있다고 인식할수록, 이들의 답변은 더 심층적이고 성의 있게 이루어질 가능성이 크다. 그런데 만일 텍스트 분석이나 내용 분석 결과에서 생산 과정의 어떤 구체적인 특징을 읽어 내고 이를 기반으로 인터뷰나 참여 관찰에 임한다면 조사 과정을 훨씬 더 생산적이고 효율적으로 마무리할 수 있다. 종사자 서베이를 비롯해 다양한 연구 방법 역시 이처럼 생산 과정의 특징을 읽어 내는 용도로 활용할 여지가 크다.

이러한 맥락에서 볼 때 국제 시사 프로그램 제작 과정에 관한 박지훈과 류경화(2010)의 연구는 단순하면서도 매우 유용한 방법론적 접근 사례를 예시해 준다. 이 연구는 전통적인 생산 연구처럼 참여 관찰과 심층 인터뷰를 통해 생산 과정을 접근하는 대신, 먼저 내용 분석으로 분석 대상 프로그램의 특징을 정리했다. 즉 연도별로 프로그램에서 소재로 다룬 지역(대륙) 빈도와 대륙별로 다루진 내용의 논조, 연도별 주제 빈도 분석을 통해서 특정한 대륙(아시아)이 상대적으로 훨씬 더 자주 선택되었으며, 대륙별로 선호되는 주제에도 큰 차이가 있음을 발견했다. 그리고는 제작진과 인터뷰를 통해 이러한 편향이 제한된 취재 기간, 제작비, 아이템 선정의 편의성과 제작 여건, 영상 매체의 특성 등 다양한 요인과 관련이 있음을 밝혀냈다. 즉 아이템 선정이나 화면 구성 전략 선택에서는 제작 여건과 같은 객관적인 요인뿐 아니라 제작자 개개인의 직업 감각, 일반적 통념으로서의 '서구 선진국과 제3세계 후진국'이라는 인종주의 담론도 작용했다고 연구자들은 파악했다.

아마 연구자들은 해당 프로그램 제작 관행이나 경향에 관해 이미 상당히 구체적인 자료를 확보했기에 제작진 인터뷰에서 좀 더 구체적인 질문을 던질 수 있었을 것이다. 이러한 분석 결과 없이 자료 수집에 들어갔다면, 연구 결과는 훨씬 더 모호하고 피상적인 기술에 그쳤을 가능성이 크다. 이 연구는 생산 연구에서 평범한 연구 방법들을 창의적으로 결합해 사용하는 방식으로 현장 접근 기회의 한계를 잘 극복한 좋은 사례에 해당한다.

실제 연구 수행 전략에서 중요한 네 번째 쟁점으로는 공동 연구 활성화의 필요성을 들 수 있다. 의미 있는 질적 연구를 수행하려면 시의적절한 연구 주제를 발굴하고 현장에 체계적으로 접근할 수 있는 역량과 더불어, 질적 자료를 잘 구성해 학술적 형식에 맞추어 구성하는 능력이 동시에 필요하다. 하지만 실제로 이 두 가지를 동시에 갖추기란 쉽지 않다. 현장 직업인 출신이나 젊은 학생은 전자에서 상대적으로 강점을 보이는 데 비해, 연구 수행 능력을 갖춘 전문 연구자는 현장 접근성을 갖추지 못한 사례가 많다. 따라서 생산 연구를 활성화하고 심화하려면 숙련된 전문 연구자와 학문 후속 세대, 특히 현장 출신과의 공동 연구가 앞으로 더 자주 이루어질 필요가 있다. 영국 문화연구자인 스튜어트 홀이 이끈 버밍엄대학교 현대문화연구소의 풍부한 작업 성과를 연상해 보면 공동 연구 전략이 가져올 긍정적인 변화를 충분히 예측해 볼 수 있다. 버밍엄 현대문화연구소에서는 하위문화, 인종, 젠더, 문화사 등 다방면에 걸쳐 현대 사회 문화의 결을 읽어 내는 치밀하면서도 의미 있는 연구 성과를 많이 배출해냈는데, 이는 교수와 학생 등 연구소의 다양한 구성원 간의 집단 작업이 활성화했기에 가능했다(Hall, 1980/1996).

6. 두 걸음 전진을 위한 한 걸음 후퇴

텔레비전 생산 연구는 짧은 기간 동안에 적어도 외형적으로는 크게 성장했다. 이 덕분에 텔레비전 유통 과정 중에서 생산 부문의 오랜 연구 공백은 점차 채워지고 있다. 하지만 질적인 측면에서는 생산 연구가 원래 표방하던 취지에서 벗어나거나 완성도가 높지 않은 연구가 여전히 적지 않은 실정이다. 이 글은 지금까지 이루어진 텔레비전 생산 관련 연구의 현황과 문제점을 점검하고 앞으로 가능한 몇 가지 대안을 제시하고자 했다.

지금까지 미디어 생산 연구는 취급하는 매체나 콘텐츠 장르, 분석 단위와 수준, 주제나 관심사 등에서 훨씬 다양해졌다. 연구 유형별로도 생산 과정에 영향을 미치는 구조적 맥락, 종사자 특성, 생산 과정과 작업 관행, 직업 문화 등 다양한 영역의 연구로 진화하고 있다. 하지만 이처럼 급속한 양적 성장에 비해 생산 과정에 작용하는 다양한 세력 요인의 교차 방식을 '진하게 묘사'하고 이를 토대로 개념화하는 수준으로까지 진전시킨 연구는 매우 드물다. 대다수의 연구는 다양한 요인이나 현상의 측면을 기술하고 정리하는 수준을 넘어서지 못했다. 생산 과정을 다양한 세력 요인이 교차하면서 작용하는 장으로 이해하기보다는 분명한 경계로 구분되는 고립된 사례 단위에 국한하는 바람에 이에 영향을 미치는 더 큰 맥락을 간과하는 경향도 있었다. 어떤 면에서는 제한된 사례를 깊이 탐구하기보다는 평면적이고 인상주의적인 현상 기술에 안주하면서 새로운 연구 소재 발굴에만 몰두하려는 경향도 있었다.

이러한 한계는 무엇보다도 연구자의 문제의식을 뒷받침할 만큼 현장에 대한 충분한 접근 기회를 확보하지 못했고, 그나마 단기적이고 피상적인 관찰과 인터뷰에 의존해 자료 수집이 부실했던 데에서 유래한다. 더 근본적으로는 연구자가 관찰하거나 채록한 내용을 맥락화하고 비판적으로 해독하지 않고 눈에 보이는 부분을 너무 쉽게 그대로 옮겨놓는 무비판적 자세에도 문제가 있다. 연구자는 현상을 관찰할 때 가시성이 높은 부분뿐 아니라 눈에 잘 띄지 않는 평범하고 일상적인 부분까지도 포착해 의미를 부여할 수 있어야 종합적인 그림을 파악할 수 있다. 그러기 위해서 연구자는 관찰의 치밀함과 더불어 체계적인 문제의식으로 무장해야 한다.

이러한 한계를 극복하려면 방법론 측면에서 현상에 대한 이해의 심도를 높일 수 있도록 여러 가지 대안을 개발할 필요가 있다. 첫째는 종사자 진술을 그대로 기술의 근거로 수용하는 대신에, 진술을 일종의 비판적 담론 분석 대상으로 간주하고 거기서 나타나는 모순, 불일치, 양가성을 읽어 내 해독하는 방식이다. 둘째는 본격적인 현장 접근이 어려울 경우, 전형성을 띠는 개인이나 국지적 사례 분석 등 우회 방식을 통해 현상 이해의 심도를 높이는 방안이다. 셋째는 생산 연구에 전형적인 참여 관찰이나 심층 인터뷰 등의 내부적 접근과 더불어 내용 분석 등 외부에서 쉽게 얻을 수 있는 데이터 분석 결과를 함께 활용해 입체적으로 접근하는 방안이다. 넷째는 공동 연구의 활성화다. 이는 현장 이해의 폭이나 접근성이 제한적이기 쉬운 연구자의 한계를 극복하는 데 도움이 될 것이다.

물론 이러한 제언이 지금까지 해 오던 연구 방식을 대체하는 방안이 될 것이라고 장담할 수는 없다. 이 제언은 기존 생산 연구의 영역을 확장하고 새로 개척하는 일보다는 그 한계를 보완하고 내실화하는 작업이 더 중요하다는 인식에 근거한다. 현재 국내 생산 연구의 진행 양상을 살펴볼 때, 장기적으로 이 연구 분야의 미래는 매우 밝아 보인다. 하지만 지금 단계에서는 서둘러 앞으로 나아가기보다는 오히려 한 걸음 후퇴해 그간 거쳐 온 경로의 한계나 문제점을 반성하고 성찰해야 할 때라고 본다. 그 방안의 하나로 생산 연구에서는 새로운 연구 대상을 발굴하여 소재와 영역을 확장하기 보다는 오히려 다양한 접근 방식이나 방법론으로 기존 연구 주제의 이해를 더 심화하는 데 주력할 필요가 있다. 어떤 점에서는 이미 연구가 이루어진 대상 조직이나 현상을 색다른 관점에서 반복해 연구하면서 그간 간과한 측면은 없는지, 기존의 발견을 어떻게 새롭게 맥락화하고 재해석할 수 있는지를 고찰하는 게 더 의미 있는 작업일지도 모른다. 아마 이러한 반복 연구를 통해 생산 과정과 생산자에 관한 이해의 폭을 더 넓힐 수 있을 것이다.

현재 생산 연구의 한계를 극복하고 새로운 단계로 도약시키려면 이보다 더 나아가 근본적인 질문도 던져볼 필요가 있다. 생산 현장을 연구해야 하는 이유는 무엇인가? 연구를 통해 알고 싶은 것은 무엇인가? 아마 이 질문들은 우리가 충분히 파악했다고 여기던 기존의 연구 결과를 새로운 맥락에서 재해석하고 새로운 관점에서 문제를 제기해 보면서 연구의 질적 수준을 한 단계 더 높이는 데도 도움이 될 것이다.

강내원 (2002). “사회갈등 보도기사의 비판적 읽기: 언론의 새만금 간척사업 프레이밍에 대한 갈루아 래터스 분석,” 〈한국언론학보〉, 제46-3호, pp.5～44.

강내원 외 (2010). 《저널리즘의 이해》. 한울.

강명구 (1994a). 《한국 저널리즘 이론》. 나남.

강명구 (1994b). “경제뉴스에 나타난 경제위기의 현실구성에 관한 연구,” 〈언론과 사회〉, 제3호, pp.92～131.

강명구 (1998). “한국의 도시와 권력,” 한국도시연구소 엮음, 《한국도시론》. 박영사, pp.341～372.

강명구 (1999). “모더니티 형성과 일상생활의 변화: 매개경험(mediated experience)의 문제설정,” 《커뮤니케이션과 현대문화》. 나남.

강명구 · 박상훈 (1997). “정치적 상징과 담론의 정치: ‘신한국’에서 ‘세계화’까지,” 〈한국사회학〉, 제31집, pp.126～161.

강명현 (2005). “지역방송의 질적평가: 지역성지수 개발을 위한 시론적 연구,” 〈방송연구〉, 겨울호, pp.177～202.

강명현 · 홍석민 (2005). “로컬리즘과 지역방송: 사회적 로컬리즘의 개념화를 위한 시론적 연구,” 〈한국방송학보〉, 제19-1호, pp.109～141.

강미선 · 김영욱 · 이민규 · 장호순 · 신인섭 · 주은수 (2003). 《신문의 위기》. 한국언론재단.

강상현 (1992). “영호남 지방신문에 나타난 대통령 후보 이미지 비교,” 〈한국사회와 언론〉, 제2집, pp.105～138.

강상현 (1993). “한국언론학 연구동향에 대한 비판적 평가: 최근의 패러다임 논쟁과 그 불완전 해소를 중심으로,” 〈사회비평〉, 제10호, pp.122～153.

강상현 (1994). “방송환경의 변화와 지역방송의 과제,” 〈방송연구〉, 제38호, pp.12～38.

강상현 (1996). “신문기업의 신기술 도입과 노동과정의 변화: 전면 CTS 도입

이후의 시점간 비교분석," 〈한국언론학보〉, 제39호, pp.5～51.
강상호 (1999). "지역방송뉴스의 지역성과 지역주의," 〈프로그램/텍스트〉, 제1호, pp.125～156.
강상호 · 이원락 (편역) (1986). 《현대자본주의와 매스미디어》. 미래사.
강승묵 (2007). "지역 방송 프로그램의 영상 포맷과 서사 구조에 관한 연구: 지역 방송 역사 다큐멘터리의 역사성과 지역성의 재현 방식을 중심으로," 〈한국방송학보〉, 제21-2호, pp.9～43.
강익희 (2004). 《방송산업 비정규직의 실태와 개선 방향에 관한 연구》. 커뮤니케이션북스.
강준만 (1991). "언론사 언론인 연구의 가능성과 한계: 비판적 입장," 한국언론학회 엮음, 《한국 언론학의 쟁점과 진로》. 나남, pp.221～247.
강진숙 · 이광우 (2012). "문화예술 프로그램 생산자에 대한 문화기술지 연구: EBS 〈문화공감〉 제작진을 중심으로," 〈한국언론학보〉, 56권 4호, pp.339～364.
고영신 (2007). 《디지털시대의 취재보도론》. 나남.
고영철 (2003). "한국 지방일간지의 기능 및 역할 가정에 대한 인식 비교: 제주지역 지방일간지 독자와 언론인을 대상으로," 〈한국언론학보〉, 47권 6호, pp.165～193.
고영철 · 최낙진 (2006). "제주지역 신문 뉴스의 다양성에 관한 탐색적 연구: '국제자유도시'와 '평화의 섬' 관련 기사를 중심으로," 〈언론과학연구〉, 6권 2호, pp.5～42.
곽복산 (1960a). "권두언," 〈신문학보〉, 제1호, pp.1～2.
곽복산 (1960b). "한국신문의 구조와 과제: 생태를 검토하는 하나의 시론," 〈신문학보〉, 제1호, pp.26～40.
곽철홍 · 이전 (1997). "경남 서부지역의 중심지 세력권 변화와 주민 통근형태 연구: 진주 도시권지역의 통근 – 역통근을 중심으로," 〈한국지역지리학회지〉, 3권 1호, pp.13～34.
구교태 · 김세철 (2004). "전국지와 지역지의 국제뉴스 보도에 대한 미디어 경제학적 고찰," 〈한국언론정보학보〉, 27호, pp.7～34.
구교태 · 김관규 · 이준웅 (2007). "선거방송토론의 효과에 대한 연구: 2006년 대구시장 후보 토론방송을 중심으로," 〈한국언론학보〉, 제51-2호, pp.203～226.
권만우 (2003). 《컴퓨터 취재보도 실무》. 나남.
권숙인 (1996). 《현대 일본사회와 지방의 아이덴티티》. 서울대학교출판부.

권오혁 (2016). “교통발달에 의한 중심지체제 변화 모형의 분석과 함의,” 〈대한지리학회지〉, 51권 1호, pp.77~88.
권장원 (2006). “지역 언론에 내재한 연고 네트워크 구조에 대한 연구,” 〈한국언론정보학보〉, 33호, pp.53~86.
권혁남 (1994). “지역신문의 현황과 문제점, 그리고 발전방안,” 〈한국언론학보〉, 31호, pp.5~28.
권호영 · 김도연 (2004). “케이블TV 시장에서의 독점과 경쟁: 동일지역 복수 SO 정책의 효과 분석,” 〈한국언론학보〉, 48권 5호, pp.5~29.
금현수 · 이화행 · 이정기 (2012). “지역신문 지속적 구독의도 및 유료 온라인 뉴스 콘텐츠 이용 의도에 관한 연구,” 〈한국언론학보〉, 56권 3호, pp.134~160.
김경추 (2009). “강원도 중심지 체계 변화,” 〈국토지리학회지〉, 43권 3호, pp.373~385.
김경희 (2009). 《한국사회와 인터넷 저널리즘》. 한울.
김경희 · 이재경 · 임영호 (2003). 《인터넷 취재보도》. 한울.
김경희 · 정희선 (2003). “인터넷과 TV 시사다큐멘타리 프로그램 제작과정의 변화,” 〈한국언론학보〉, 47권 4호, pp.106~135.
김관규 · 송의호 (2004). “국내 주요 출입처 기자실 유형에 관한 탐색적 연구,” 〈한국방송학보〉, 제18-1호, pp.38~73.
김규환 (1969). “커뮤니케이션 과학연구의 현황과 전망: 〈학보〉 속간에 즈음하여,” 〈신문학보〉, 2호, pp.5~11.
김균 · 이은주 · 장은미 (2008). “여기자 직무수행에 따른 경험과 인식에 관한 탐색적 연구,” 〈언론과학연구〉, 8권 3호, pp.75~114.
김남두 (2017). “변화하는 미디어 생태계와 미디어 다양성의 새로운 쟁점: 미디어 다양성 조사 제도화의 의의, 한계 및 향후 과제,” 〈방송문화연구〉, 29권 1호, pp.41~72.
김남일 · 백선기 (2008). “TV뉴스의 특정지역 담론화와 사회문화적 함의: KBS-TV 서울 ‘강남권역’ 보도의 담론 형성을 중심으로,” 〈한국언론학보〉, 52권 2호, pp.125~150.
김대호 (2001. 11.9.). “국경을 초월한 방송 시대의 방송권역과 지역성,” 한국언론학회 주최 ‘미래의 방송과 로칼리즘’ 심포지엄.
김덕모 · 강철수 (2012). “지방자치단체의 지역신문 지원조례 추진에 관한 연구,” 〈언론과학연구〉, 12권 2호, pp.41~77.
김덕모 · 우희창 (2008). “지역신문 지원제도의 정책목표와 평가 모델에 관한 연구,” 〈언론과학연구〉, 8권 4호, pp.114～158.
김도연 (2001). “디지털 시대 지상파 방송 재송신정책에 관한 연구,” 〈방송문화연구〉, 제13권, pp.223～255.
김동규 (1994). “지역방송의 활성화를 위한 산업적 분석,” 〈방송연구〉, 제38호, pp.39～62.
김동규 (2001. 10.25.). “위성방송의 지상파 재송신과 지역방송: 그 경제적 함의,” 방송위원회 주최 방송채널정책방안 마련을 위한 공개토론회 발제문.
김동성 (1924). 《신문학》. 조선도서.
김동원 (2010). 〈한국 방송산업의 유연화와 비정규직의 형성〉. 한국외국어대학교 박사 학위 논문.
김동춘 (1997). 《한국 사회과학의 새로운 모색》. 창작과비평사.
김명혜 (1997). “프로이트, 라캉과 〈애인〉 읽기,” 황인성 · 원용진 엮음, 《애인: TV 드라마, 문화 그리고 사회》. 한나래, pp.145～189.
김미숙 · 이기형 (2013). “심층인터뷰와 질적인 분석으로 조명한 텔레비전 드라마 작가들의 정체성과 노동의 단면들: 보람과 희열 그리고 불안감이 엮어내는 동학,” 〈언론과 사회〉, 21권 3호, pp.5～63.
김민환 · 한진만 · 윤영철 · 원용진 · 임영호 · 손영준 (2008). 《방송의 공정성 심의를 위한 연구》. 방송통신심의위원회.
김병국 · 김영호 (1990). “지방언론 연구의 성찰,” 한국언론학회 엮음, 《한국언론학연구 30년: 성찰과 전망》. 한국언론학회, pp.67～86.
김병선 · 김건용 (2011). “지상파 방송 프로그램 제작 스태프 고용 구조의 변화에 대한 연구,” 〈언론과학연구〉, 11권 2호, pp.28～68.
김사승 (2011). 《디지털 생태계의 뉴스 생산 모델》. 관훈클럽.
김상균 · 한희정 (2014). “천안함 침몰 사건과 미디어 통제: 탐사보도 프로그램 생산자 연구,” 〈한국언론정보학보〉, 66, pp.242～272.
김선남 (2001a). “지방신문의 양적 팽창에 관한 연구,” 〈한국언론정보학보〉, 16호, pp.7～35.
김선남 (2001b). “전북지역 지방신문의 실태와 문제점,” 〈언론과학연구〉, 1권 3호, pp.32～58.
김선남 · 정현욱 (2007). “지역일간지 기자의 역할지향에 관한 연구,” 〈한국언론학보〉, 51권 4호, pp.136～154.
김성국 (1991a). “안토니오 그람시의 헤게모니 이론,” 〈사회비평〉, 5호, pp.210～247.

김성국 (1991b). "노사갈등의 창조적 전개," 한국사회학회 엮음,《현대한국사회문제론》. 한국복지정책연구소 출판부, pp.69～93.
김성기 (1994). "세기말의 모더니티," 김성기 엮음,《모더니티란 무엇인가》. 민음사, pp.15～50.
김성기 (1995). "문화연구와 포스트모더니즘,"〈한국사회와 언론〉, 5호, pp.61～89.
김성재 (1993). "체계이론과 언론연구,"〈언론과 사회〉, 제2호, pp.5～47.
김성재 (2005). "언론노동의 현실과 지역 언론인의 정체성,"〈언론과학연구〉, 5권 2호, pp.105～140.
김성태 · 이영환 (2006). "인터넷을 통한 새로운 의제 설정 모델의 적용: 의제파급(Agenda–Ripping)과 역의제 설정(Reversed Agenda–Setting)을 중심으로,"〈한국언론학보〉, 제50권 3호, pp.175～204.
김성해 · 진민정 (2016). "디지털혁명과 전공학문의 진화: 뉴스학의 가능성에 대한 탐색연구,"〈커뮤니케이션 이론〉, 12권 1호, pp.118～168.
김세철 (1993). "지역감정에 대한 언론인의 의식조사 연구: 영 · 호남지역 언론인을 중심으로,"〈한국언론학보〉, 제29호, pp.69～102.
김세철 (1995). "지방의회 활동에 대한 지역신문의 보도실태에 관한 연구: 대구 · 경북지역을 중심으로,"〈한국언론학보〉, 33호, pp.73～105.
김세철 외 (1997).《지역사회와 언론》. 커뮤니케이션북스.
김숙현 (1994).《기사, 취재에서 작성까지》. 범우사.
김순영 (2005). "노동과정과 노동조건을 통해 본 방송 작가의 노동자성: 지상파 방송국 구성작가를 중심으로,"〈페미니즘연구〉, 7권 2호, pp.175～212.
김승수 (1986). "현대자본주의와 커뮤니케이션," 강상호, 이원락 편역,《현대자본주의와 매스미디어》. 미래사, pp.27～64.
김승수 (1990). "언론학의 방법론적 기초," 김왕석 외《한국언론의 정치경제학》. 아침, pp.21～67.
김승현 엮음 (1990).《정보사회정치경제학》. 나남.
김승현 · 이종숙 (1994). "뉴스에 대한 새로운 접근을 위한 시론: 보드리야르의 시뮬레이션 이론을 중심으로,"〈언론과 사회〉, 제3호, pp.5～34.
김연식 (2011). "방송저널리스트의 PD저널리즘 인식 연구,"〈언론과학연구〉, 11권 2호, pp.69～96.
김연종 (1994). "뉴스의 객관성과 언론의 사회적 책임: 우루과이라운드 보도를 중심으로,"〈신문학보〉, 31호, pp.29～61.

김영석 (1991). "전통적 입장에서 본 언론학 연구의 인식론 및 방법론에 관한 고찰," 한국언론학회 엮음, 《한국 언론학의 쟁점과 진로》. 나남, pp.377~402.

김영욱 · 이은주 · 임영호 · 강미선 · 김영주 · 황용석 (2005). 《위기의 한국신문: 현황 문제점 지원방안》. 한국언론재단.

김영준 · 김채환 (2007). "국내 언론학의 지적 구조 매핑(mapping)에 관한 연구: 1989~2006년 저자동시인용 분석," 〈커뮤니케이션학 연구: 일반〉, 제15권 3호, pp.155~184.

김영찬 (2007). "'미드'(미국 드라마)의 대중적 확산과 방송사 편성 담당자의 '문화 생산자' 그리고 매개체'로서의 역할에 관한 연구," 〈방송문화연구〉, 19권 2호, pp.35~61.

김영한 (2008). 〈한국 방송노동시장의 유연화 연구: 1990년대 이후 방송노동자의 유연화 경험과 인식을 중심으로〉. 한양대학교 대학원 박사 학위 논문.

김영호 (1995). "지방화 시대의 지역언론," 〈한국사회와 언론〉, 제6호, pp.65~89.

김영호 (1999). "한국 사회의 지역화와 지역언론 연구의 성찰과 과제," 〈한국언론정보학보〉, 12호, pp.71~98.

김예란 (2003). "텔레비전 이야기하기 문화에 관한 연구," 〈한국언론학보〉, 47권 6호, pp.31~57.

김예란 (2007). "1990년대 이후 한국사회의 문화생산 공간과 실천에 관한 연구," 〈언론과 사회〉, 15권 1호, pp.2~40.

김예란 · 박주연 (2006). "TV 리얼리티 프로그램의 이론과 실제: 제작자 심층 인터뷰 분석을 중심으로," 〈한국방송학보〉, 20권 3호, pp.7~48.

김왕석 (1989). 《비판커뮤니케이션》. 나남.

김왕석 외 (1990). 《한국언론의 정치경제학》. 아침.

김용학 · 김영진 · 김영석 (2008). "한국 언론학 분야 지식 생산과 확산의 구조," 〈한국언론학보〉, 52권 1호, pp.117~140.

김원용 · 이동훈 (2005). "핵폐기장 중심 원자력 관련 보도에 나타난 매체별 갈등보도의 프레임 비교 연구," 〈한국방송학보〉, 제19–4호, pp.168~213.

김은미 · 이동후 · 임영호 · 정일권 (2011). 《SNS혁명의 신화와 실제: '토크, 플레이, 러브'의 진화》. 나남.

김응숙 (1995). "텔레비전 드라마 〈종합병원〉의 담론분석," 〈언론과 사회〉, 제

7호, pp.130～161.
김익현 (2003).《인터넷신문과 온라인 스토리텔링》. 커뮤니케이션북스.
김지운 엮음 (1990).《매스미디어 정치경제학》. 나남.
김지운 · 방정배 · 이효성 · 김원용 (1991).《비판커뮤니케이션 이론》 나남.
김진송 (1999).《서울에 딴스홀을 許하라: 현대성의 형성》. 현실문화연구.
김창룡 (2007).《인터넷 시대, 실전취재보도론》. 커뮤니케이션북스.
김창희 (2017).《멀티미디어 시대 실전취재보도론》. 뉴스통신진흥회.
김택환 (2008).《웹2.0 시대의 미디어 경영학》. 중앙북스.
김현미 (2005). "문화산업과 성별화된 노동: TV 방송 프로그램 여성 작가들의 사례를 중심으로,"〈한국 여성학〉, 21권 2호, pp.69～103.
김형국 (1997).《한국공간구조론》. 서울대학교출판부.
김혜순 (1995). "매체의 이데올로기 분석을 위한 시론적 탐색: 언론의 '위기' 구성과 관리방식 사례를 중심으로,"〈신문학보〉, 34호, pp.41～86.
김호기 (1997). "모더니티와 한국 사회: 사회학적 시각,"〈현대사상〉, 제2호, pp.142～165.
김호영 · 윤태진 (2012). "한국 대중문화의 아이돌(idol) 시스템 작동방식: 아이돌문화 생산 · 소비의 이중적 구조에 대한 탐색적 연구,"〈방송과 커뮤니케이션〉, 13권 4호, pp.45～82.
김훈순 · 김명혜 (1996a). "텔레비전 드라마의 가부장적 서사전략,"〈언론과 사회〉, 제12호, pp.6～50.
김훈순 · 김명혜 (1996b). "여성이미지의 정치적 함의: 텔레비전 드라마를 중심으로,"〈한국언론학보〉, 제38호, pp.203～248.
나미수 (2004). "핵폐기장 유치에 대한 텔레비전 뉴스 프레임 분석: KBS, MBC의 전국 및 지역(전북지역) 뉴스를 중심으로,"〈한국언론정보학보〉, 26호, pp.1～33.
남궁협 · 안주아 (2007). "지역방송의 뉴스양식 및 보도 시스템에 관한 연구: 광주지역 지상파TV 방송뉴스를 중심으로,"〈언론과학연구〉, 7권 3호, pp.81～115.
남재일 (2008). "한국 객관주의 관행의 문화적 특수성: 경찰기자 취재관행의 구조적 성격,"〈언론과학연구〉, 8권 3호, pp.233～270.
남효윤 (2005). "언론의 보도자료 이용에 관한 연구: 지역신문의 재무상태, 규모에 따른 차이를 중심으로,"〈한국언론학보〉, 49권 6호, pp.233～256.
남효윤 · 구교태 (2004). "지역신문의 지방정부 보도자료 이용에 관한 연구: 신문사 규모를 중심으로,"〈한국언론정보학보〉, 25호, pp.41～64.

노동렬 (2009). "방송콘텐츠의 창의성증진을 위한 생산시스템 연구: KBS 〈개그 콘서트〉와 SBS 〈웃음을 찾는 사람들〉을 중심으로," 〈방송문화연구〉, 21권 2호, pp.9～48.

류웅재 · 박진우 (2012). "서바이벌 포맷 프로그램에 침투한 신자유주의 경쟁담론: 프로그램의 채택과 제작과정에 대한 생산자 심층인터뷰를 중심으로," 〈방송문화연구〉, 24권 1호, pp.139～165.

리대룡 (1978). "지역사회발전과 커뮤니케이션," 〈한국언론학보〉, 제10호, pp.130～140.

마동훈 (1997). "문화이론, 문화연구 그리고 미디어 연구," 〈언론과 사회〉, 18호, pp.189～192.

문종대 (1990). "1970년대 신문산업의 자본축적과정," 김왕석 외 (1990). 《한국언론의 정치경제학》. 아침, pp.189～212.

문종대 (2001). "저널리즘 연구: 수요 전환의 위기," 2001년 한국언론학대회 공동 심포지엄 발표 논문. 충남대학교.

문종대 (2004). 《지역언론의 발전과 개혁》. 커뮤니케이션북스.

문종대 · 이강형 (2005). "내부 식민지로서의 지역방송 재생산에 관한 연구," 〈언론과학연구〉, 5권 2호, pp.175～208.

문종대 · 한동섭 (1999). "한국 언론의 지역갈등 재생산 구조에 관한 연구," 〈한국언론정보학보〉, 13호, pp.7～32.

민정식 (2001). "한국 지방지 기자들의 뉴스 제작 신념과 지향성: 대구 · 부산 지역 기자들을 중심으로," 〈언론과학연구〉, 1권 1호, pp.75～120.

박기순 · 백선기 (1994). "보도 담론 함축의미: '부산기관장모임' 담론의 의미구조분석," 〈신문학보〉, 31호, pp.143～189.

박동운 (1960). "신문자유문제와 윤리강령: 동북아 3개국의 특수조건에 대한 고찰," 〈신문학보〉, 제1호, pp.1～15.

박명진 (1989). 《비판적 커뮤니케이션 연구의 성과와 그 쟁점》. 언론학논선 4. 서강대언론문화연구소.

박명진 (1991). "청소년과 새로운 미디어 문화: 포스트 모던 문화의 관점," 〈계간 사상〉, 제10호, pp.238～266.

박승관 · 장경섭 (2000). "한국의 정치변동과 언론권력: 국가-언론 관계 모형 변화," 〈한국방송학보〉, 제14-3호, pp.81～113.

박영민 (1997). "르페브르의 실천전략과 사회공간," 〈공간과 사회〉, 제9호, pp.194～217.

박영상 (1990). "우리나라 저널리즘 연구의 성찰," 한국언론학회 엮음. 《한국

언론학 연구 30년: 성찰과 전망》. 한국언론학회, pp.95~107.
박용규 (1998). "구한말(1885–1910) 지방신문에 관한 연구," 〈한국언론정보학보〉, 11호, pp.108~140.
박용규 (2006). "일제하 지방신문의 현실과 역할," 〈한국언론학보〉, 50권 6호, pp.35~58.
박은희 · 이정훈 (2007). "한국 연예매니지먼트사의 구조적 특성과 의사결정 구조에 관한 연구: CEO 및 전문가 릴레이인터뷰를 중심으로," 〈방송문화연구〉, 19권 2호, pp.63~90.
박인규 (2004). "공영방송 KBS의 조직문화와 가치지향성," 〈한국언론정보학보〉, 24호, pp.93~117.
박인규 (2010). "구조적 통제 하의 저널리즘: KBS 시사 프로그램의 변화를 중심으로," 〈한국방송학보〉, 24–6호, pp.209~245.
박재영 · 조수선 (2004). "신문 열독 유형별 지방 독자의 속성 연구: 중앙지 독자, 지방지 독자, 병독자에 관한 탐색," 〈한국언론정보학보〉, 27, pp.123~151.
박재영 외 (2016). 《저널리즘의 지형: 한국의 기자와 뉴스》. 이채.
박지훈 (2013). "제3세계에 대한 한국 다큐멘터리의 시선: 제작자들의 인식을 중심으로," 〈한국방송학보〉, 27권 4호. pp.45~84.
박지훈 · 류경화 (2010). "국제시사 프로그램의 생산과정에 미치는 영향력에 관한 연구: MBC 〈W〉의 서구와 제 3세계 재현을 중심으로," 〈언론과 사회〉, 18권 2호. pp.2~39.
박지훈 · 이진 (2012). "제3세계를 재현하는 다큐멘터리에 대한 제작자와 수용자의 시선: MBC 〈아프리카의 눈물〉을 중심으로," 〈방송과 커뮤니케이션〉, 13권 4호, pp.83~122.
박천일 (1995). "방송의 국제뉴스 선정 과정과 통제 메커니즘 비교분석 연구: 한국 KBS, SBS와 미국 CNN의 참여관찰 연구," 〈언론과 사회〉, 제7호, pp.70~97.
박춘서 (2001). "〈언론과학연구〉 발간사," 〈언론과학연구〉, 창간호, pp.iii~iv.
박현수 · 오만덕 · 이제영 (2008). "지역의 방송광고는 어느 정도 효율성과 가치를 갖는가? 지역 방송광고 실증적 가치분석 및 활성화 제안," 〈광고학연구〉, 19권 1호, pp.135~156.
방송문화진흥회 엮음 (2001). 《방송문화총람 1999/2000》. 한울 아카데미.
방송위원회 (2000). 《지역방송 발전정책 연구》.
방정배 (1981). "사회연구방법론과 비판이론적 신문학 연구방법," 〈신문학보〉, 14호, pp.5～34.
방정배 (1988).《자주적 말길이론》. 나남.
방정배 (1992). “현대사회의 위기와 진보적 커뮤니케이션 연구의 진로 모색,” 한국언론학회 제8차 쟁점과 토론 발표문.
배진아 (1999). “방송정책 참여자들이 인식하는 ‘공익’ 개념의 유형 연구,” 〈방송연구〉, 49호, pp.268～306.
배진아 (2006). “방송드라마의 체계적 제작 시스템에 관한 연구,” 〈게임&엔터테인먼트 논문지〉, 2권 2호, pp.75～84.
배현석 (2002). “지역 TV 뉴스의 다양성에 관한 연구: 대구 지역 공중파 TV 뉴스를 중심으로,” 〈한국언론학보〉, 제46–4호, pp.141～176.
백미숙 (2012). “1970년대 KBS 텔레비전 교양 피디의 직무와 직업 정체성: 방송 전문성 형성과 신기술, 그리고 ‘제작 정신,’” 〈한국언론정보학보〉, 60호, pp.125～149.
백선기 (1993). “한국신문의 ‘노사분규’에 대한 보도태도와 그 이념적 의미: 신문보도에 대한 기호학적 분석을 중심으로,” 〈신문학보〉, 29호, pp.173～220.
백선기 (1996). “한국 신문의 선거보도경향과 심층구조: 제 15대 총선보도에 대한 기호학적 분석을 중심으로,” 〈한국언론학보〉, 39호, pp.122～179.
백욱인 (1991). “한국사회 시민운동(론)비판,” 〈경제와 사회〉, 12, pp.58～83.
변동현 · 양승관 (1997). “지역민방의 위상과 역할,” 〈방송연구〉, 45호, pp.3～22.
성동규 (1990). “한국출판산업의 자본축적과 국가통제,” 김왕석 외 (1990).《한국언론의 정치경제학》. 아침, pp.257～287.
손병우 (2006). “대중문화와 생애사 연구의 문제 설정,” 〈언론과 사회〉, 14권 2호, pp.41～71.
손태규 (2011).《전통언론과 뉴미디어 기자는 어떻게 변해야 하는가?》. 관훈클럽.
송기인 (2007). “지역 TV 방송 및 방송국에 대한 지역 시청자의 인지구조 연구,” 〈언론과학연구〉, 7권 2호, pp.295～334.
송상근 · 박재영 (2009).《뉴 스토리 뉴 스타일》. 나남.
송용한 (2011). 〈방송콘텐트 생산방식 변화에 따른 비정규 연출직의 노동생활: 지상파 방송사 시사교양 프로그램 제작의 외주화와 기술변화를 중심으로〉. 성공회대학교 박사 학위 논문.

송정민 (1992). "언론의 이념성 유기기제로서의 뉴스 구성원칙과 관행: 뉴스의 실체 연구를 위한 시론," 〈신문학보〉, 1992, 27호, pp.245~281.

신광영 (1991a). "맑스주의의 위기와 분석적 맑스주의," 〈사회비평〉, 5, pp.8~39.

신광영 (1991b). "시민사회와 사회운동," 〈경제와 사회〉, 12, pp.13~36.

신동희 (2014). "인터넷 포털의 저널리즘적 역할에 관한 고찰: 언론과 포털의 갈등구조를 중심으로," 〈커뮤니케이션 이론〉, 10권 1호, pp.169~212.

신정완 (1992. 1.). "마르크스주의의 새로운 조류," 〈한국사회이해를 위한 길잡이: 사회평론 1992년 1월호 부록〉, pp.172~179.

심홍진 · 김세은 (2009). "PD는 무엇으로 사는가: 텔레비전 제작에 대한 예능 PD의 인식," 〈한국방송학보〉, 23-6호, pp.168~208.

안민호 (2006). "논문 동시인용 유형으로 본 커뮤니케이션 이론의 연결망 분석: 〈한국언론학보〉, JOC, HCR의 실증연구를 중심으로," 〈한국언론학보〉, 50권 1호, pp.162~191.

안수근 · 이준호 (2004). "지역방송 공동제작의 필요성과 방식의 인식에 관한 연구: 부산 · 경남지역 방송전문인의 면접조사를 중심으로," 〈한국방송학보〉, 제18-2호, pp.93~133.

양승목 (1989). "커뮤니케이션 연구 패러다임의 갈등과 정합적 발전의 전망," 《현대사회와 커뮤니케이션이론: 이상희 교수 화갑기념논문집》. 한길사, pp.221~256.

양승목 (1992a). "탈냉전시대의 커뮤니케이션 연구: 패러다임 수렴과 그 함의," 〈한국언론학보〉, 제28호, pp.239~266.

양승목 (1992b). "탈냉전시대의 커뮤니케이션 연구: 패러다임 수렴과 그 의미," 한국언론학회 주최 제8차 '쟁점과 토론' 발표 논문집.

양용철 (2009). 《보도영상 현장매뉴얼》. 한국방송카메라기자협회.

양정혜 (2004). "뮤직비디오 제작의 관행이 텍스트 구성에 미치는 영향: 제작진들의 인터뷰를 중심으로," 〈한국방송학보〉, 18-2호, pp.134~168.

언론개혁시민연대 엮음 (2000). 《신문개혁 이렇게 합시다: 한국신문의 문제점과 개선방안》. 언론개혁시민연대.

엄기열 · 이한웅 (2008). "지역언론의 지역주의적 보도성향에 관한 기존연구에 대한 비판적 분석," 2008 한국언론학 통합학술대회 발표 논문, 제주.

연정모 · 김영찬 (2008). "텔레비전 연예정보 프로그램의 생산자 문화에 대한 민속학적 연구: KBS 2TV 〈연예가 중계〉의 생산 현장을 중심으로," 〈한국방송학보〉, 22권 2호. pp.82～122.
염찬희 (1998). “부산국제영화제에서 드러나는 오리엔탈리즘,” 〈한국사회와 언론〉, 10호, pp.129～149.
오경석 외 (2010). “한국 TV드라마 제작주체들간의 사회 네트워크 분석: 2000년 이후 인기드라마를 중심으로,” 한국인터넷정보학회 발표문.
오미영 (2008). “지역매체 이용과 지역사회관계 활동에의 참여가 지역사회 유대 및 관여에 미치는 영향,” 〈언론정보연구〉, 45권 1호, pp.131～171.
오미영 · 차동필 (2006). “케이블TV 방송국(SO)의 지역사회 공동체의식과 조직 특성이 지역사회 관계 활동에 미치는 영향,” 〈한국방송학보〉, 제 20–4호, pp.156～197.
오석홍 엮음 (1992). 《정책학의 주요이론》. 경문사.
오인환 · Won, G. · 이상희 (1974). “Status inconsistency와 이직: 한국언론인의 경우,” 〈신문학보〉, 7호, pp.51～68.
오주환 · 임상원 (1971). “신문의 한글전용이 독자의 독서행위에 미치는 영향,” 〈신문학보〉, 4호, pp.16～38.
오진환 (1972). “한국대학신문 학생편집장들의 의식형태에 관한 연구,” 〈신문학보〉, 5호, pp.5～36.
우병동 · 임양준 (2006). “중앙일간지와 지방일간지의 독자투고 비교연구: 조선일보, 한겨레신문, 광주일보, 부산일보를 중심으로,” 〈한국언론학보〉, 50권 4호, pp.153～174.
원만해 · 채백 (2007). “‘천성산 고속철도 관통’ 보도에서 나타나는 중앙지와 지역지의 뉴스 프레임 비교 연구,” 〈한국언론학보〉, 51권 1호, pp.199～228.
원용진 (1995). “문화연구와 맑스주의,” 〈한국사회와 언론〉, 5호, pp.12～60.
원용진 (1998). 《한국언론민주화의 진단: 1987–1997년을 중심으로》. 커뮤니케이션북스.
원용진 (2000). “문화연구의 미디어 논의 반성과 전망,” 〈한국방송학보〉, 제 14–3호, pp.185～230.
원용진 · 전규찬 엮음 (2006). 《신화의 추락, 국익의 유령: 황우석, 〈PD수첩〉 그리고 한국의 저널리즘》. 한나래.
유건식 · 문상현 (2014). “방송드라마 제작방식으로서 문화산업전문회사에 대한 연구: KGCS문화산업전문회사를 중심으로,” 〈한국콘텐츠학회논문지〉, 14권 2호, pp.172～180.
유선영 (1998). “홑눈 정체성의 역사: 한국 문화현상 분석을 위한 개념틀 연구," 〈한국언론학보〉, 제43-2호, pp.427～467.
유일상 (2004).《취재보도》. 지식산업사.
유팔무 (1991). "그람시 시민사회론의 이해와 한국적 수용의 문제," 〈경제와 사회〉, 12, pp.37～57.
육서영 · 윤석민 (2013). "탐사보도 프로그램 제작에서 구성작가의 역할," 〈방송통신연구〉, 81호, pp.127～155.
윤건차 (2000).《현대 한국의 사상흐름: 지식인과 그 사상 1980～90년대》. 장화경 옮김, 당대.
윤석년 (2001. 9. 6). "위성방송의 실시와 지역 지상파방송의 활로모색," 전국언론노동조합 주최 '다매체 · 다채널 시대의 지역방송 생존전략' 심포지엄 발제문.
윤석민 (2015).《미디어 공정성 연구》. 나남.
윤석민 · 김희진 · 윤상길 · 문태준 (2004). "방송에서의 이념형적 지역주의와 그 현실적 전개," 〈언론과 사회〉, 12권 2호, pp.121～156.
윤선희 (1997a). "포스트모던 영상미학의 아우라와 시뮬라시옹: 포스트모던 세대 수용자의 〈비트〉 읽기," 〈한국언론학보〉, 제42-2호, pp.327～359.
윤선희 (1997b). "〈애인〉의 정신분석학과 수용자의 주체구성," 황인성 · 원용진 엮음,《애인: TV 드라마, 문화 그리고 사회》. 한나래, pp.193～219.
윤수종 (1999). "맑스주의의 확장과 소수자운동의 의의," 〈진보평론〉, 창간호, pp.99～124.
윤영철 (1992. 3). "언론환경의 변화와 보도의 다양성: 반공(반북) 이데올로기 지형의 변화와 그 함의," 한국언론학회 세미나 발표 자료, pp.11～40.
윤영철 · 홍성구 (1996). "지역사회 권력구조와 뉴스 만들기: 지역언론의 뉴스틀 형성과정에 관한 참여관찰 연구," 〈언론과 사회〉, 제11호 pp.90～122.
윤창빈 (1989). 〈한국언론노조운동의 성격에 대한 고찰〉. 한양대학고 대학원 석사 학위 논문.
윤태진 (2005). "대중문화의 생산구조: 한국 텔레비전 드라마의 제작시스템과 생산주체 간 권력관계의 변화," 〈방송문화연구〉, 17권 1호, pp.9～44.
이강수 · 홍기선 · 권오훈 (1979). "대사건에 대한 뉴스전파에 관한 연구: 박대통령 사건을 중심으로," 〈신문학보〉, 12호, pp.90～110.
이강형 · 문종대 (2006). "지역민들의 '지역 정체성'이 지역뉴스 시청 및 평가에 미치는 영향에 관한 연구," 〈언론과학연구〉, 제6권 3호, pp.342～

377.
이강형 · 최현주 (2008. 4. 25). "지역 언론학 연구의 동향과 특성," 2008년 봄철 언론학 통합학술대회 지역 세션 발표문. 제주.
이기형 (2010). "'현장' 혹은 '민속지학적 저널리즘'과 내러티브의 재발견 그리고 미디어 생산자 연구의 함의," 〈언론과 사회〉, 18권 4호, pp.107~157.
이기형 · 임도경 (2007). "문화연구를 위한 제언: 현장연구와 민속지학적 상상력을 재점화하기: 조은과 조옥라의 〈도시빈민의 삶과 공간〉 사당동 재개발지역 현장연구〉의 사례를 중심으로," 〈언론과 사회〉, 15권 4호, pp.156~201.
이민웅 (2003). 《저널리즘: 위기, 변화, 지속》. 나남.
이민웅 (2008). 《저널리즘의 본질과 실천》. 나남.
이민웅 · 윤영철 · 최영재 · 윤태진 · 김경모 · 이준웅 (2006). 《방송저널리즘과 공정성 위기》. 지식산업사.
이병철 (2006). 《CAR, 데이터베이스로 취재하기》. 커뮤니케이션북스.
이상길 · 이정현 · 김지현 (2013). "지상파 방송사 비정규직 노동자의 직무인식과 노동경험," 〈방송과 커뮤니케이션〉, 14권 2호, pp.159~208.
이상호 (2005). "지방일간지의 지방자치 인식에 관한 경향성과 역할의 모색: 〈매일신문〉의 내용분석을 토대로," 〈한국언론정보학보〉, 31호, pp.225~259.
이상희 (1969). "경제정책과 매스 커뮤니케이션: 제2차 경제개발 5개년계획과 한국신문의 보도태도 분석," 〈신문학보〉, 제2호, pp.83~101.
이상희 (1993). 《조선조 사회의 커뮤니케이션 현상연구》. 나남.
이상희 엮음 (1983). 《커뮤니케이션과 이데올로기: 비판이론적 시각》. 한길사.
이성백 (2000). "90년대 진보적 사회이론의 상황," 〈진보평론〉, 제3호, pp.218~239.
이성환 (1989). 〈언론노동의 성격규명을 통해 본 언론노조에 관한 이론적 소고: Marx주의 관점에서 한국사례를 중심으로〉. 고려대학교 대학원 석사 학위 논문.
이수범 · 장성준 · 강연곤 (2013). "지역신문 발전지원 특별법 및 지역조례에 대한 평가와 개선방향," 〈언론과학연구〉, 13권 4호, pp.454~481.
이수연 (1999). "한국 여성용 영화를 통한 여성 관객의 논의: 멀비의 시선 이론의 적용성과 한계," 〈언론과 사회〉 제24호, pp.47~78.
이승선 (2012). "'지역신문 운영 등'의 입법취지에 대한 비판적 성찰," 〈언론과학연구〉, 12권 3호, pp.355～389.
이영주 · 김진혁 (2009). "지식 저널리즘과 텔레비전 문화: 〈지식채널e〉를 중심으로," 〈방송문화연구〉, 21권 2호, pp.49～80.
이오현 (2005). "텔레비전 다큐멘타리 프로그램의 생산과정에 대한 민속지학적 연구: KBS 〈인물현대사〉의 인물선정과정을 중심으로," 〈언론과 사회〉, 13권 2호. pp.117～156.
이오현 (2007a). "KBS 〈인물현대사〉의 출현과정에 대한 연구: 제작진들과의 인터뷰를 중심으로," 〈한국언론학보〉, 51권 2호, pp.30～53.
이오현 (2007b). "텔레비전 코미디 프로그램의 생산과정에 대한 민속지학적 연구," 〈언론과 사회〉, 15권 2호, pp.131～174.
이용주 · 허재영 (1997). "이론지형의 변화: 마르크스주의의 위기와 탈근대적 문제설정," 학술단체협의회 엮음, 《6월민주항쟁과 한국사회 10년 II》. 당대, pp.355～376.
이용준 (1990). "1960년대 신문산업의 재생산구조," 김왕석 외 (1990). 《한국 언론의 정치경제학》. 아침, pp.157～187.
이은미 · 임영호 · 이철우 · 강명현 (2006). 《지역성 개념의 제도화 방안 연구》. 방송위원회.
이의자 · 박태열 (2005). "부산지역 광고인의 지역 신문광고시장 인식 및 활성화 방향에 관한 심층면접 연구," 〈한국광고홍보학보〉, 제7-4호, pp.218～261.
이의정 · 민형배 (2004). "광주지역 신문기자의 언론기능 인식과 정체성 위기," 〈언론과학연구〉, 제4권 1호, pp.212～243.
이재경 (1998). 《기사작성의 기초》. 나무와숲.
이재경 (2003). 《한국저널리즘 관행 연구》. 나남.
이재경 (2013). 《한국형 저널리즘 모델》. 이화출판.
이재경 · 김학희 (1998). 《방송뉴스 취재와 보도》. 나무와숲.
이정기 (2013). "한국형 유료 온라인 뉴스 콘텐츠(뉴스 제공자의 내용제공 서비스) 모형에 관한 탐색적 연구: 뉴스 콘텐츠 전문가들에 대한 심층인터뷰를 중심으로," 〈한국언론학보〉, 57권 2호, pp.207～235.
이정기 · 김정기 · 김동규 (2013). "지역신문 지원 평가에 따른 지역신문 지원정책 개선방안 연구: 지역신문 종사자들에 대한 서면인터뷰를 중심으로," 〈한국언론학보〉, 57권 6호, pp.386～416.
이정춘 (편저) (1984). 《커뮤니케이션 사회학》. 범우사.
이종구 (2009). "방송산업 비정규직 노동자의 실태: 노동시장의 구조와 고용관행," 〈민주사회와 정책연구〉, 15호, pp.273～310.

이종석 (1990). "수구의 논리와 진보의 논리," 〈90년대 한국사회의 쟁점〉. 한길사, pp.18～22.

이진로 (2004). "지역방송의 지역성 구현과 방송법의 규제 방안," 〈한국방송학보〉, 제18-3호, pp.643～678.

이창현 (1998). "한국방송 영향력자의 방송정책에 대한 인식 차이: '공익적 계도론'과 '상업적 자율론,'" 〈한국방송학보〉, 11호, pp.117～146.

이현구 (2002). 《세상에서 가장 쉬운 취재보도론》. 커뮤니케이션북스.

이현우 · 이병관 (2005). "부안 원전수거물 관리시설 유치 쟁점에 대한 언론보도 프레임 분석," 〈언론과학연구〉, 5권 3호, pp.516～547.

이효성 (1991). "커뮤니케이션학의 인식론과 방법론: 비판적 입장," 한국언론학회 엮음, 《한국 언론학의 쟁점과 진로》. 나남, pp.403～443.

이효성 (1992). "비판언론학의 새로운 정향을 위한 시론," 한국언론학회 제8차 쟁점과 토론 발표문.

임경일 (1938). 《신문》. 야담사.

임미옥 (1996). "1990년 방송구조 개편과정에서 언론학자의 참여와 영향," 〈방송시대〉, 통권 8 · 9호, pp.92～115.

임영호 (1992a). "수정주의적 전통과 한국의 비판커뮤니케이션 연구," 〈한국사회와 언론〉, 제1호, pp.46～74.

임영호 (1992b). "수정주의와 한국의 비판커뮤니케이션 연구," 한국언론학회 주최 제8차 '쟁점과 토론' 발표논문집.

임영호 (1995a). "한국지역신문시장의 구조와 특성," 〈언론과 정보〉, 제1호, pp.83～107.

임영호 (1995b). "한국의 시민사회와 언론운동의 성격, 1985～1993," 유재천 외 엮음, 《한국사회변동과 언론》. 소화, pp.227～264.

임영호 (1996). "부산 · 경남지역 일간지의 지리적 시장구조: Rosse의 '우산밑 경쟁' (umbrella competition) 모델의 검토," 〈언론과 정보〉, 제2호, pp.149～165.

임영호 (1998a). "한국 언론학의 영역주의와 정체성의 위기," 〈한국언론정보학보〉, 11호, pp.3～31.

임영호 (1998b). "신문의 '지리적 시장' 구조의 변화와 전망," 부산대 언론정보연구소 엮음, 《21세기 미디어산업의 전망》. 한울, pp.99～139.

임영호 (1998c). "온라인저널리즘과 뉴스노동의 성격변화," 〈언론과 사회〉, 22, pp.6～39.

임영호 (1999).《기술혁신과 언론노동》. 커뮤니케이션북스.
임영호 (2000). "미디어 정치 경제학의 한계와 전망: 생산 개념의 비판과 수용자 상품론의 함의," 부산대 언론정보연구소 엮음,《21세기 미디어 연구의 패러다임》. 한나래, pp.94～128.
임영호 (2001). "한국 언론학에서 비판적 패러다임의 문제설정: 반성과 전망," 〈한국방송학보〉, 15–2호, pp.343～379.
임영호 (2002a). "공간이론을 통해 본 한국 방송학의 정체성 문제: 지역방송 관련 연구를 중심으로," 〈한국방송학보〉, 16–2호, pp.275～303.
임영호 (2002b). "텔레비전 오락물에 나타난 내부 오리엔탈리즘과 지역 정체성 구성: 〈서세원의 좋은 세상 만들기〉의 텍스트 분석," 〈한국언론학보〉, 46–2호, pp.576～605.
임영호 (2002c).《전환기의 신문 산업과 민주주의》. 한나래.
임영호 (2008a). "방송 프로듀서와 기자의 커리어 경로 패턴과 규정요인," 〈방송연구〉, 66호, pp.325～351.
임영호 (2008b). "지역언론학의 학문적 정체성: 쟁점과 진단," 〈언론과학연구〉, 8권 4호, pp.5～36.
임영호 (2009). "저널리즘 연구 50년의 성찰," 한국언론학회 50년사 편찬위원회 엮음,《한국언론학회 50년사, 1959–2009》. 한국언론학회, pp.427～454.
임영호 (2013). "한국 언론학의 제도적 성공담과 내재적 위기론," 〈커뮤니케이션 이론〉, 9권 1호, pp.6～38.
임영호 (2015a). "한국 미디어 정치경제학의 한계와 가능성 탐색," 〈한국언론정보학보〉, 70호, pp.9～34.
임영호 (2015b). "한국 텔레비전 생산 연구의 실태 진단: 성과, 한계와 가능성," 〈언론정보연구〉, 52권 1호, pp.5～32.
임영호 · 김경희 · 심미선 · 장윤재 · 최영재 (2011).《공영방송의 공정성에 관한 연구》. 한국방송학회 · KBS.
임영호 · 김은미 (2006). "사회자본이 방송 경력기자의 직장 이동에 미치는 영향: 연고 요인을 중심으로," 〈한국방송학보〉, 제20–1호, pp.360～403.
임영호 · 김은미 · 박소라 (2002). "한국 신문의 지리적 시장 형태와 경쟁구조," 〈한국언론학보〉, 46–3호, pp.319～352.
임영호 · 김은진 · 홍찬이 (2008). "도덕경제와 에로장르 종사자의 직업 정체성 구성," 〈언론과 사회〉, 16권 2호, pp.107～147.
임영호 · 김정아 (2011). "프리랜서 방송 진행자의 직업 현실인식과 대응전략:

근거이론에 의한 분석," 〈언론과 사회〉, 19권 2호, pp.49~109.
임영호 · 홍찬이 · 김은진 (2009). "문화 산업 주변부 종사자의 삶과 커리어: 한국 에로 감독의 생애사," 〈언론과 사회〉, 17권 3호, pp.2~50.
임종수 (2006). "온라인 뉴스 양식과 저널리즘의 변화," 〈커뮤니케이션 이론〉, 2권 2호, pp.37~72.
임종수 (2017). "'탈언론' 미디어의 등장과 그 양식, 그리고 공공성: 알고리즘 미디어에 관한 비판적 소고," 〈한국언론정보학보〉, 86호, pp.116~147.
임현진 (1996). "사회과학에서의 근대성 논의: '근대화 프로젝트'를 중심으로," 역사문제연구소 (편), 《한국의 '근대'와 '근대성' 비판》. 역사비평사, pp.187~209.
장낙인 (1992). "지방 TV 방송의 활성화 방안," 〈방송문화연구〉, 제4권, pp.211~228.
장두성 (1971). "외신보도에 가해지는 Gatekeeper 기능," 〈신문학보〉, 4호, pp.81~89.
장용호 (1995). "한국 신문산업의 구조변동: 매체경제학적 접근," 유재천 외 편, 《한국사회변동과 언론》. 소화, pp.15~50.
장용호 · 노동렬 (2010). "리얼리티 예능 프로그램의 자기조직화에 관한 연구," 〈방송과 커뮤니케이션〉, 11권 2호, pp.39~90.
장익진 (2001). "중앙지 침투와 소유구조가 지역신문에 미치는 영향," 〈언론과 정보〉, 제7호, pp.141~163.
장하용 (1997). "한국 언론의 여론형성 네트워크 분석: 9대 중앙지의 사설기사 공유도를 중심으로," 〈신문학보〉, 41호, pp.108~141.
전규찬 (1999). "지역의 문제설정과 미디어 · 문화연구," 〈언론과 정보〉, 제5호, pp.137~161.
전환성 (2001). "방송환경 변화에 따른 지역방송의 대응전략 및 정책방향," 〈방송연구〉, 제53호, pp.95~127.
정대수 (1990). "지역사회의 발전과 지역신문의 위상정립에 관한 연구," 〈한국언론학보〉, 제25호, pp.167~198.
정상윤 (1984). "지역특성과 지방신문 특성간의 유사성과 상이성에 관한 연구," 〈한국언론학보〉, 제17호, pp.133~152.
정상윤 (1996) "지역사회의 권력구조와 신문사의 네트워킹에 대한 사례연구," 〈언론과 사회〉, 11호, pp.66~89.
정상윤 (2001. 11. 9). "지역방송 프로그램의 경쟁력 강화방안," 한국언론학회

주최 '미래의 방송과 로칼리즘' 심포지엄 발제문.
정상윤 (2002). "지방신문사의 네트워크 형성에 관한 분석 연구," 〈한국언론정보학보〉, 19호, pp.239~264.
정상윤 (2003). "한국사회 지역 언론의 구조와 KBS 지역국 정책," 〈언론과학연구〉, 제3권 1호, pp.169~206.
정성호 · 이화행 · 이정기 (2016). "지역신문발전기금 지원을 위한 지역민 중심의 지역신문 평가척도 구성에 관한 탐색: 전문가 델파이 조사를 중심으로," 〈한국언 론학보〉, 60권 1호, pp.68~98.
정승호 · 박선희 (2006). "인터넷 취재로 인한 언론인의 취재활동 및 노동여건, 언론사내 조직위상의 변화: 전국지 지역기자와 지역신문 기자 비교 분석," 〈언론정보연구〉, 제43권 2호, pp.37~69.
정연우 (1990). "1980년대 신문산업의 사회적 성격," 김왕석 외 (1990). 《한국 언론의 정치경제학》. 아침, pp.213~256.
정용준 (1989). 〈V. I. Lenin의 선전선동론에 관한 연구〉. 서울대학교대학원 석사학위 논문.
정인숙 (2013). "미디어다양성 지수에 대한 평가와 정책 제언," 〈한국언론정보학보〉, 61호, pp.98~117.
정재철 (1997). "민속지학적 수용자 연구(Ethnographic Audience Research)의 방법론적 과제와 전망: 문화연구에서의 연구전통을 중심으로," 〈한국방송학보〉, 제9호, pp.103~144.
정태철 (1995). "제목소비자의 증가와 신문제목의 이해도," 〈신문학보〉, 33호, pp.203~228.
조대희 (1971). "지방 언론인의 직업실태와 의식구조," 〈신문학보〉, 4호, pp.90~164.
조명래 (1997). "진보적 도시담론의 위기?" 〈공간과 사회〉, 제9호, pp.218~233.
조성호 (2003). "신문구독 유형에 따른 구독동기 및 만족도 비교," 〈한국언론학보〉, 47권 3호, pp.125~145.
조욱희 · 권상희 (2012). "저널리즘의 특성에 관한 연구: PD, 기자, 수용자의 상호지향성 인식 측정 중심으로," 〈한국방송학보〉, 26호 3권, pp.650~695.
조은 · 조옥라 (1992). 《도시빈민의 삶과 공간: 사당동 재개발지역 현장연구》. 서울대학교출판문화원.
조의진 (2005). "방송제작진의 시청자 의견 수행행태에 대한 연구," 〈한국언론학보〉, 49권 1호, pp.57~80.
조창연 (2007). "지역 언론 활성화를 위한 탐색적 연구: 충북 · 청주 지역신문들을 중심으로," 〈언론과학연구〉, 제7권 2호, pp.441~486.
조철래 (2001). "지자제실시와 지방신문의 뉴스가치 변화," 〈언론과학연구〉, 1권 2호, pp.202~249.
조철래 (2006). "지역신문의 선거보도와 게이트키핑 과정에 관한 연구: 갠즈(Gans)의 다원주의적 접근을 중심으로," 〈한국언론학보〉, 제50-4호, pp.381~410.
조항제 (1990). "한국의 비판커뮤니케이션 연구에 대한 비판적 검토," 인석박유봉박사고희기념논문집간행위원회 엮음, 《인간, 커뮤니케이션, 사회구조: 인석박유봉박사 고희기념논문집》. 보성사, pp.430~450.
조항제 (1998). "한국 민주화와 언론, 언론학," 학술단체협의회 엮음, 《한국 인문사회과학의 현재와 미래》. 푸른숲, pp.155~184.
조항제 (2006). "지역방송의 지역성 변화: 개념적 접근," 〈한국언론정보학보〉, 34호, pp.275~305.
주정민 · 박복길 (2007). "지역방송 뉴스 특성, 구성방식과 지역성 구현과의 관계 연구," 〈한국언론학보〉, 51권 1호, pp.304~327.
주창윤 (1997). "문화연구, 어디로 가나: 이데올로기의 후퇴, 대중주의의 확산," 〈현대사상〉, 제4호, pp.68~84.
주창윤 (1998). "텔레비전 드라마 수용자의 해석적 위치," 〈한국언론학보〉, 제42-4호, pp.163~199.
차배근 (1976a) 《커뮤니케이션학 개론 (상)》. 세영사.
차배근 (1976b). 《커뮤니케이션학개론 (하)》. 세영사.
차배근 (1991). 《커뮤니케이션학개론 (상)》 (전정판). 세영사.
차배근 (1999). "우리가 김규환 박사님의 공적을 기리는 이유는," 서울대학교 신문대학원 동창회 엮음, 《저널리즘과 아카데미즘의 교차로에서》. 한길사, pp.398~401.
차배근 · 김우룡 · 이기홍 엮음 (1993). 《매스컴 대사전》. 한국언론연구원.
차재영 · 강미은 (2004). 《지방신문 특화전략: 북유럽 4개국 사례를 중심으로》. 한국신문협회.
채백 (1995). "지역사회 시민언론운동의 현황과 과제," 〈언론과 정보〉, 창간호, pp.169~198.
채백 (2004). "부산 지역 시민언론운동의 현황과 전망," 〈언론과 정보〉, 제10호, pp.161~181.

최경진 (2004). "지역신문 활성화방안에 관한 연구: 정책 및 법제 차원을 중심으로," 〈한국언론정보학보〉, 25호, pp.163~187.
최낙진 (2004). "지역신문 뉴스 프레임 비교: 핵폐기장 관련 보도를 중심으로," 〈한국언론정보학보〉, 27호, pp.283~316.
최병두 (2001). "데이비드 하비: 공간의 정치경제학과 포스트모더니티," 김호기 엮음, 《현대 비판사회이론의 흐름》. 한울, pp.150~214.
최양수 (2009). "방송학 연구 50년," 한국언론학회 50년사 편찬위원회 엮음, 《한국언론학회 50년사, 1959–2009》. 한국언론학회, pp.461~480.
최영재 · 양영철 (2007). 《방송뉴스》. 한림대학교출판부.
최운식 (1972). "소비자의 구매행위에 관한 연구," 〈지리학〉, 제7호, pp.40~51.
최이정 (1999). "시트콤 텍스트의 '웃음 발생 구조'에 관한 연구: 〈남자 셋 여자 셋〉을 중심으로," 〈한국방송학보〉, 제13호, pp.355~385.
최종욱 (1997. 3). "'포스트'(脫)주의는 무엇을 포스트(脫) 하였는가," 〈월간 사회평론 길〉, 87호, pp.188~199.
최준 (1960). "한국신문사의 서설," 〈신문학보〉, 제1호, pp.16~25.
최현철 외 (1993). "창간사," 〈언론과 사회〉, 창간호, pp.2~4.
추광영 (1981). "국가적 특성과 언론통제도의 상관분석적 연구," 〈신문학보〉, 14호, pp.126~162.
하정화 (2010). "젠더 정체성을 통한 여성기자의 이미지 고찰: 부산 여성기자를 중심으로," 〈여성학연구〉, 19(2), pp.33~69.
한국언론학회 50년사 편찬위원회 엮음 (2009). 《한국언론학회 50년사, 1959–2009》. 한국언론학회.
한국언론학회 미래위원회 (2009). 《언론학 교육의 길을 묻다》. 커뮤니케이션북스.
한국언론학회 엮음 (1991). 《한국 언론학의 쟁점과 진로》. 나남.
한동섭 (1998). "미디어의 생산과 재생산에 미치는 이데올로기적 의도와 결정력에 관한 연구: 〈한겨레신문〉의 사례를 중심으로," 〈언론과 사회〉, 제19호, pp.45~80.
한병구 (1969). "권위지와 한국신문," 〈신문학보〉, 제2호, pp.42~58.
한선 · 이오현 (2012). "지역방송의 지역성 개념과 지역성 구현의 문제: 광주지역 방송생산을 중심으로 한 질적 연구," 〈한국방송학보〉, 26권 5호, pp.271~306.
한선 · 이오현 (2013). "지역방송 프로그램 생산의 제한 요인에 대한 질적 연구: 광주지역 생산(자)문화를 중심으로," 〈한국언론학보〉, 57권 4호,

pp.243~268.

한은경 · 이상돈 (1998). "지역방송 광고시장의 규모에 관한 연구: 계량모형을 중심으로," 〈광고학연구〉, 제9권 2호, pp.163~180.

한혜경 · 이상기 · 오창호 (2006). "지역 뉴스 이용과 지역 정치 참여: 지역 뉴스 주목도와 신문 구독 유형이 부산 시민의 정치 참여에 미치는 영향," 〈한국언론학보〉, 50권 5호, pp.384~408.

허명숙 (2006). "여기자의 위상에 대한 인식과 평가 연구: 전북지역 여기자들의 심층인터뷰를 중심으로," 〈언론과학연구〉, 6권 4호, pp.364~401.

현택수 (1998). "아비튀스와 상징폭력의 사회비판이론," 현택수 외, 《문화와 권력: 부르디외 사회학의 이해》. 나남, pp.101~120.

홍기선 (1979). "언론의 자유에 대한 기능주의적 분석," 〈신문학보〉, 12호, pp.1~13.

홍성민 (2000). "한국학문의 정체성과 학자들의 아비투스," 〈진보평론〉, 제5호, pp.136~159.

황근 · 최영묵 (2000). "사회조합주의 방송정책 모델에 관한 연구," 〈한국방송학보〉, 제14-1호, pp.469~516.

황상석 (2003). 《콘텐츠 유료화 연구》. 커뮤니케이션북스.

황용석 (2006). "한국 온라인저널리즘 연구의 주제와 접근방법에 대한 메타분석," 〈커뮤니케이션 이론〉, 2권 2호, pp.128~167.

황인성 (1999). "'트렌디 드라마'의 서사구조적 특징과 텍스트의 즐거움에 관한 이론적 고찰," 〈한국언론학보〉, 제43-5호, pp.221~248.

Althusser, L. (1971). "Ideology and Ideological State Apparatuses," in *Lenin and Philosophy and Other Essays*. New York: Monthly Review Press, pp.127~186.

Althusser, L. (1977). *For Marx* (B. Brewster trans.). London: New Left Books.

Alvarado, M. & Buscombe, E. (1978). *Hazell: The Making of a TV Series*. London: British Film Institute & Latimer.

Anderson, B. (1983). *Imagined Communities: Reflections on the Origin and Spread of Nationalism*. London: Verso.

Ang, I. (1986). *Living Room Wars: Rethinking Media Audience for a Postmodern World*, London: Routledge.

Angus, I. H. & Lannamann, J. W. (1988). "Questioning the Institutional Boundaries of U.S. Communication Research: An Epistemological Inquiry," *Journal of Communication*, 38(3), pp.62~74.

Baudrillard, J. (1972). *Pour une critique de l'economie politique du signe*. [이규현 옮김. 《기호의 정치경제학 비판》. 문학과 지성사. 1992].

Baudrillard, J. (1981). *Simulacres et simulation*. [하태환 옮김. 《시뮬라시옹》. 민음사. 2006].

Berelson, B. (1959). "The State Communication Research," *The Public Opinion Quarterly*, 23(1), pp.1～6.

Bordwell, D., Staiger, J., & Thompson, K. (1985). *The Classical Hollywood Cinema: Film Style & Mode of Production to 1960*. New York: Columbia University Press.

Bottomore, T., et al. (1983). *A Dictionary of Marxist Thought*. Cambridge: Harvard University Press.

Bourdieu, P. (1991). *Language and Symbolic Power*. [정일준 옮김. 《상징폭력과 문화재생산》. 새물결. 1997].

Bourdieu, P. (1993). *The Field of Cultural Production: Essays on Art and Literature*. (R. Johnson Trans. & Edit.). New York: Columbia University Press.

Cantor, M. (1971). *The Hollywood Television Producer: His Work and His Audience*. New York: The Free Press.

Carey, J. W. (1974). "The Problem of Journalism History," *Journalism History*, 1(1), pp.3～5, 27.

Carey, J. W. (1975). "A Cultural Approach to Communication," *Communication*, 2(2), pp.1～22.

Castells, M. (1996). *The Rise of the Network Society*. Oxford, UK: Blackwell.

Castells, M. (2009). *Communication Power*. [박행웅 옮김. 《커뮤니케이션 혁명》. 한울. 2014].

Centre for Contemporary Cultural Studies (1982). *The Empire Strikes Back: Race and Racism in 70s Britain*. London: Hutchinson.

Chaffee, S. H. & Metzger, M. J. (2001). "The End of Mass Communication?" *Mass Communication & Society*, 4(4), pp.365～379.

Christaller, W. (1980). *Die Zentralen Orte in Süddeutschland*. [안영진 · 박영한 옮김. 《중심지 이론: 남부독일의 중심지》. 나남. 2008].

Curran, J. (1990). "The New Revisionism in Mass Communication Research: A Reappraisal," *European Journal of Communication*, 5, pp.135～164.

DeFleur, M. L. (1998). "Where Have All the Milestones Gone? The Decline of Significant Research on the Process and Effects of Mass Communication," *Mass*

Communication & Society, 1(1/2), pp.85~98.

Dervin, B. (1994). "Verbing communication: Mandate for Disciplinary Invention," in M. R. Levy & M. Gurevitch (eds.), *Defining Media Studies: Reflections on the Future of the Field*. New York: Oxford University Press, pp.52~62.

Elliott, P. (1972). *The Making of a Television Series: A Case Study in the Sociology of Culture*. New York: Hastings House.

Ettema, J. S. (1987). "Journalism in the 'Post–Fatual Age," *Critical Studies in Mass Communication*, 4(1), pp.82~86.

"Ferment in the Field [Special issue]" (1983). *Journal of Communication*. 33(3), pp.1~368.

Feuer, J., Kerr, F., & Vahamagi, T. (eds) (1984). *MTM: 'Quality Television'*. London: British Film Institute.

Ford, J. E. & Klumpp, J. F. (1985). "Systematic Pluralism: An Inquiry into the Bases of Communication Research," *Critical Studies in Mass Communication*, 2(4), pp.408~430.

Foss, S. K. (1983). "Criteria for Adequacy in Rhetorical Criticism," *Southern Speech Communication Journal*, 48, pp.283~295.

Friedman, J. & Miller, J. (1965). "The Urban Field," *Journal of American Institute of Planners*, 31, pp.312~319.

Georgoudi, M. & Rosnow, R. L. (1985). "The Emergence of Contextualism," *Journal of Communication*, 35(1), pp.76~88.

Gitlin, T. (1983). *Inside Prime Time*. New York: Pantheon.

Glasgow University Media Group (1976). *Bad News*. London: Routledge & Kegan Paul.

Glasgow University Media Group (1980). *More Bad News*. London: Routledge & Kegan Paul.

Glasgow University Media Group (1985). *War and Peace News*. Milton Keynes: Open University Press.

Goffman, E. (1959). *The Presentation of Self in Everyday Life*. New York: Anchor Book.

Gramsci, A. (1971). *Selections from the Prison Notebooks*. New York: International Publishers.

Greenberg, B. S., Hofschire, L & Lachlan, K. (2002). "Diffusion, Media Use and Interpersonal Communication Behaviors," in B. S. Greenberg (ed), *Communication and Terrorism*. Creskill, NJ: Hampton Press, pp.3~16.

Gregory, D. & Urry, J. (1985). "Introduction," in D. Gregory & J. Urry (eds.), *Social*

Relations and Spatial Structures. London: Macmillan, pp.1～8.

Grossberg, L. (1997). "Cultural Studies: Definition, Project, and the Issue of Globalization" ["나의 문화연구: 정의, 기획, 그리고 지구화의 문제," 〈언론과 사회〉 18호, pp.125～137].

Gurevitch, M., Bennett, T., Curran, J., & Woollacott, J. (eds.) (1982). *Culture, Society and the Media*. London: Routledge.

Habermas, J. (1972). *Knowledge and Human Interests*, (J. J. Shapiro, Trans.). London: Heinemann. (Original work published 1968).

Habermas, J. (1974). *Theory and Practice*, (J. Viertel, Trans.). London: Heinemann. (Original work published 1971).

Habermas, J. (1996). "Modernity: An Unfinished Project," in M. d'Entrèves & S. Benhabib (eds.), *Habermas and the Unfinished Project of Modernity*. Cambridge, MA: The MIT Press, pp.38～55.

Hall, S. (1980). "문화 연구와 버밍엄 연구소: 몇 가지 문제틀과 문제들," 임영호 옮김 (1996).《스튜어트 홀의 문화 이론》. 한나래, pp.137～202.

Hall, S. (1981). "The Determination of News Photographs," in S. Cohen & J. Young (eds.), *The Manufacture of News* (rev. ed.). London: Constable, pp.226～243.

Hall, S. (1982). "The Rediscovery of 'Ideology': Return of the Repressed in Media Studies," in M. Gurevitch, et al. (eds.), *Culture, Society, and the Media*. London: Methuen, pp.56～90.

Hall, S. (1983). "The Problem of Ideology: Marxism without Guarantees," in B. Matthews (ed.), *Marx: 100 Years On*. London: Lawrence & Wishart, pp.57～84.

Hall, S. (1985). "Signification, Prepresentation, Ideology: Althusser and the Post-Structuralist Debates," *Critical Studies in Mass Communication*, 2(2), pp.91～114.

Hall, S. (1988). *The Hard Road to Renewal: Thatcherism and the Crisis of the Left*. [임영호 옮김.《대처리즘의 문화 정치》. 한나래. 2007].

Hall, S. (1990). "The Meaning of New Times," in S. Hall & M. Jacques (eds.), *New Times: The Changing Face of Politics in the 1990s*. London: Verso, pp.116～134.

Hall. S., et al. (1978). *Policing the Crisis: Mugging the State, and Law and Order*. London: Macmillan.

Hamelink, C. J. (1983). "Emancipation or Domesticiation: Toward a Utopian Science of Communication," *Journal of Communication*, 33(3), pp.74～79.

Harvey, D. (1989). *The Condition of Postmodernity*. Oxford, UK: Basil Blackwell.

Hilmes, M. (1997). *Radio Voices: American Broadcasting, 1922~1952*. Minneapolis: The University of Minnesota Press.

Im, Y. H. (1993), "Critical Communication Studies in South Korea," *Journal of Communication Inquiry*, 17(1), pp.108~123.

Im, Y. H. (1998). "The Press, Civil Society, and New Social Movements in Korea, 1985–1993," in K. H. Chen (ed.), *Trajectories: Inter–Asia Cultural Studies*. London: Routledge, pp.330~345.

Im, Y. H. (1999). "Towards a Labour–Process History of Newsworkers," *Javnost–the Public*, 4(1), pp.31~48.

Im, Y. H. (2017). "Reception of Stuart Hall in the Korean intellectual field," *Inter–Asia Cultural Studies*, 18(2), pp.218~230.

Im, Y. H., Kim, E., Kim, K., & Kim, Y. (2011). "The Emerging Mediascape, Same Old Theories? A Case Study of Online News Diffusion in Korea," *New Media & Society*, 13(4), pp.605~625.

Jameson, F. (1984). "Postmodernism, or the Cultural Logic of Late Capitalism," *New Left Review*, no.146, pp.59~92.

Kanihan, S. F. & Gale, K. L. (2003). "Within 3 Hours, 97 Percent Learn about 9/11 Attacks," *Newspaper Research Journal*, 24(1), pp.78~91.

Kuhn, T. S. (1970). *The Structure of Scientific Revolution* (2nd.). Chicago: The University of Chicago Press.

Laclau, E. & C. Mouffe (1985). *Hegemony and Socialist Strategy: Towards a Radical Democratic Politics*. London: Verso.

Lazarsfeld, P. (1941). "Remarks on Administrative and Critical Communication Research," *Studies in Philosophy and Social Science*, 9, pp.2~16.

Löffelholz, M. & Weaver, D. (eds.) (2008). *Global Journalism Research: Theories, Methods, Findings, Future*. Malden, MA: Blackwell.

Marx, K. (1967) "Toward the Critique of Hegel's Philosophy of Law: Introduction," in L. D. Easton & K. H. Guddat (eds.), *Writings of the Young Marx on Philosophy and Society*. New York: Anchor Books, pp.249~264.

McGuigan, J. (1992). *Cultural Populism*. London: Routledge.

Meyrowitz, J. (1994). "Images of Media: Hidden Ferment–and Harmony–in the Field," in M. R. Levy & M. Gurevitch (eds.), *Defining Media Studies: Reflections on the Future of the Field*. New York: Oxford University Press, pp.63~74.

Napoli, P. M. (2000). "The Localism Principle under Stress," *Info*, 2(6), pp.573~582.

Newcomb, H. & Alley, R. (1983). *The Producer's Medium: Conversations with Creators of American TV*. New York: Oxford University Press.

Newcomb, H. & Lotz, A. (2002). "TheProductionofMediaFiction," in K. Jensen (ed.), *A Handbook of Media and Communication Research*. New York: Routledge, pp.62~77.

North, D. C. (1990). *Institutions, Institutional Change and Economic Performance*. [이병기 옮김.《제도, 제도변화, 경제적 성과》. 자유기업센터. 1996].

Park, H. W. (1999). *The Press, the State and Hegemony: A Theoretical Exploration*. Unpublished dissertation, University of Minnesota.

Pepper, S. C. (1966). *World Hypotheses: A Study in Evidence*. Berkeley: University of California Press.

Peters, J. (1986). "Institutional Sources of Intellectual Poverty in Communication Research," *Communication Research*, 13(4), pp.527~559.

Philo, G. (1982). *Really Bad News*. London: Writers and Readers.

Picard, R. G. & Brody, J. H. (1997). *The Newspaper Publishing Industry*. Boston: Allyn and Bacon.

Putnam, L. L. (2001). "2000 ICA Presidential Address: Shifting Voices, Oppositional Discourse, and New Visions for Communication Studies," *Journal of Communication*, 51(1). pp.38~51.

Real, M. R. (1986). "Demythologizing Media: Recent Writings in Critical and Institutional Theory," *Critical Studies in Mass Communication*, 3(4), pp.459~486.

Real, M. R. (1989). *Super Media: A Cultural Studies Approach*. Newbury Park: Sage.

Richardson, H. (1972). "Optimality in City Size, Systems of Cities and Urban Policy: A Sceptic's View," *Urban Studies*, 9(1), pp.29~48.

Roemer, J. (1986). "New Directions in the Marxian Theory of Exploitation and Class," in J. Roemer (ed.), *Analytical Marxism*, Cambridge: Cambridge University Press.

Rosengren, K. E. (1994). "From Field to Frog Ponds," in M. R. Levy & M. Gurevitch (eds.), *Defining Media Studies: Reflections on the Future of the Field*. New York: Oxford University Press, pp.14~25.

Ryan, B. (1991). *Making Capital from Culture: The Corporate Form of Capitalist Cultural Production*. Berlin: Walter de Gruyter.

Said, E. W. (1979). *Orientalism*. New York: Vintage.

Schiller, H. I. (1969). *Mass Communications and American Empire*. New York: Kelley.

Schumacher, E. F. (1973). *Small Is Beautiful: Economics as if People Mattered.* New York: Harper Perennial.

Shoemaker, P. J. & Reese, S. D. (1990). "Exposure to What? Integrating Media Content and Effects Studies," *Journalism Quarterly*, 67(4), pp.649~652.

Smythe, D. W. & Dinh, T. V. (1983). "On Critical and Administrative Research: A New Critical Analysis," *Journal of Communication*, 33(3), pp.117~127.

Soja, E. (1993). *Postmodern Geographies*. [이무용 외 옮김.《공간과 비판사회이론》. 시각과 언어. 1997].

Tuchman, G. (1972). "Objectivity as Strategic Ritual: An Examination of Newsmen's Notions of Objectivity," *The American Journal of Sociology*, 77(4), pp.660~679.

Virilio, de P. (1977). *Vitesse et Politique*. [이재원 옮김.《속도와 정치: 공간의 정치학에서 시간의 정치학으로》. 그린비. 2004].

White, D. M. (1950). "'The Gatekeeper': A Case Study in the Selection of News," *Journalism Quarterly*, 27, pp.383~390.

White, H. (1973). *Metahistory: The Historical Imagination in Nineteenth–Century Europe*. Baltimore: Johns Hopkins University Press.

Williams, R. (1977). *Marxism and Literature*, Oxford: Oxford University Press.

Women's Studies Group, Centre for Contemporary Cultural Studies (1978). *Women Take Issue: Aspects of Women's Subordination*. London: Hutchinson.

Yin, R. (2009). *Case Study Research: Design and Methods* (4th ed.). [신경식 · 서아영 옮김.《사례연구방법》. 한경사. 2011].

Zelizer, B. (2004). *Taking Journalism Seriously: News and the Academy*. Thousand Oaks, CA: Sage.

찾아보기